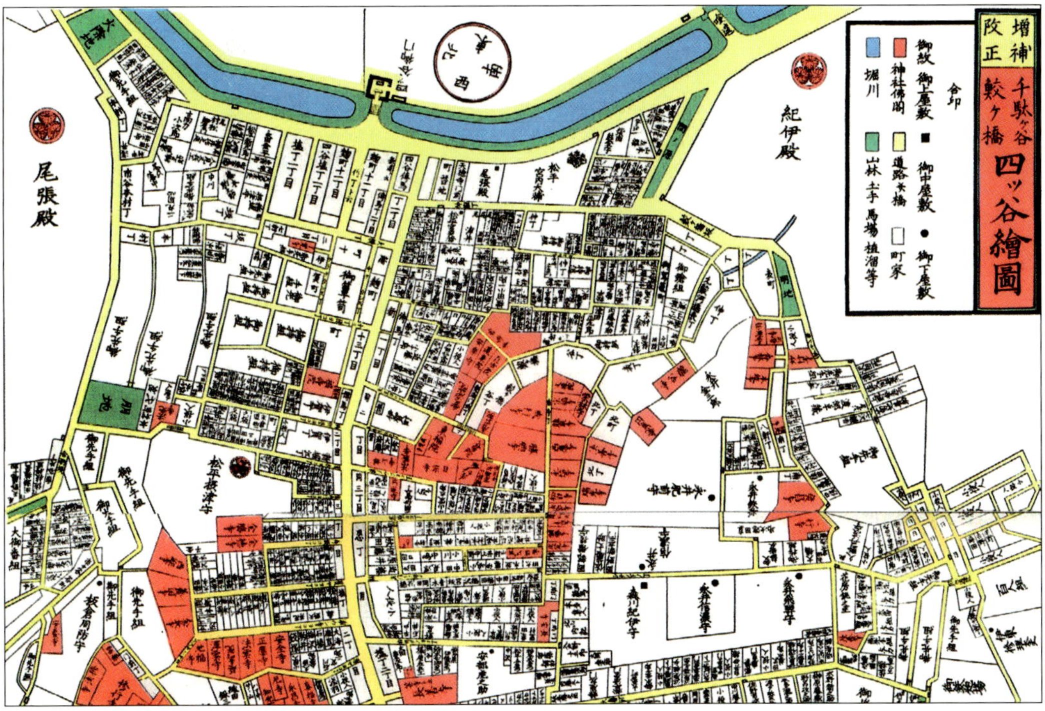

口絵１　古地図の例「江戸切絵図」（四谷周辺，部分）（図 1.3 参照）　古地図は地域の現在をさぐるにあたって，重要な手がかりとなる．

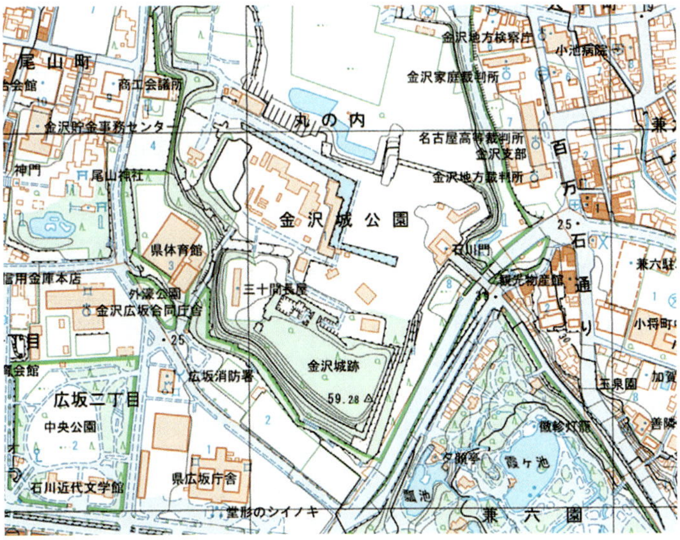

調査のための基礎資料

口絵２　現代の地図その１「１万分の１地形図」（国土地理院作成・発行，金沢 5-1-4, 2-3-4，部分抜粋，平成 17 年発行）（図 2.4 参照）　現在の地形，道路，建物等の形状を知るための基本的な地図．他に国土地理院発行の地形図には，５万分の１，２万５千分の１がある．

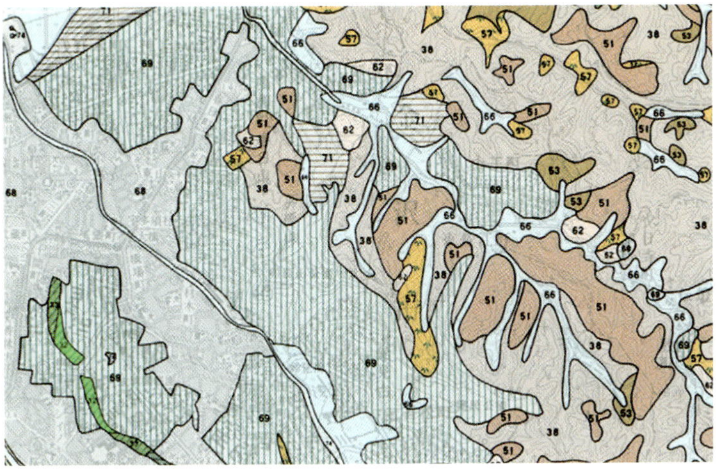

＊口絵２，４は，国土地理院長の承認を経て，同院発行の１万分の１地形図，２万５千分の１土地条件図を複製したものである（承認番号　平 22 業複，第 200 号）．

口絵３　現代の地図その２「５万分の１現存植生図」（石川県金沢市）（昭和 59 年発行，部分抜粋縮小）（図 3.9 参照）　国土地理院発行の地形図をベースに，環境庁（当時）が自然環境保全基礎調査（植生調査）によるデータを重ねて作成したもの．凡例は本文参照．

口絵 4　地形の陰影図（2 万 5 千分の 1 土地条件図「金沢」表紙より）（図 2.7 参照）　こうした陰影図は地形をわかりやすく把握するのに役立つ（国土地理院の 50m メッシュ標高データから作成）. 土地条件図とは, 地形分類, 地盤高, 各種機関・施設が掲載され, 開発・防災対策の検討などの基礎資料となる.

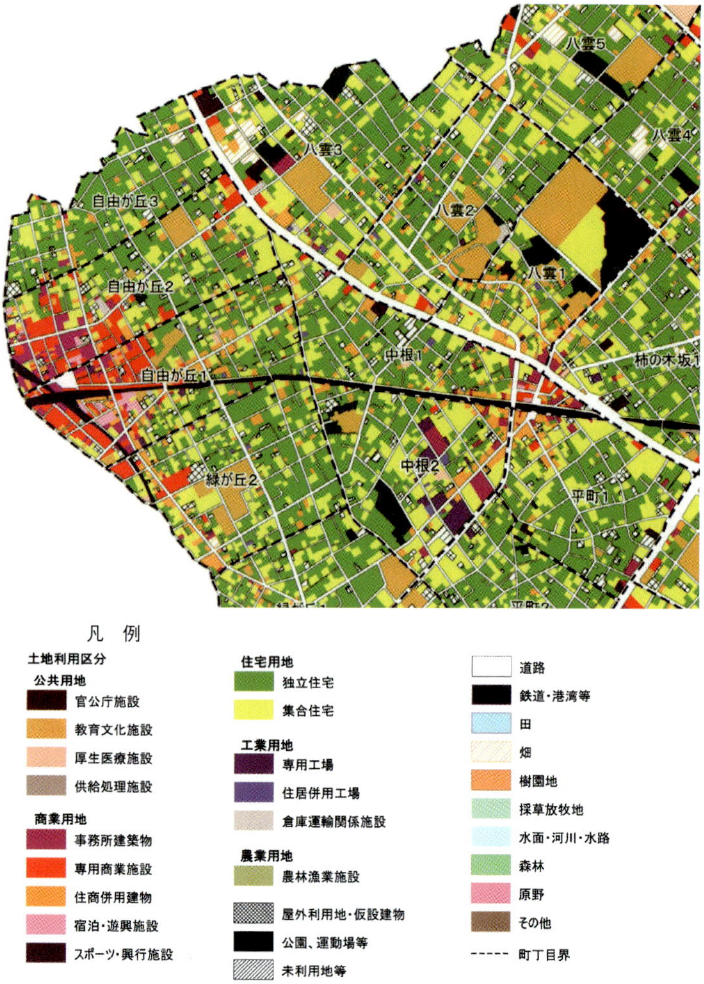

口絵 5　都市計画基礎調査における土地利用現況図（東京都目黒区自由が丘付近, 部分）（図 3.7 参照）　各自治体ではこうした地図を作製しているので, 地域の実情を把握するために, ぜひ利用されたい.

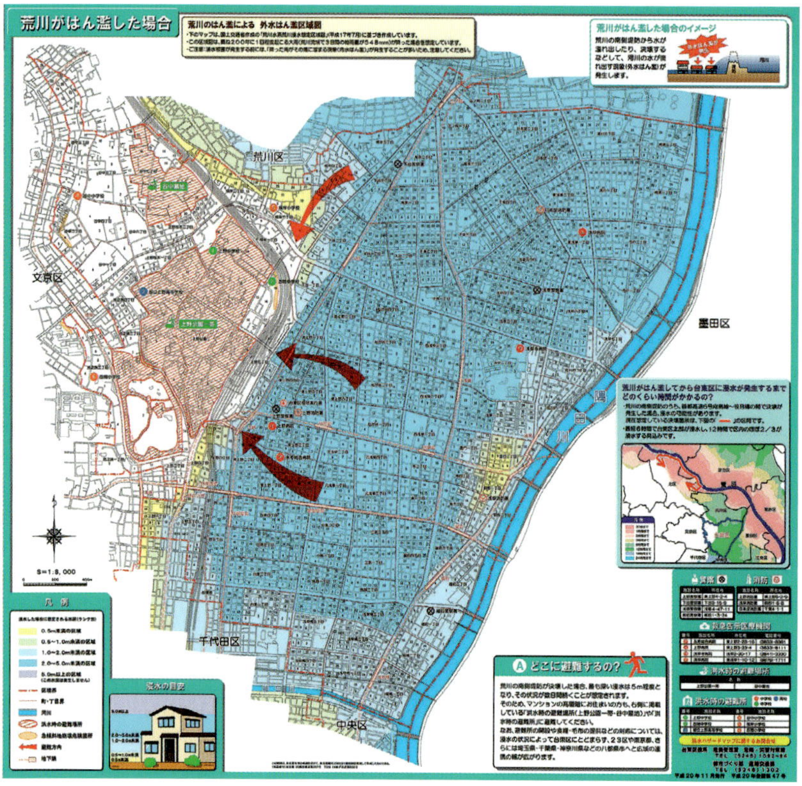

口絵 6　河川浸水洪水のハザードマップ（台東区 HP より）（図 2.8 参照）
　近年では, 自然災害による被害を予測し, その被害範囲を地図化したハザードマップが各自治体により作製されている. 日常生活の中では気づきにくい情報を可視化して教えてくれる.

調査の現場から

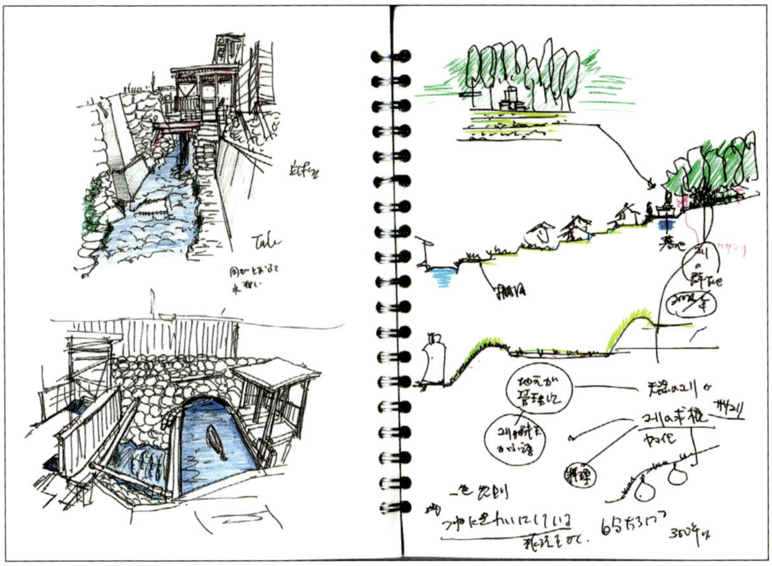

口絵7　メモとスケッチ（図6.1参照）
調査現場では，見たこと・気がついたことをメモだけではなく，スケッチとしてもどんどん残しておこう．

口絵8　連続立面写真（上：岐阜県高山），**パノラマ写真**（下：広島県福山市鞆町）（図6.3参照）
ちょっとした工夫で，個人の視野をこえた写真にすることができる．

口絵9　神楽坂通り周辺の街路網形成図（部分，東京都新宿区）（東京大学都市デザイン研究室作成）（図1.7参照）　過去の地図と現在の地図を照らし合わせて作製したもの．江戸時代までにできた街路が，現在もまちの骨格をなしていることがわかる．

口絵 10　ワークショップの風景（図 8.1）　ワークショップでは，写真のように車座になったり，模型などを活用すると，参加者も発言がしやすく問題点も抽出しやすい．

口絵 11　地域の資源をリストにする（図 9.8 参照）　調べた「地域の資源」をリストにして整理をしてみると，地域の価値を改めて見直すことができよう．

大野村にある特徴的な資源のいくつかは、村内・集落内に点在している。村の中に多く存在していることはそれとなくわかっていても、その詳細については実はよくわからない、あるいは、情報が散乱しているものも多かった。
そこで、もう一度村内・集落をくまなく歩き、資源探しをして、数を数えてみる、写真を撮ってみる、要覧として整理してみる。すると、漠然としか見ていなかった資源を改めて認識したり、これまで気付かなかった新たな要素を見出したり、また新たな発見が沢山現れる。
そして、この要覧は、「再生資源物件一覧」として、これからの活性化を考えることにつながってゆくのである。
帯島地域のサイロ要覧
水沢地域の茅葺き要覧
Data データ
MAP_G
Data データ

口絵 12　人の動きを見る：プローブパーソン調査を基にした活動分布図（図 6.10 参照）　Web 上では，時間に応じて動く様子が表現されている（図版作成・提供：東京大学・羽藤英二准教授；http://www.probe-data.jp/index.html）．

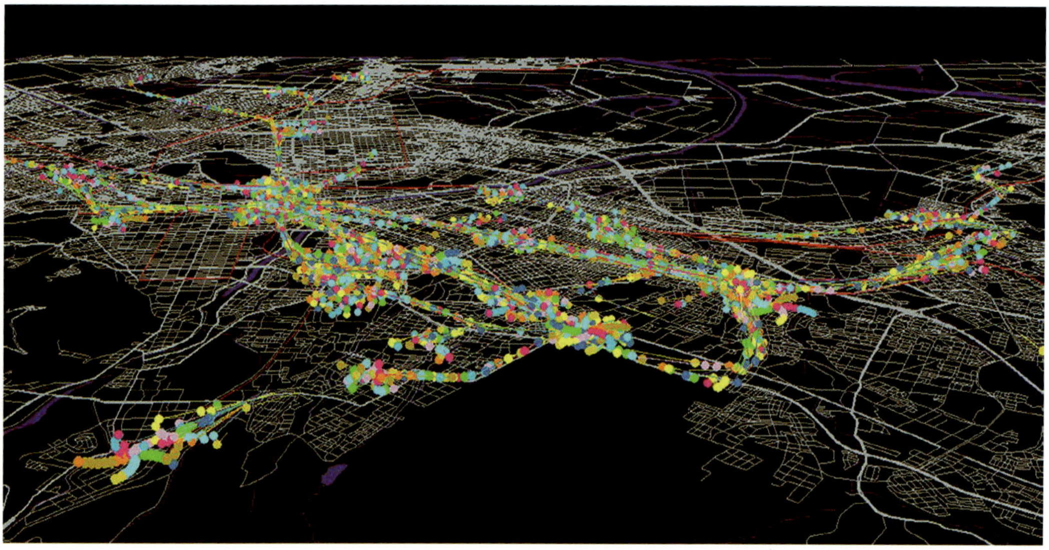

まちの見方・調べ方

地域づくりのための調査法入門

西村幸夫　野澤　康
［編］

西村幸夫　野澤　康　中島直人　遠藤　新
野原　卓　窪田亜矢　桑田　仁　鳥海基樹
［著］

朝倉書店

編　集　者

西村幸夫（にしむら ゆきお）　東京大学先端科学技術研究センター・教授
野澤　康（のざわ やすし）　工学院大学建築学部・教授

執　筆　者

西村幸夫（にしむら ゆきお）　東京大学先端科学技術研究センター・教授
中島直人（なかじま なおと）　慶應義塾大学環境情報学部・専任講師
遠藤　新（えんどう あらた）　工学院大学建築学部・准教授
野澤　康（のざわ やすし）　工学院大学建築学部・教授
野原　卓（のはら たく）　横浜国立大学大学院工学研究院・准教授
窪田亜矢（くぼた あや）　東京大学大学院工学系研究科・准教授
桑田　仁（くわた ひとし）　芝浦工業大学システム理工学部・准教授
鳥海基樹（とりうみ もとき）　首都大学東京都市環境学部・准教授

（執筆順）

はじめに

本書は，副題にもあるように，地域づくりに関係する人々や地域づくりに関心のある方々に向けて，「地域づくりのためには，自分たちの住むまちやむらをどのようにとらえたらいいのか」に関して，その方法を入門的に解説したものである．ここでいう地域づくりとは，まちづくりやむらづくり，島おこしなどを幅広く包含する表現である．つまり，まちでもむらでも，どこであっても，自分たちの住まいの環境に関心を有する方に幅広く向けて発信された地域調査法入門書である．もちろん，住み手という当事者だけではなく，行政の担当者や都市計画に携わる専門家，地域研究を進めようとしている研究者や学生諸君にも読んでもらいたいと考えている．

とはいえ，これまでも地域調査法に関する書籍はすでに少なからず出版されている．それらこれまでの蓄積と本書とはどこが違うのか．

現場から考える

本書の問題意識の根底に，「地域づくりをおこなうため」の応援ツールとしての調査法解説ということがある．調査を実施するのは，なにも行政の調査レポートを作成したり，学会発表をおこなったりするためではないのである．そうした調査のための調査ではなく，実際の地域づくりをおこなっていくために役に立つ調査を考えるとき，何をやらなければならないかを示すための入門書なのである．

こうした姿勢で地域づくりに臨むのは特別なことではなく，ごく当たり前のことのように思えるかもしれない．しかし，現実を見てみると，人はひとたび一つの分析手法を手に入れると，「それを使ってどのような分析ができるか」を考えるという本末転倒な発想に陥りがちなものである．また，特定の調査手法で解明できるものだけに分析の枠組みを絞るという視野狭窄も往々にして起きる．さらには同じ分析手法で異なった対象を比較対照するという分析の自己目的化という過ちを犯すという危険も存在している．

このように地域づくりの本来の目的から逸脱して，調査のための調査，研究のための研究に陥る危険性は常にあるのだ．一般に，なんらかの調査を実施すると，一応それなりの調査結果が得られるので，それが意味するものを掘り下げて理解しようとする以前に，調査結果が得られたというそのことだけで有益な成果を得たと勘違いをしたり，自己満足に陥ったりしがちなものなのである．

こうした過ちを回避するためにはどうしたらいいのか．

解答は単純である．「地域づくりの現場から考える」ということである．地域づくりの現場を常に意識し，そこで暮らしている人々に何が寄与できるかを考え，そうした現場がもっている特徴を知ろうとすること，その地域の強みや弱みを見出し，そこから作業を出発させることによって，今何をしなければならないのか，そのために何を知らなければならないのかが明らかになる．現場から出発する限り，調査のための調査に陥ることはない．

しかし，そのことは必ずしも即物的に現場に固執したり，拘泥することではない．現場にいるだけではわからないことも少なくないのである．では，それを知るために何をすべきなのか——本書は，そうした問題意識をもった読者の手助けをしたいという思いから編集されている．

ただし，本書には地域づくりのために具体的に何をしなければならないのか，何を目指すべきなのか，といった問いかけに対する直接の答えは書かれていない．地域づくりのためにしなければならないことがあると考える読者を対象に書かれた，地域調査法の入門書なのである．「何をすべきか」に関しては，また別の機会に論じたい．

本書の構成

本書は“現場主義”の上に立っている．現場に赴き，土地の声に耳を傾けることが大切だ，という主張である．居住者の立場に立つという意味でも，現場主義は基本である．

しかし，現場主義とは「現場で目に見えることはすべてだ」,「現場で語られることが天の声だ」，と考えるということとはちがう．また，常に脇目もふらず現場へ急行すればいいといいうものでもない．

本書では，現地調査の前におこなっておくべきこと，現地へ赴いて実際に調査をおこなう際の方法，現地調査では容易に把握できないことをどのようにとらえるかをその後デスクワークで分析するための方法というように，時系列に沿って調査の方法を3つの部に分けて解説することとした．

第Ⅰ部　事実を知る

現場を訪れる前にあらかじめ実施しておくべき各種の事前調査の概要を示したパートである．

ここでいう事実を知るということは，文字どおり「歴史を知る」(第1章）ことにはじまり，人間定住の基本である「地形を知る」(第2章）ことに続き，さらに，建物やインフラなどの環境全体，すなわち「空間を知る」(第3章）こと，そして，統計や地図などから「生活を知る」(第4章)，より具体的な「計画・事業の履歴を知る」(第5章）という5つからなっている．第5章の内容は第1章「歴史を知る」の一部ではあるが，地域づくりにとっては中心的な課題となるので，新たに章をおこして解説している．また，第4章「生活を知る」には本来はアンケートやヒアリング調査も含まれるが，それらの調査は現地でおこなわれることから，ここでは，生活を知るための統計などの情報収集に絞って論じている．

もちろんこうした作業で得られた情報は，現場での調査によって逐次修正されていくことになるのであるが，こうした情報を知らずに現場に駆けつけると，より深いヒアリングができないことや，より詳細な観察眼が発揮できないことなどの制約を受けることになる．あらかじめの準備が重要なのである．

第Ⅱ部　現場に立つ・考える

本書の中心課題である現地主義で作業をおこなうこと，現場に立つことによって初めて見えてくるものを扱うパートである．

現場で考えるということは，フィールドサーヴェイを実施する「現場で『見る』『歩く』」（第6章）こと，ヒアリングなどをおこなう「現場で『聞く』」（第7章）こと，さらにすすんでワークショップによって現場のニーズを掘り下げる（第8章）ことなどの作業の集合体であり，最終的に，現場作業のまとめから「地域資源・課題の抽出」（第9章）へ向かう作業が必要である．ただし，現場で考える内容はそれぞれの現場ごとに異なっているともいえるので，現地調査に普遍的な手順というものがあるわけではない．

とはいえ，毎回の現地調査における調査項目がまったくのランダムというわけでもない．現地調査の方法論の基本は押さえつつ，現地の特性に合わせて臨機応変に調査方法や調査項目を立てるという柔軟性と現場への適応性が必要となる．

現場が最適な調査法を要請するのであって，調査法から現場が選ばれるのではない．要は「その土地の地域づくりのために何が必要か」ということを真剣に考えれば，自ずと調査法と調査項目は見えてくるのである．

第Ⅲ部　現象を解釈する

現地調査でのデータなどをもとに定量的な分析をおこなうことによって，現場では直感的にはなかなか見えない，かくれた現象や広域的な傾向を明らかにしようというパートである．

そのための手法として，「統計分析のための手法と道具」（第10章）においてどのような分析手法や道具立てがあるのかを概観しそのうえで，「住環境・景観を分析する」（第11章），「地域の価値を分析する」（第12章），「GISを用いた分析」（第13章）それぞれの手法を論じている．

定量的な分析でとりわけ留意しなければならないのは，分析結果が数値で表されるので，透明で明解であり，説得力もあるように見えるので，こうした分析手法に過度に依存することにならないようにすることである．

定量的な分析にはいくつもの作業仮説が存在するので，それらの作業仮説が対象地区の固有の問題の分析に対して有効なのかどうかについて意識して検証しなければならない．また，定量的分析の適応範囲と限界についても意識的でなければならない．とりわけ定量的分析の結果が現場での調査者の実感と食い違う場合には注意を要する．現場での印象にこだわりすぎるのも問題があるといえるが，調査者の実感も大切である．冷静に両者の食い違いの原因を探る必要がある．また，そのためにも現場での印象や直感を研ぎ澄ましていく必要がある．現場体験を蓄積していくこと，現地の人の声に真摯に耳を傾けること，調査者間でこれらのことについて掘り下げて議論することなどによってそうした感性が磨かれる．だからこそ現場へ赴くことが重要なのである．

一方で，現場での実感を定量的な数値で示してくれるものとして，定量分析を使いこなすことができるなら，これらの調査手法は有効な武器となりうる．そうした使用法を進めることも本パートの有効な利用法の一つであるといえよう．

調査から地域づくりへ

ここまでの解説によって，地域調査を実施するための方法の多くが示されているが，調査した結果をどのように理解し，いかに使いこなすか，さらには地域づくりの計画や事業にいかに結びつけるか，という問題はいまだ残されている．こうした課題は本来は，本書の射程をこえているといえるが，一応の大枠を「おわりに」で述べている．こうした最終アウトプットを意識せずに調査をおこなうことは是が非でも避けなければならない．そのためにも最終アウトプットへつながる作業の道筋をイメージしておくことは重要である．

また，地域づくりの素案が立てられたとしても，それをどのように地域の合意としていくのかという点においては，さらに慎重な工夫が必要となる．強いていうならば，これは調査の方法論の根幹にもかかわる問題である．誰のための地域づくりであり，そのための計画を誰が作ったといえるのか，調査の段階から合意形成へ向けた布石が打たれている必要がある．この点に関しても「おわりに」において素描を試みている．

さらに章末に,「より深く学びたい人へ」のコラムを載せて，読者の便宜をはかっている．

地域づくりは現場での実践そのものであるが，そのための方法論・計画論に学問的根拠がないというわけではない．地域調査法も同様である．いかに現場から考えるということが地域調査の方法を個別に要請するとはいえ，説得力のある地域調査を実施するためのアプローチがランダムに決められるわけではない．地域の生活像に関して具体的な実感があれば，何をどこまでの精度で明らかにすべきなのか，それは何の役に立つのか，そのためにどの程度のコストをかけることが許されるのかなどに関しては，説得力をもって明らかにすることができるものだと考える．そこにある種の相応関係があるとすれば，それも一定の科学性をもって論じられるのではないだろうか．それこそまさに地域づくりの科学とでもいうべきものである．

本書はそこへ向かう一つのささやかな試みだということができる．

執筆にあたっては，地域づくりにあたって現場での作業を大切にしてきた，よく見知った中堅・若手の研究者に分担してあたってもらった．例示の事例や図版を大きく扱い，わかりやすい記述に努めたつもりであるが，扱う事例はそれぞれのなじみのある対象地区に偏っているきらいがある．これも記述に責任をもち，誤りなく表現しようという意識の表れだとしてご寛恕願いたい．それぞれの地域にはそれぞれ固有のアプローチがあり得ると前述したように，ここで重要なのはアプローチの実際というよりも，アプローチの姿勢そのものだからである．

また，ある意味で本書は，『まちづくり学―アイディアから実現までのプロセス―』(西村幸夫編，朝倉書店，2007年）の姉妹編的な性格をもっている．前書はまちづくりに一定程度共通した姿勢や考え方を実践のプロセスに即して描き出し，まちづくりの集合的智恵とでもいうべきものを解説することを目指したものであった．本書はそこから一歩出て，具体的な実践へ向けてまちと対峙する際に，どのようにまちを見，どのようにまちを調査すべきなのかを論じようとしたものである．前書もあわせて一読していただくと，まちづくり・地域づくりのひろがりと目指すべき地平がさらに明らかに開けてくるのではないかと思う．

2010年9月

西村幸夫

目　次

はじめに……………………………………………………〔西村幸夫〕 i

第Ⅰ部　事実を知る

第1章　歴史を知る……………………………………〔中島直人〕 *3*
1.1　地域での出来事を時系列で理解する　*3*
1.2　地域環境の形成過程を空間的に理解する　*6*

第2章　地形を知る……………………………………〔遠藤　新〕 *19*
2.1　地形図　*20*
2.2　地形の立体表現　*21*
2.3　土地条件図　*22*
2.4　ハザードマップ　*25*
2.5　地　名　*26*

第3章　空間を知る……………………………………〔遠藤　新〕 *29*
3.1　建　物　*29*
3.2　道　路　*32*
3.3　土地利用　*34*
3.4　自然環境　*36*

第4章　生活を知る……………………………………〔野澤　康〕 *39*
4.1　住宅地図　*39*
4.2　国勢調査・住民基本台帳　*40*
4.3　課税台帳・登記簿　*42*
4.4　各種の統計調査　*44*

第5章　計画・事業の履歴を知る……………………〔中島直人〕 *46*
5.1　現状をより深く理解するために過去の事業の履歴を探る　*47*
5.2　将来の方向性を定めるために現在有効な諸計画を整理する　*51*

第Ⅱ部 現場に立つ・考える

第6章 現場で「見る」「歩く」……〔野原 卓〕 *59*
6.1 地域づくりの中でのフィールド・サーヴェイ *59*
6.2 現場をどう見るのか：目的に応じた視点の必要性 *59*
6.3 現場をどう記録するのか：記録の方法と道具 *61*
6.4 何を見るのか：目的に応じた対象の選択 *67*
6.5 地域を横断的視点で見る *71*

第7章 現場で「聞く」……〔窪田亜矢〕 *74*
7.1 話を聞く準備と成果の還元 *74*
7.2 詳しく聞くことの意味 *75*
7.3 当事者とは誰か *75*
7.4 当事者の意見をまちづくりに活かす *76*
7.5 まちづくりのリーダーに話を聞く *76*
7.6 当事者として位置づけられていない当事者の意思を聞く *77*
7.7 見えないものへの再評価 *78*
7.8 「主観を束ねる」ために聞く *79*
7.9 多くの人の意見を聞く *79*
7.10 質問紙調査の具体例 *81*

第8章 ワークショップをひらく……〔窪田亜矢〕 *84*
8.1 ワークショップの意味と役割 *84*
8.2 ワークショップの企画 *85*
8.3 ファシリテーターの役割 *87*
8.4 意見の出し方と練り上げ方 *88*

第9章 地域資源・課題の抽出……〔窪田亜矢〕 *91*
9.1 得られた情報を整理する *91*
9.2 資源と課題 *97*
9.3 得られた情報を伝える *98*

第Ⅲ部 現象を解釈する

第10章 統計分析のための手法と道具……〔桑田 仁・鳥海基樹〕 *103*
10.1 各種統計手法 *103*
10.2 類型化するための手法：クラスター分析 *105*
10.3 クラスター分析の応用例 *106*
10.4 主成分分析 *108*

第 11 章　住環境・景観を分析する ……………………〔桑田　仁〕 *111*
11.1　建築物の影響を分析する手法　*111*
11.2　フォトモンタージュによる建築ボリュームチェック　*114*
11.3　日影規制のチェック　*115*
11.4　天空率規制のチェック　*116*

第 12 章　地域の価値を分析する ……………………〔鳥海基樹〕 *119*
12.1　環境価値を分析する手法　*119*
12.2　ヘドニック法　*120*
12.3　仮想市場評価法（CVM）　*122*
12.4　産業連関分析による経済波及効果　*128*

第 13 章　GIS を用いた分析 ……………………〔桑田　仁〕 *132*
13.1　GIS による地域分析　*132*
13.2　地域情報の発信：地図サービスを活用した地理情報の発信　*134*
13.3　GIS の活用例　*135*
13.4　作成した地図の読み取りと分析　*139*

おわりに：「さあ，地域づくりをはじめよう！」 ……………………〔野澤　康〕 *141*

索　　引 …………………………………… *146*

◉章末コラム：より深く勉強したい人へ
まちの「近代化」と「現代化」　〔中島直人〕*18*
ウェブサイトを活用した地形および関連情報の収集　〔遠藤　新〕*27*
人口推計法　〔野澤　康〕*45*
まちの都市計画の史資料収集　〔中島直人〕*56*
フィールド・サーヴェイの「七つ道具」　〔野原　卓〕*73*
まちづくりと「合意形成」　〔窪田亜矢〕*83*
エコロジカル・デモクラシー　〔窪田亜矢〕*90*
世田谷トラストまちづくりの活動　〔窪田亜矢〕*100*
統計分析をするうえでの心構え　〔桑田　仁〕*110*
形態規制について　〔桑田　仁〕*118*
統計解析や質的価値の分析手法の学び方　〔桑田　仁〕*131*
GIS について　〔桑田　仁〕*140*

第Ⅰ部　事実を知る

第１章　歴史を知る
第２章　地形を知る
第３章　空間を知る
第４章　生活を知る
第５章　計画・事業の履歴を知る

地域の調査には，大きく資料調査と現場調査の二つがある．この第Ⅰ部では，まず前者の資料調査を取り上げることにする．

地域のことを記述した資料は，非常に多種多様なものがある．過去から現在，そして未来に至る時の流れに対応して，その量も膨大なものとなる．本書はおもに地域づくりやまちづくりを目的とすることから，以下では「歴史を知る」「地形を知る」「空間を知る」「生活を知る」「計画・事業の履歴を知る」の５分野で解説していく．地域には，こうした情報が地層のように積み重なっている．膨大な情報の中から，目的を達成するのに必要な情報を取捨選択し，整理しなければ，地域の特徴は見えてこない．

こうした地域に関する資料のほとんどは，あるひとつの時点での断面を切り取ったものにすぎない．生活の経年的な変化を知るには，何年分かの同じ資料を入手して，それを加工して用いる必要がある．一時点の断面だけ知ることができれば良いのか，過去にさかのぼっての経年変化を知る必要があるのか，それもどのくらいさかのぼれば十分なのかは，調査・分析のあとに何をどのくらいの将来的なスパンで地域づくりの計画を考えていくかによって異なる．

また，他との比較によって見えてくることもある．その地域が属する市町村全体のデータと比較したり，同じような特徴をもつと考えられている地域と比較したり，あるいはまったく異なると考えられる地域との比較によってその地域の特徴を浮き彫りにしたり，これも目的に応じて，さまざまな対照との比較をしてみることが必要とされる．

資料調査はやればやるほど深まってくるし，調査すること自体に面白さも出てくるが，私たちが目的とするのは，地域づくりの計画を立案し，それを実現することであるのを忘れてはいけない．必要かつ十分な情報収集ができるように考えながら，第Ⅰ部を読み，実践してみてほしい．

本書では，便宜的に，この第Ⅰ部で資料調査を，第Ⅱ部で現場調査を解説しているが，実際に調査を実施する際には，必ずしもこうした一方向の順序だけではない．現場調査をした結果，さらに資料で確認する必要が生じる場面も少なくはない．フィードバックするプロセスをおろそかにしてはいけない．

〔野澤　康〕

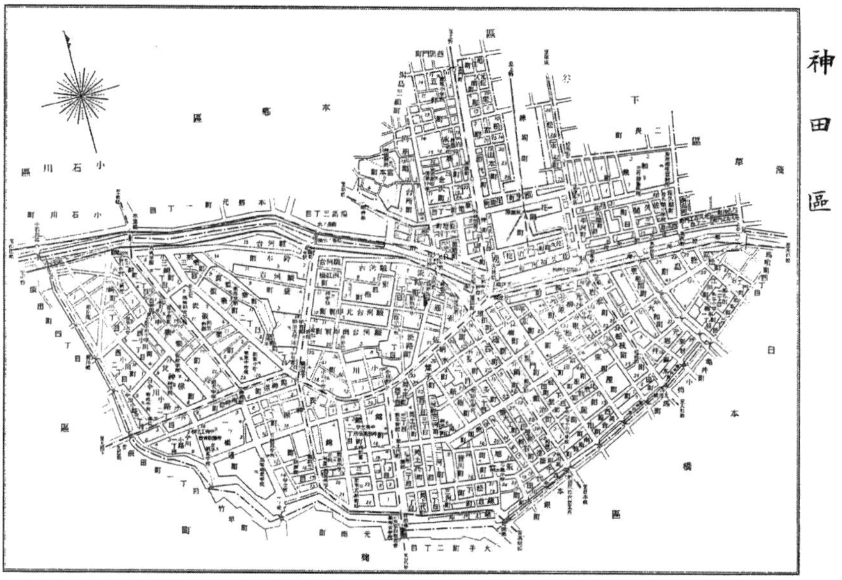

■地籍台帳（旧東京市神田区）
こうした古い地図や資料からも，現在につながる貴重な情報が入手できる．

第1章　歴史を知る

キーワード：年表，地図，写真

地域づくりにとって「歴史を知る」とは，基本的には「その地域がどのように形成されてきたのか」を知るということである．そのためにおこなう作業は，大きく分けて二つある．一つは，市史や町史をはじめとする文献資料を駆使して，その地域の出来事を時系列の中で整理していく作業である．また，もう一つは，地図を中心として，写真，絵はがきなどの資料を駆使して，地域の形成過程を空間的に整理して，ビジュアルな形で表現する作業である．

地域づくりにおける「歴史を知る」作業の特徴は，それぞれの地域での地域づくりのテーマによって多少の違いはあるものの，基本的には生活の舞台である有形の地域環境に関心を注ぐ点である．もちろん，文献を読み解き，ときに古老にお話をおうかがいし，郷土の偉人の生涯や，地域のかつての民俗・風習といった無形の歴史を理解することは必要である．

しかし，物的環境への働きかけを中心とする地域づくりの現場では，そうした「無形の歴史を知っている」という段階で留まっていると，おそらく物事は動かない．いま，眼前に広がっている地域環境を，さまざまな時代の環境が折り重なって蓄積したものと理解して，その歴史の重なりを具体的にひもといていくことで，これからの地域づくりに活かせる文脈を探り当てようという姿勢が重視される．ただし，有形の環境の変遷を通して，その地域での生業の変化や文化の変遷といった無形の歴史もある程度とらえることは可能であるし，そうした無形の歴史への関心をもっていなければ，地域の環境の形成史自体を深く理解することは難しいだろう．

なお，「地域がどのように形成されてきたのか」を知るためには，本来は現在の地域をつぶさに歩いて，その姿を知ることが何よりも重要である．現在の具体の環境の中にこそ，過去の姿を想像するヒントがたくさん隠されているからである．また，とくにそう遠くない時代（近過去）の地域の様子を知るには，文献や地図よりも，実際にその時代の生活経験をもつ地域の古老へのヒアリングのほうが役に立つと思われる．こうした「現場で歴史を知る」「話を聞いて歴史を知る」といった事柄については，本書では第Ⅱ部各章に譲りたい．

1.1　地域での出来事を時系列で理解する

a.　市町村史からの抜き書き

基本となる資料は，その地域が属する市町村が編纂した市史や町史，村史（以後，市町村史と総称する）である．ほとんどの市町村史は，厚さが数センチに及ぶのが通常で，上下巻組みなども珍しくない．そして，古代から書きはじめられて現代まで到達する年代記的な記述と，自然・行政・産業・教育・文化などの分野別の記述とが組み合わされていることが多い．

それぞれの地域づくりの関心に照らし合わせながら，まずこの膨大な情報の中から，その地域の地域づくりに関係しそうな項目をピックアップして，年表形式に整理しておく．

市町村史では,「都市計画」や「地域づくり」といった章立てがされていることは少なく,他の章の中から,関係ある項目を抜き出してくることになる.たとえば,町建ての歴史や地域を支える産業の歴史などに関して,事実を抜き書きしていくことで,地域の環境の形成を追体験することができる.

市町村史をあたる際に注意したいのは,最新の市町村史だけでなく,それ以前に編纂された旧版や,市町村合併によって消えてしまった市町村の市町村史の存在である.項目によっては現在の最新版の記述以上に詳しい内容が記されていることもあるので,図書館では旧版や合併前の市町村の市町村史にも手を伸ばしたい.なお,市町村合併されて市町村が閉じられる際にやはり市町村史がまとめられていることも多い.これも貴重な資料として活用されたい.

b. さまざまな郷土資料の閲覧

市町村史以外では,市や町の公報などの定期刊行物に目を通しておきたい.時間はかかるが,創刊から現在の最新号までのバックナンバー全部を図書館などで一気に通読できると,そのまちの歴史の流れがたちどころに把握できるだろう.市町村史には掲載されていない地域の細かな情報(たとえば,毎年のお祭りなどのイベント)や市町村史刊行以降の出来事を知るのに役立つ.

しかし,市町村史や市や町の公報は,どうしても市全域にまんべんなく視線を注ぐため,特定地域の歴史については手薄になりやすい.そうした関心は,また別の文献資料などで補う必要がある.そのためには,地元の図書館の郷土資料室を訪ねて,さまざまな資料を収集する必要がある.たとえば,その地域にある小学校や中学校の創立何周年かの記念誌や,町内会史などが地域の昔の姿を知るのに大変役に立つ場合が多い.最近の図書館では所蔵資料をデーターベースで検索することが可能になっていることがほとんどである.こうした検索は大変便利であるが,当初に自分がもっている狭い関心に視野が限定されてしまう弊害がある.自分の足で郷土資料室におもむき,実際に書棚を隅から隅まで見ていき,気になったものをその場その場で手にとってみて見ることをお勧めする.

なお,地域の図書館の中には設置されたのが比較的新しいところも多く,必ずしも歴史的な資料は充実していないことがある.こうした場合は,市町村の中央図書館や,あるいは県立図書館,国会図書館などに数多く参考となる資料が所蔵されていることもあるので,足をのばしたい.

図書館によっては,地域に関連する新聞記事を収集して公開しているところもある.そうした新聞記事のスクラップにも目を通すことで,単にものごとが起きたというだけではない,その背景や周辺にあるさまざまな事情を窺い知ることができる.また,地域におけるある特定のできごとを深く知りたい場合は,その年月日周辺に限って,こうした図書館に所蔵されている新聞資料を閲覧して,記事を探すことになる.

c. 年表による情報の一元的管理

こうした文献資料調査において重要なのは,次々と集まってくるさまざまな情報を,一元的に管理しておくことである.とくに,時系列での整理として,年表の作製が基本である.しかし,年表に載せる項目は,あまり詳しすぎても項目が多くなり,全体の流れがつかめなくなるし,あまりに少なくても同様である.次節で説明する,地図や絵はがきなどを資料とした地域形成史の把握の前提としてこの年表作業はあるので,あくまで地域の形成にとって,重要な出来事や大きな流れなどを事前知識として知っておくことを主眼におくべきであろう.

さらに時間との兼ね合いの中で,作業の精度を決めていくのがよいし,進捗に合わせて,随時,改訂していくのがよい.また,主体別や地区別などに分類することで歴史の流れを理解しやすくすることもできるので,それぞれの目的に合わせて工夫を試みたい(図1.1).

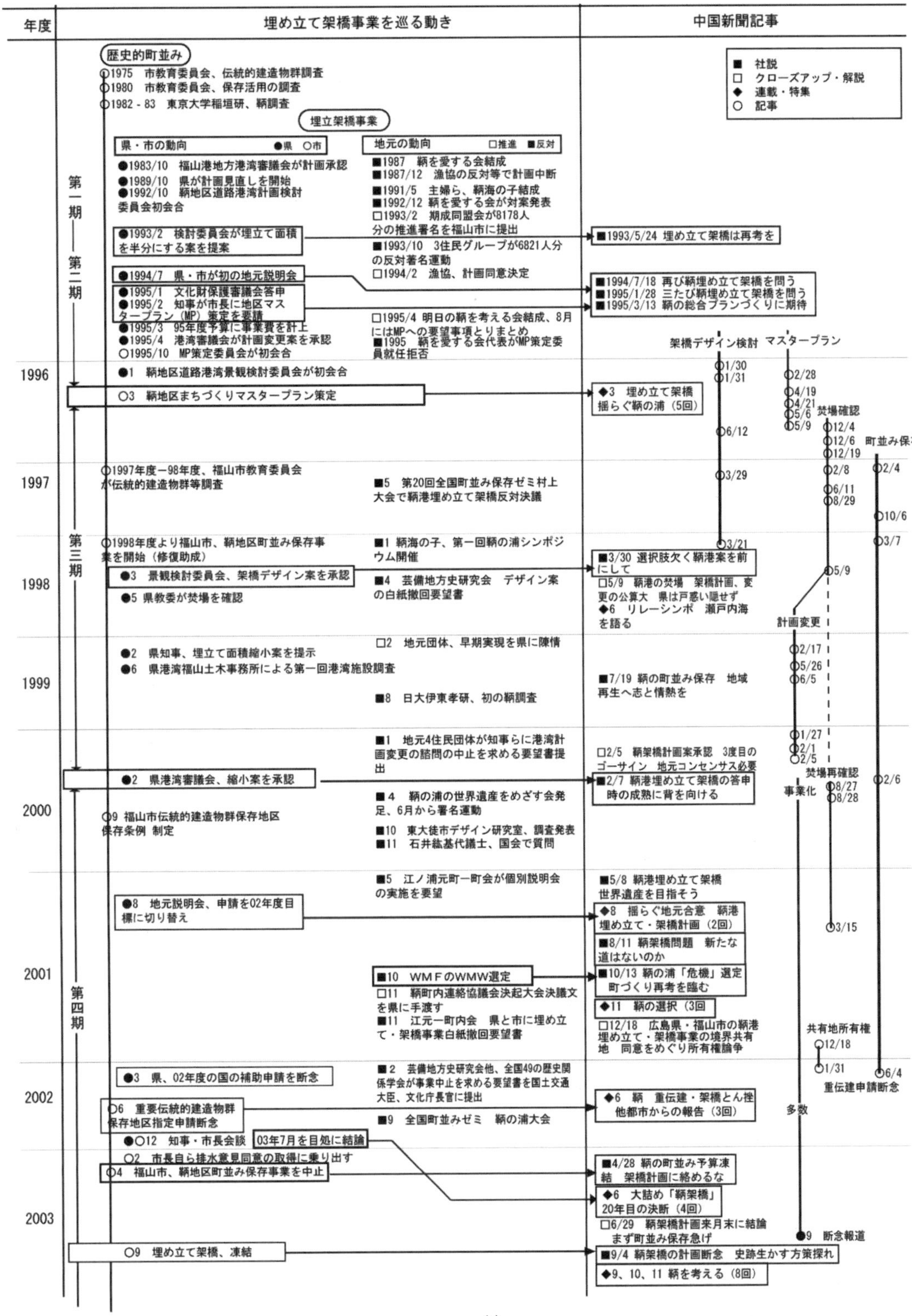

■図 1.1 年表（広島県福山市鞆町「鞆の浦」，筆者作製）

事業をめぐる主体別の取り組みと新聞報道の関係について整理したもの．

1.2 地域環境の形成過程を空間的に理解する

a. 近世以前の地域の姿を知る方法

1) 古い絵図と地域の原形

わが国において，全国を同規格で覆う精確な地図が作製されるようになるのは，西欧の測量技術が導入される明治5（1872）年以降である．それ以前の，つまり江戸時代やさらにその前の時代の地域環境の姿を知るには，古図（古地図や絵図）を参照する必要がある．

現在，比較的容易に閲覧できる古図のほとんどは江戸時代のものであるが，多くは絵図であり，精度は高くない．つまり，縮尺は一定せず，角度も実際とは異なっているなど，デフォルメされている．しかし，各種の絵図からは，少なくとも主要な施設の配置や土地利用，街路の構成など，地域環境の構造を把握することができるし，こうしたデフォルメされた絵図だからこそ，現在まで受け継がれていることが多い，地域の原形ともいうべき大きな構造がはっきりと見えてくることがある．

地域づくりの現場において最も重宝する古図は，綺麗な彩色の施された各地域の絵図である．たとえば，「おわら風の盆」で知られる富山県富山市八尾町（やつおまち）では，天保14（1843）年の絵図が伝わっている（富山県立図書館蔵，図1.2）．現在の八尾のまちの街路骨格が，この時代から変わっていないこと，ただし，ところどころで新たな道が切りひらかれていることが確認できる．当時から沿道にびっしり町家が並んでいる様子もうかがえる．地図にはそれぞれの通りの間（けん）数も書き込まれている．また，橋梁の形式や水力を利用した搗屋（つきや）など，川沿いの描写も豊かである．寺社の建物もその特徴までしっかり描かれている．

さらに，地図に書き込まれた文字情報も多くのことを教えてくれる．「四十横丁（あいもの）」などの今では忘れられてしまっている名前や，「火除」といった街路が本来もっていた機能を教えてくれる表記などである．この絵図を現代の地図と比べてみると，今も引き継がれているまちの構造が明確に浮かび上がってくるのである．

東京の中心部の場合は，各種の江戸切絵図が充実している．切絵図はその名のとおり，大判になってしまう江戸の市街図を携帯しやすいように地域ごとに切り分けた地図で，①尾張屋（金鱗堂），②美濃屋（吉文字屋），③近江屋（近吾堂），④平野屋の四つの版元が，それぞれ時期をかえて出している．武家地，町人地，寺社地の別の他，武家地については，大名屋敷，旗本屋敷，組屋敷などの別も情報として加えられており，現在の地域の来歴を知るのには最適である（図1.3）．

江戸全域の切絵図を一つにまとめた集成本やそれに解説を加えたものは各種出版されている．また，ウェブ上でも，たとえばgooが提供する古地図サイト*1では，尾張屋版の江戸切絵図が自由に閲覧可能であり，さらに昭和22（1947）年，昭和38（1963）年，そして現在の航空写真，そして現在の地図との比較も容易にできる．現在の東京の中心部が，江戸時代の街割，土地利用の影響を大きく受けていることが見て取れる．また，Google Earthでも，江戸時代のさまざまな絵図を直接，レイヤーとして表示させることができる．

街道沿いの宿場町では，街道沿いの様子を記録した街道絵図を利用できる．街道絵図の中でも，「五海道其外分間見取延絵図」は，寛政年中（1789～1801）に，江戸幕府が街道管理に利用するために道中奉行に命じて作製したもので，街道沿道の状況を記録した詳細な絵地図である．東海道，中山道，甲州道中，奥州道中，日光道中の五街道と，それらに付属する街道の絵図が文化3（1806）年に完成した．問屋・本陣・脇本陣・寺社などの沿道の建造物が描かれているほか，一里塚・道標・高札も記載されている．河川・橋・並木・峠・坂などの道路の状況も把握できる．縮尺も一定であり，街道筋の宿場町のかつての姿を知る重要な資料である．

こうした古い絵図は，公立図書館や歴史資料館，大学図書館などが所蔵している場合が多い．また，地域によっては絵図集が発行されていたり，市町

*1 http://map.goo.ne.jp/history/index.html

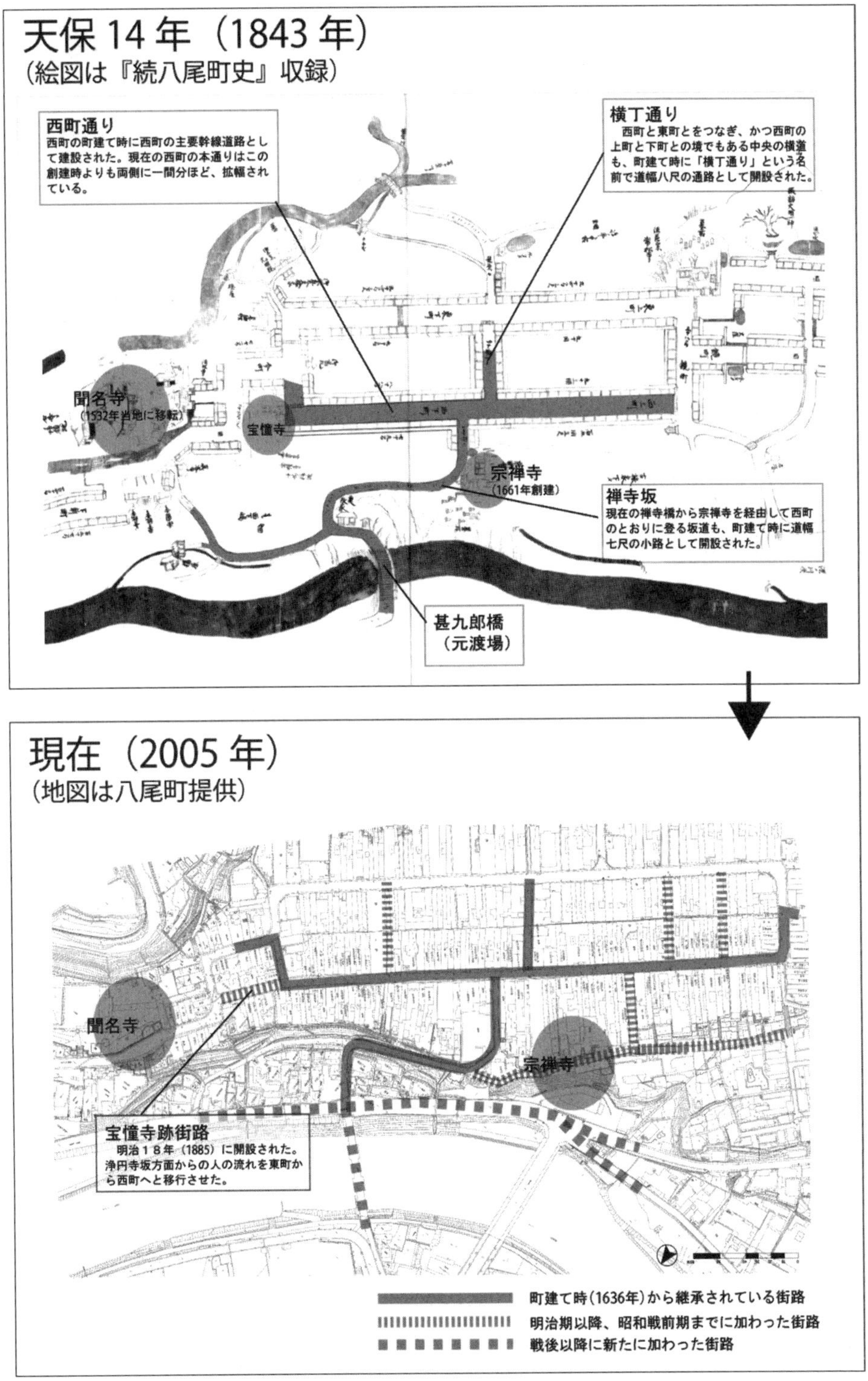
天保14年（1843年）
（絵図は『続八尾町史』収録）
西町通り
西町の町建て時に西町の主要幹線道路として建設された。現在の西町の本通りはこの創建時よりも両側に一間分ほど、拡幅されている。
横丁通り
西町と東町とをつなぎ、かつ西町の上町と下町との境でもある中央の横道も、町建て時に「横丁通り」という名前で道幅八尺の通路として開設された。
聞名寺
（1532年当地に移転）
宝幢寺
宗禅寺
（1661年創建）
禅寺坂
現在の禅寺橋から宗禅寺を経由して西町のとおりに登る坂道も、町建て時に道幅七尺の小路として開設された。
甚九郎橋
（元渡場）
現在（2005年）
（地図は八尾町提供）
聞名寺
宗禅寺
宝幢寺跡街路
明治１８年（1885）に開設された。
浄円寺坂方面からの人の流れを東町から西町へと移行させた。
町建て時（1636年）から継承されている街路
明治期以降、昭和戦前期までに加わった街路
戦後以降に新たに加わった街路

■図 1.2　近世の絵図と現在の地図の比較分析（富山市八尾町，筆者作製）
天保時代の絵図と現在の地図を比べ，街路網や寺社に注目してまちの形成過程を読み解いている．

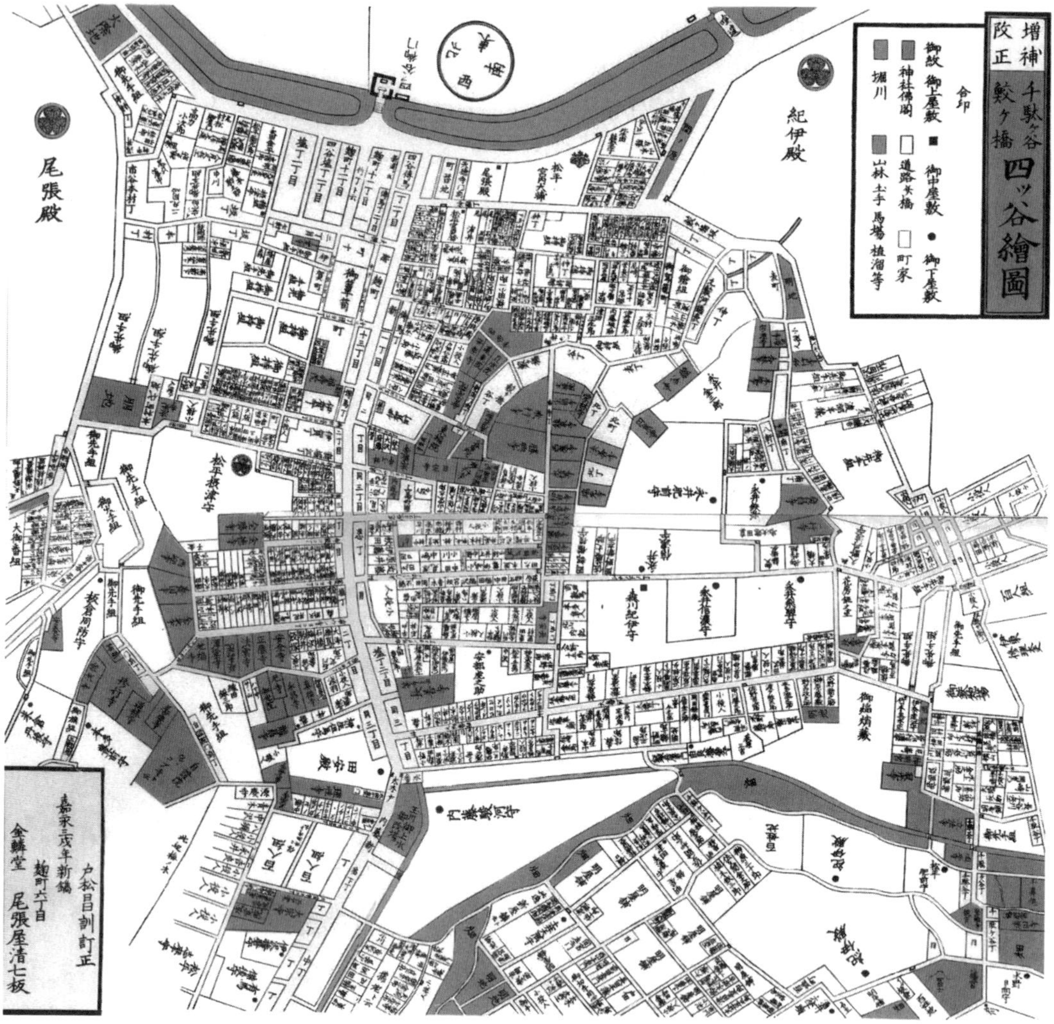

■図 1.3　江戸切絵図（四谷周辺）
嘉永 3（1850）年，尾張屋版．出典は『地図で見る新宿区の移り変わり　四谷編』（新宿区，1983 年）（口絵 1 参照）．

村史に重要なものが掲載されている場合もある．劣化が進んでいるものは撮影不可，また閲覧不可の場合も多いが，画像データの整備をおこなってインターネットで公開しているところも増えているので，積極的に利用したい．

2）沽券図や復元図

地域づくりのテーマによっては，より詳細に江戸時代の街並みの再現が必要な場合もある．江戸時代の町人地の場合は，町奉行が町名主に命じて作製させた町屋敷の間口や奥行き寸法，地主名などを記載した沽券図（こけんず，「沽券」とは町屋敷の売買の証文のこと）が，その地区の昔の姿を比較的精度高く教えてくれる（図 1.4）．

しかし，実際に沽券図を扱うには専門知識が必要なので，建築史や都市史の研究者による研究成果としての復元図などを利用することが多い．こうした復元図は，調査報告書や専門書，専門雑誌の学術論文など一般にはなかなかアクセスしづらい資料に含まれていることが多いので，図書館のカウンターでの相談や，国立情報学研究所の論文情報ナビゲータ*2 などでの検索を利用したい．

*2　http://ci.nii.ac.jp/cinii/servlet/CiNiiTop

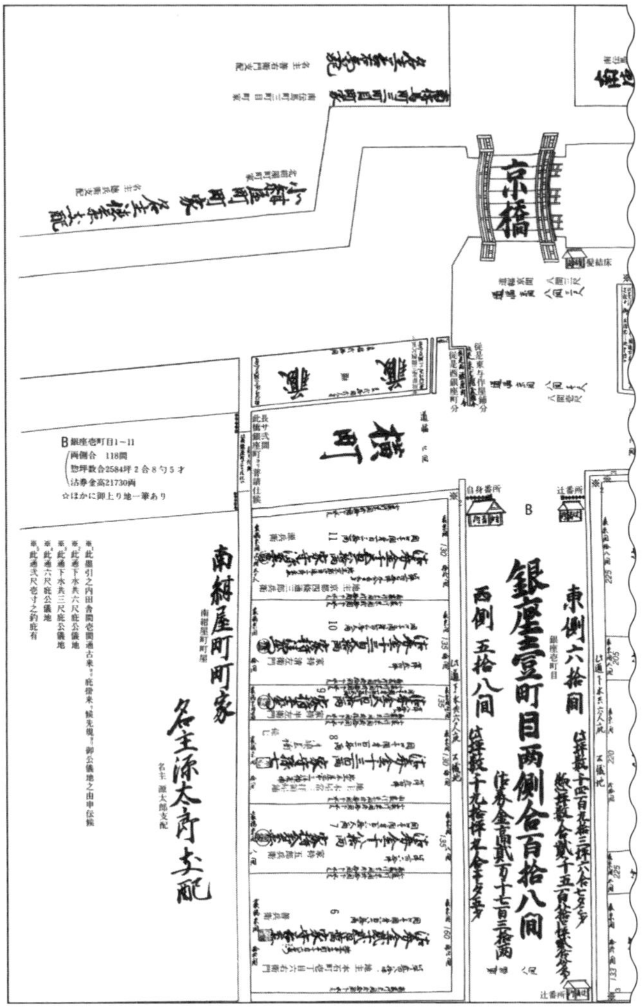

■図 1.4　沽券図

3）名所図会や浮世絵

絵図や沽券図や復元図だけでは，どうしても個々の場所の様子や，その場所で人々がどのような活動をおこなっていたのか，までは把握できない．そこで役に立つのが名所図会とよばれる案内本や，浮世絵などの当時の絵画である．まだ写真を撮影する技術がなかった時代の風景をいまに伝える貴重な資料である．

名所図会は，江戸後期に全国の主要都市で流行した現在の観光ガイドに近い名所案内である．事細かく，名所を絵と文章で説明したものである．江戸中後期に木版印刷が普及するのと相まって，広く普及することになった．安永９（1780）年に刊行され，名所図会の先駆けとなった京都の地誌『都名所図会』や，名所図会を全国に広めた秋里籬島（あきさとりとう）による『都林名所図会』や『摂津名所図会』などの各地域の名所図会，斎藤月岑（げっしん）（1804–78）によって編纂された著名な『江戸名所図会』などがある（図 1.5）．

現在では，名所図会の多くが復刻出版され，比較的入手しやすい資料となっている．また，たとえば，国際日本文化センターのホームページ*2 にて公開されている『都名所図会』をはじめ，ネット上でも検索・閲覧が可能な名所図会もある．

*2　http://www.nichibun.ac.jp/meisyozue/kyoto/c-pg1.html

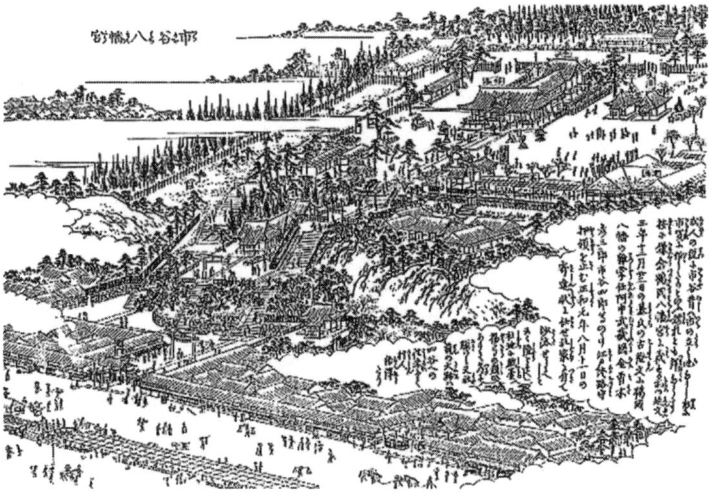

■図 1.5 江戸名所図会（市ヶ谷八幡）
境内だけではなく門前の賑わいまで表現してあり，図柄が楽しめる．現在は境内が完全にビルの陰に隠れてしまっている．現況との違いがよくわかる．

また，安藤広重（1797-1858）の『東海道五拾三次』や『江戸名所百景』，葛飾北斎（1760-1849）の『富嶽三十六景』などに代表される，浮世絵の名士たちによる諸国名所絵，江戸名所絵なども，かつての美しい風景を知るための資料である．

なお，こうした図会や絵画は現実をそのまま描写したものではないので，利用する際には注意が必要である．当時の風景を正確に知るということ以上に，作者の作画意図の中に，当時のその場所の性格の理解や評価を見て取るべきであろう．

b. 地域の近代化の過程を知る方法

1）各年代の地形図の比較

地形図とは，基準点に基づいて，地表面の土地の起伏・形状・水系などの自然および人工物の平面位置と高さを測量して，縮尺に応じて位置・高さ・土地の形状を正確に表示した地図である．わが国で最古の地形図は，伊能忠敬（1745-1818）の測量による「大日本沿海輿地全図」（文政4〔1821〕年完成）である．大図の縮尺はおもに3万6千分の1で，当時の日本全国をカバーしている．ただし，三角測量は用いられておらず，土地の高低も測量されていないものであった．

三角測量による近代的な地図の作製は明治5（1872）年に工部省測量司が着手したものが最初である．以降，非常に精度の高い地図が作製されるようになった．これらの地形図は，ある一時点の地域環境を正確に伝えていること，共通する測量手法で作製されているため，複数の時点の地図を並べることで地域環境の変容を正確に伝えていること（図1.6），という二点で，地域づくりにおける基礎的な知見を提供してくれる．

また，明治初期の「第一軍管地方二万分一迅速測図原図」は，明治13～19（1880～1886）年に陸軍参謀本部により実施されたわが国で初の広域測量によってつくられた地形図の原図である．残念ながら，作製された範囲は三浦半島から房総半島を含む関東平野に限られるが，フランス式とよばれる彩色豊かな地図であり，街路の形状はもちろん，家屋の建ち並ぶ様や土地利用まで詳細に把握できる．明治維新からまだまもない時期の地域の様子が目に浮かぶようである．とくに現在では市街化されてしまって見えにくくなっている近世以来の地域環境の原形がこの地図でははっきりと視認できる．基本的には2万分の1の縮尺で作製されているが，一部の都市のみ5千分の1の詳細図がある．

明治21（1888）年，参謀本部傘下の独立官庁と

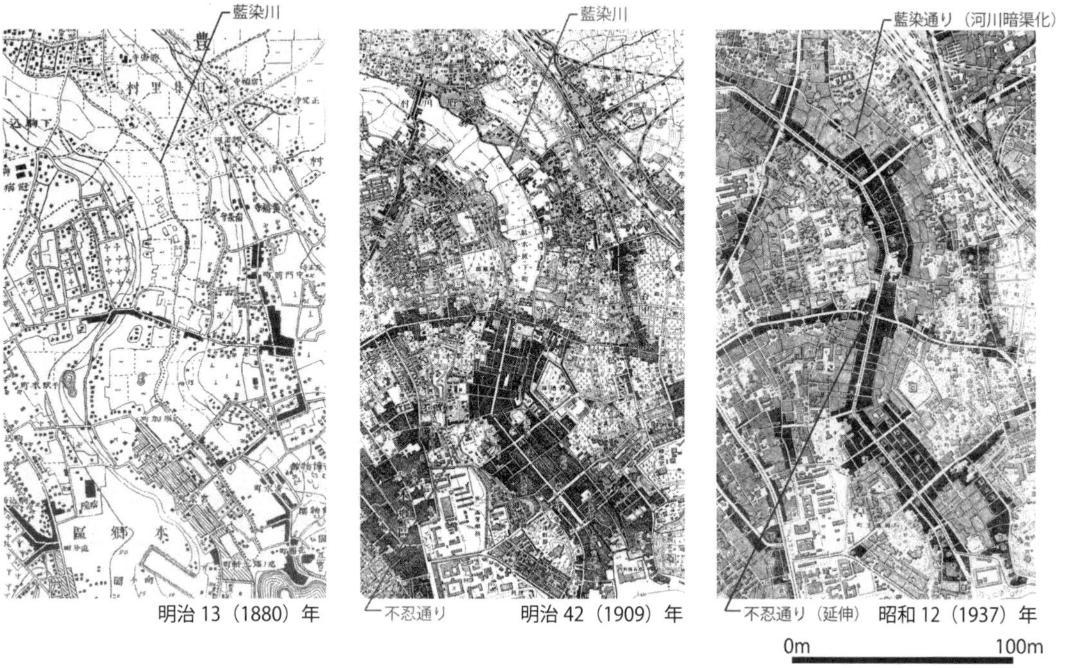

■図 1.6　地形図による地域の形成過程の把握（筆者作製）
藍染川（東京都文京区／台東区）がつくる谷筋に，「不忍通り」が順次開設されていく過程が把握できる．

して，陸地測量部が設置されて以降は，この陸地測量部が中心機関となって，各種の地形図が作製された．明治17（1884）年から着手され，明治44（1911）年まで刊行されていた2万分の1の地形図は，わが国の基本図とし主要な平野域をカバーしていた．街路網，市街地の範囲のほか，主要施設の立地も把握できる．また，1896年以降に作製された5万分の1地形図は，2万分の1の地形図に代わる基本図として，大正末年までに本州・四国・九州・北海道全域を完成させている．これ以下の小縮尺の地図は，地域づくりの現場に役立つ情報に乏しく，利用する機会は少ない．

陸地測量部は，戦後，地理調査所に改組され，昭和35（1960）年には国土地理院となった．戦後は，2万5千分の1地形図が最も大きな縮尺で全国を覆う基本図として整備された．また，1万分の1地形図は，昭和30年代に休版となったが，その後，1983年に復活し，東京主部とその周辺，大阪主部とその周辺，名古屋周辺，全国主要都市などの中心部のみ発行されている．建物の形状も判読でき，等高線も2mごとに表記されている．

これらの地形図は同じ地域で，何度も修正を加えられて発行されている．先にも述べたように，統一された正確な測量手法に基づくものなので，年代の違うものを比べることで，地域環境の形成過程，たとえば市街地の拡大していく過程，街路網の形成過程を復元できる．

5万分の1と2万5千分の1の地図については，各地域での地図の図歴（国土地理院で保有している明治期以降の地形図のリスト）が国土地理院のホームページ[*3]で容易に把握できる．過去の地形図については国土地理院，および各地方の測量部のほか，国会図書館や公共図書館などで閲覧や複写が可能である．

また，ただ漠然と地図を並べて比べるのではなく，各時代の地形図などを重ね合わせて，新たに図面を作製することで，地域づくりに役立つ情報を明確にすることができる．中でも，基本となる

＊3　http://www.gsi.go.jp/MAP/HISTORY/5-25/index5-25.html

■図 1.7 神楽坂通り周辺（東京新宿区）の街路網形成図（部分）（東京大学都市デザイン研究室作製）
江戸時代までにできた街路が現在もまちの骨格をなしていることがわかる．原図はカラー(口絵9参照)．

のは街路網形成図である（図1.7）．現在の地図をベースとして，その街路の一つ一つがいつの時代の地図につくられたものなのか（その街路が初めて登場した地図の年代）がわかるように色で塗り分けた地図である．また，途中で消えてしまって現在は失われた街路も点線などで記述する．こうすることで，地域環境の基盤となる街路網の形成年代が一目瞭然となる．形成年代によって街路形態（幅員，歩道の有無など）の特徴も異なっており，それが各地域の特色を生み出していることが見えてくる．なお，この作業にあたっては，必ずしも地形図だけではなく，後述する住宅地図なども利用したい．ほかにも，土地利用の変化のうち，主要なものを取り出して示した土地利用の変遷図も重要である．

2）詳細を押さえる

商工地図と火災保険地図　地形図では居住者の名前や商店や会社の屋号まではわからない．しかし地域の姿を再現するには，どのようなお店があったのか，どのような産業が立地していたのか，といったことを知る必要がある．そこで役に立つのが，明治末から戦後しばらくまで全国の都市で発行されていた商店や会社の案内を目的とした地図である．こうした地図は一般に「商工地図」とよばれている．縮尺も地形図などに比べて大きく，記載が公共施設にとどまる公的な地図にはない，一つ一つの商店，会社，カフェー，著名人の邸宅などの情報が盛り込まれており，地域のかつての姿をより詳しく知ることができる．

ただし，地形図のような正確さはなく，デフォルメもされている．商工地図も何種類か存在しているが，とくに大正6（1917）年から発行がはじまった「大日本職業別明細図」は，全国の主要都市のほぼすべてを網羅している．『昭和前期日本商工地図集成』（柏書房）という復刻版も出ており，地域づくりの際に一応，目を通しておく必要があるだろう．

「商工地図」よりもさらに詳しく，建物一軒一軒の形状まで記載した大縮尺の地図に，火災保険特殊地図（通常「火保図」と略される）がある（図1.8）．火災保険の保険料の算定に使用するため，一軒一軒の建物について，業種や住民の名前のほか，

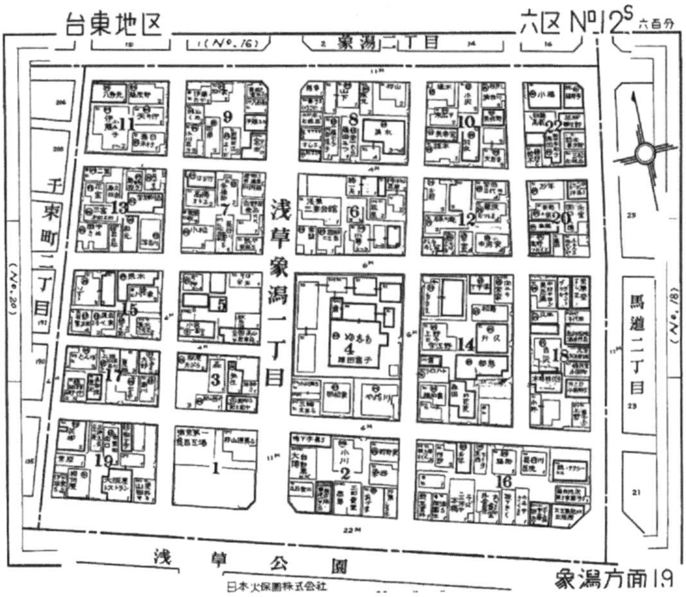

■図 1.8　火災保険特殊地図（東京都浅草）
各建物の用途，構造がわかる．なお，上記の地区は花街であり，料理屋（料）や置屋（妓）が多数見られる．浅草象潟町は昭和 41（1966）年の住居表示で，浅草三丁目から五丁目に分割編入となった（所蔵：東京都立中央図書館）．

建物の構造（防火，耐火などを判断する）も記されている．火保図が作製されたのは，火災保険の契約が期待できる市街地のみであった．たとえば，東京 23 区の範囲では，昭和 3（1928）年から昭和 15（1940）年にかけて作製されたものと，昭和 22（1947）年から昭和 30（1955）年にかけて作製されたものと 2 種類ある．

これらの地図を利用することで，昭和戦前期から戦災復興期の，主要都市の街並みを再現することができる．たとえば工場であったり，料理屋であったり，着目したい建物の用途で色塗りを行うことで，ある時代の地域の都市構造や，それぞれの地域の特色が見えてくる．そして，この都市構造や地域の特色を踏まえて，現在のまちを見てみると，意外とそれぞれの地域の個性が継承されていることもあれば，まったく変貌している場合もあることに気づく．いずれにせよ，地域がどのような過程を経て現在に至っているのかを，把握できるだろう．

住宅地図　「商工地図」や「火保図」の精度を引き継ぎ，現在，継続して発行されている地図に，建物の名前や居住者の情報を網羅して記載している「住宅地図」（第 3，4 章参照のこと）がある．

もともとは，昭和 30 年代に発行がはじまったとされているが，現在では日本全国のほとんどの地域を，1200 分の 1 ～ 6 千分の 1 程度の大縮尺でカバーしている．現地訪問，つまり表札や郵便受けによる調査がもとになっており，縮尺も大きいので，実際にまちを歩いて得られるのと近い情報の，1 年ごとの経年変化をたどることができる貴重な資料である．

建物の形状は必ずしも正確ではないが，たとえば街区の中での建物の建て替え，敷地統合の変容過程などが把握でき，建物の名称から商店と思われる建物だけ塗りつぶしていけば地域における商業動向が大まかに把握できる（図 1.9）．また，地形図による街路網変遷図だとどうしても地図どうしの発行年の間隔が空いてしまうのと，こまやかな生活道路まで拾えないという欠点があるが，住宅地図によってその欠点を補うことができる．

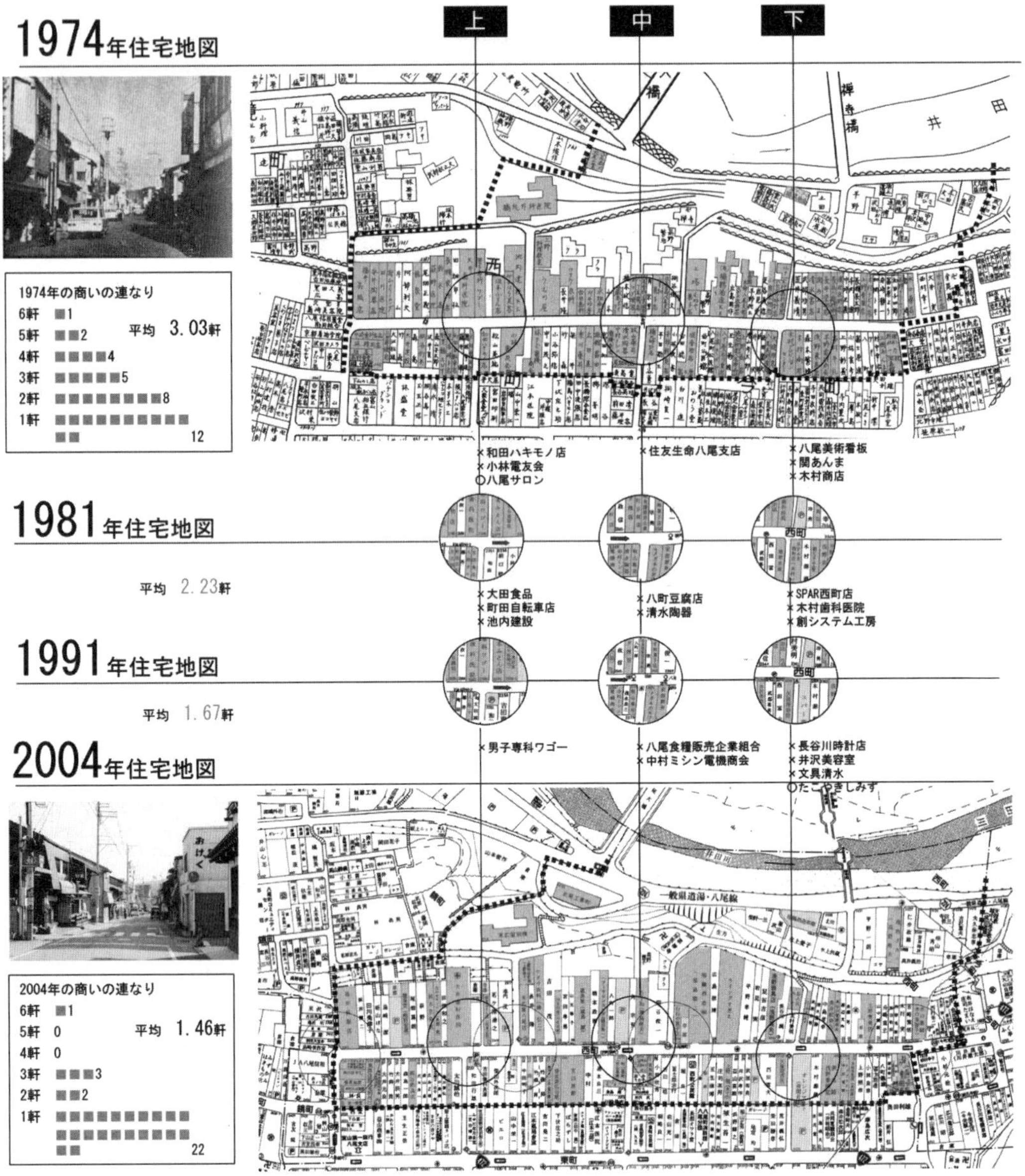

■図 1.9　住宅地図によるまちの変容分析：富山市八尾町の商店の変遷（1974～2004）（筆者作製）
ここ30年の商店街の変容を住宅地図で追跡し，「商店の連なり」という指標で「まちの賑わい」の喪失を表現している．

3) その他のさまざまな地図

地籍図　地形図ではわからない，より詳細な土地所有関係まで含めた情報を得るには，地籍図を利用することになる．地籍図とは，一筆ごとの土地が大縮尺で描かれ，地所の地番や筆界，地目，等級，字名などが記された地図である．明治期に地租改正や地籍調査によって作製されたいくつかの地籍図を総称する旧地籍図と，昭和26（1951）年の国土調査法に基づいて作製された新地籍図がおもなものであるが，たとえば東京では，明治15～大正元（1882～1912）年，昭和6～10（1931～1935）年にも公刊された（図 1.10）．

地籍図では，土地の所有境界が把握できる．また，地籍台帳に記された各筆の等級からは，「当

■図 1.10 地籍図（昭和初期の東京市浅草区雷門付近）
地籍図は，こうした地図と所有者のリスト（地籍台帳）がセットになっている．

時，その地域における中心がどこであったのか」を知ることができる．市役所や町村役場，地方法務局などに作製当時の原図や複写したものが保管されているほか，一部の都市では，過去の地籍図がおもに研究用に復刊されている．

都市地図　陸地測量部から国土地理院に引き継がれる国の測量機関による地形図とは別に，各都市では内務省地理局や各自治体，そして民間会社が早くから都市地図を作製し，発行している．その中には，縮尺が5千分の1や1万分の1など，地形図よりも大縮尺で，詳細に地域の状況が読み取れるものも多い．

各都市でいつ頃から，どの程度の都市地図が作製され，出版されていたのか，全体像を把握するのは困難であるが，たとえば，こうした都市地図を集めた『明治・大正期　日本都市地図集成』（柏書房，1986年）には，北海道から沖縄までの全国主要73都市域の大縮尺地図が93葉収められている．そこには明治前期のものも多数含まれている．

また，陸地測量部の地形図が基本的には軍事目的で，また都市地図が一般の人向けに発行されたものだとすれば，もう一つ，都市計画に用いられた都市計画用の地形図も存在する．大正8（1919）年に都市計画法が制定されて以降，都市計画の立案のために都市計画区域の全体やあるいはそれを区分する形で，地図が作製された．大縮尺である場合が多く，入手できれば貴重な資料となる．なお，東京に関しては，近年，昭和22（1947）年に発行された3千分の1の都市計画用の基本図をすべて収録した『帝都地形図』（之潮，2005年）が刊行されている．

都市計画関係では，計画図や事業図も，地形図や住宅地図で見た変遷の原因を裏づける資料として重要である．こうした計画図や事業図については，第5章で述べる．

復元地図や回顧地図　地域づくりにおいて役立つ地図は，なにもここまでであげたような政府機関によって用意されたり，公刊されたりした精度の高い地図だけではない．記憶を頼りに描いた復元地図や回顧地図などは，通常の地図からはわからない，さまざまな地域情報が詰まっている．また，こうした復元地図や回顧地図をつくること

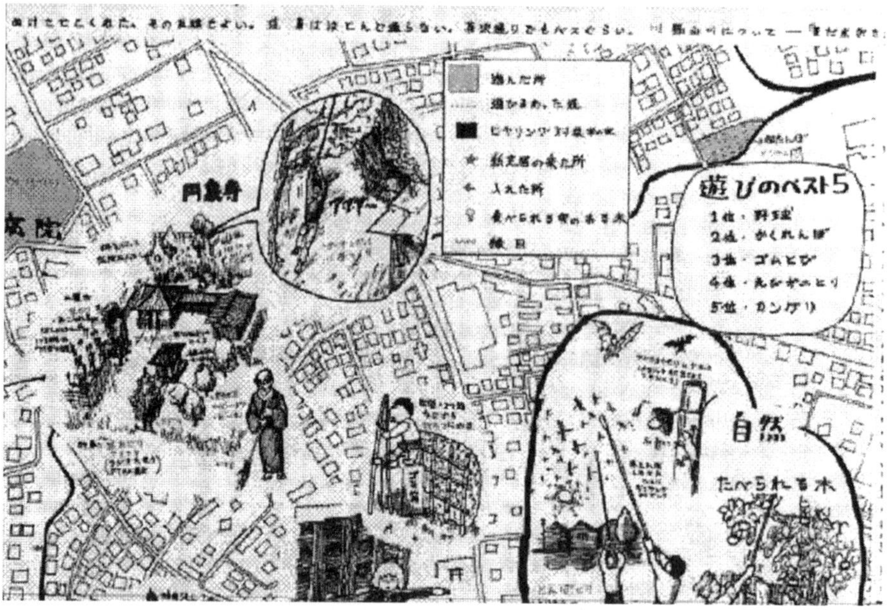

■図 1.11　三軒茶屋・太子堂地区の三世代遊び場マップ（1982 年）
子供・親・祖父母の三世代に子供時代の遊び体験をヒアリングし，3 枚の地図にまとめたもの．上記は昭和 30 年代の遊び場マップ（部分）．木下勇氏より許可を得て転載．次のサイトで全体を見ることができる．
・ミツカン水の文化センターホームページ；http://www.mizu.gr.jp/kikanshi/mizu_24/images/24_g_img04-L.pdf)
・K's（Kinoshita's）Site（木下　勇氏ウェブサイト）；http://web.mac.com/kinoshita_apple/Projects/Three-GenerationsPlaymaps.html

自体が，地域づくりの実践として意味をもっている．地域づくりの一環として，昔の地図の作製に取り組む例も少なくない（図 1.11）．

d.　地域の景観を生け捕った写真や絵

空中写真　地図は，程度の差こそあれ，現実の都市空間を抽象化して記述するものである．それに対して，空中写真（航空写真）は，人の手による抽象化の操作がなく，現実の都市をそのまま表しており，土地利用の実態をより正確に把握することができる．戦前にも，軍事目的などで各地域で空中写真が撮影されていたが，全国土を網羅する形で定期的に撮影がおこなわれるようになったのは戦後である．

国土地理院のホームページの国土変遷アーカイヴ*4 では，終戦直後に GHQ が撮影した空中写真をはじめ，1940 年代から現在までの空中写真が閲覧できる．空中写真では，とくに地図以上に地表面の状況が正確に把握できる．たとえば，地域の緑の変遷を把握する際などに威力を発揮する．

鳥瞰図　大正から昭和戦前期にかけて，観光振興のために，吉田初三郎を代表とする絵師たちによって描かれた鳥瞰地図も，当時のまちの姿を想像させる資料として使うことができる．

実際には見えない遠くの海洋や山岳が含まれていたり，発行者にとって重要な施設が大きく描かれていたりと，かなりデフォルメされたものであるが，地域の構造や風景をつかまえる際には，非常に有用な資料として活用できる．

絵はがきや古写真　近世以前と異なり，近代以降は，各地で撮影された写真が歴史を知る際に威力を発揮する．とくに名所や旧跡などでは絵はがきが発行されていることが多く，かなり細かく風景の変遷を知ることができる（図 1.12）．

*4　http://archive.gsi.go.jp/airphoto/index.jsp

■図 1.12 戦前の絵はがき（名古屋市広小路）

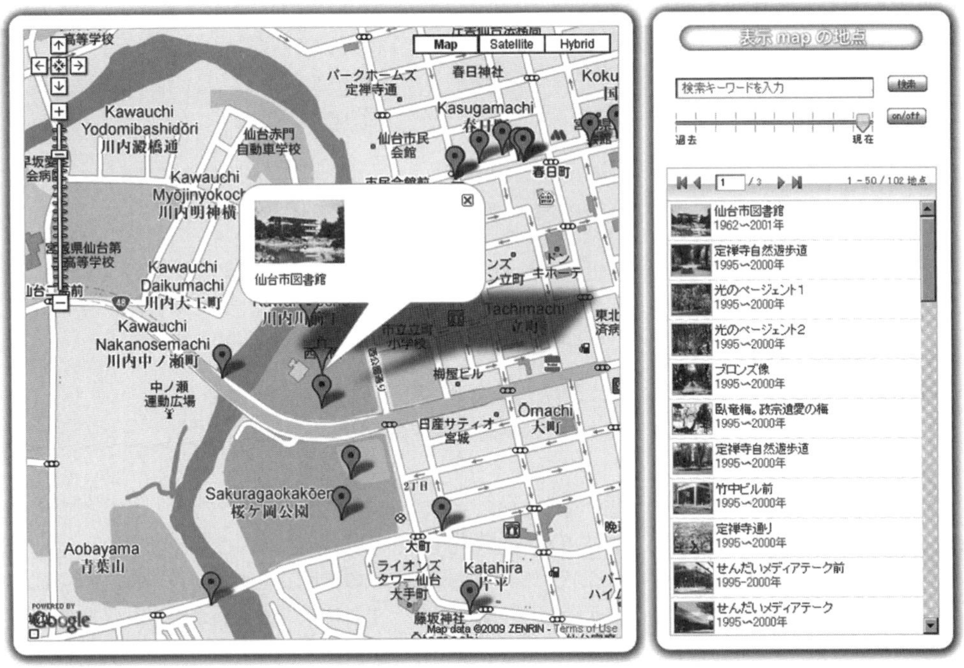

＊吹き出し部分をクリックすると，より大きな写真が見られるようになっている．サイト中および左の写真は仙台市図書館（1962～2001年）の写真（資料提供：仙台市戦災復興記念館）．
（上はせんだいメディアテークHPより，左は同上記念館より，許可を得て転載．）

■図 1.13 インターネット上の古写真アーカイヴ（せんだい時遊マップ）

せんだいメディアテークは，平成16（2004）年から実施している「せんだい街のアルバム制作委員会」と題したオープンカフェイベントにおいて，市内文化施設などが所蔵している写真資料や市民が撮影した個人写真を収集しデジタル化してきた．そうして収集したさまざまな時代の写真を，GoogleMapを用いたwebサイト「せんだい時遊マップ」(http://map.smt.jp/) において，撮影場所と撮影時代ごとにプロットして公開している．

ただし，絵はがきは，私製はがきの発行が許可された1900年以降のものにほぼ限定されるため，それ以前のものは古写真コレクションに頼らなければならない．公立図書館や大学付属図書館などで，コレクションを公開しているところもある．

地域づくりの現場では，その地域に二代，三代，それ以上暮らしてきた人たちが所有している個人のアルバムなどの中に，本当に役立つ写真があることが多い．当時の日常生活の風景が写り込んでいる写真であり，ある場所や空間を人々がどのように使っていたのかを知ることができる．なお，文献でいえば，先に言及した地域の小学校の創立百年史や創立五十年史といった中に，昔の地域の写真などが収められていることが多い．

ただ，難しいのは，古写真の撮影された場所を特定することであろう．地図と照合させながら，推定していく作業が必要である．古い写真を集めたり，その場所を推定していく作業そのものを，地域の人たち皆で一緒に楽しみたいものである（図1.13）．近年では，Google Mapなどを利用して，ウェブ上で地図と連動させた古写真の整理も可能となっている．画像検索なども最大限活用したい．

〔**中島直人**〕

文　献

井口悦男 編（2005）：『帝都地形図』（全6集＋別冊），之潮．
地図資料編纂会 編（1986）：『明治・大正期　日本都市地図集成』，柏書房．
地図資料編纂会 編（1992）：『昭和前期日本商工地図集成』，柏書房．
『復刻版〔昭和6年～10年刊〕東京地籍図』（2010-2012予定），不二出版．

◉より深く勉強したい人へ：まちの「近代化」と「現代化」

まちの歴史はそのまちに固有であるが，二つの共時的体験の履歴でもある．一つは，明治期以降，高度経済成長期くらいまでの「近代化」体験である．まちに鉄道や道路が引かれ，自動車が走るようになり，寺社に代わる役場や公園などの都市施設が設けられ，工場が立地し，まちの規模が拡大し，森林や田畑が宅地に変わり，郊外が誕生し，団地も生まれた．こうした「近代化」したまちでは，現在に至るまで，「近代化」の徹底とともに，「近代化」が生み出した街並みが高層マンションで代替されたり，往時の賑わいが嘘のように商店街が寂れたり，静かな田園地帯に巨大なショッピングモールが立地し，周辺にロードサイド店が列をなしたりと，「現代化」も体験している．「近代化」については，『都市へ』（鈴木博之著，岩波書店，1999年），『都市のコスモロジー』（オギュスタン・ベルグ著，講談社，1993年）など，「現代化」については，『ファスト風土化する日本』（三浦　展著，洋泉社，2004年），『郊外の社会学』（若林幹夫著，筑摩書房，2007年）などが，その意味を考えるヒントをくれる．あなたのまちの「近代化」「現代化」は，自分たちの生活に何をもたらしたのか，と問いかけてみることが，まちのこれからを考えるはじまりになる．

（中島直人）

第2章　地形を知る

キーワード：地形図，地域メッシュ，土地条件図，地名

地形とは地表の形状を示す語であり，その規模によって大地形・小地形・微地形に分けられる．大規模な地殻変動によってできた大地形と，侵食作用や堆積作用などによってできた小地形はおおよそ地形図上で判別できる．しかし，微地形になると肉眼では確認できるが地形図上では判別しにくいこともある．

地形を知ることは，その地域の「地域らしさ」を理解することにつながる．地形によって特徴づけられる都市や集落は少なくない．たとえば金沢市では，北の卯辰山と南の野田山にはさまれた中央に小立野台地が位置しており，二つの山と台地の間を流れる浅野川と犀川にはさまれたエリアに旧城下町が形成した．小立野台地の先端に金沢城と兼六園が位置している（図2.1）．

この風景構造は藩政期から変わることなく，金沢における都市景観の大枠を形作っている．また，富山市八尾町（やつおまち）は井田川沿いに見える崖の上に町が形成されている．崖に沿って施された石垣と連続する町並み風景は，八尾の代名詞の一つとして広く認知されている（図2.2）．

地形は，地域づくりの物理的な計画範囲を決める際の重要な因子である．端的な例として，ある集落の端が山や崖，海や河川などになっている場合，その地形が計画範囲設定の目安となる．

地形を知るにはおもに三つの方法がある．すなわち，①既存資料から知る方法，②既存資料の情報を加工して知る方法，③現地で目視などによって知る方法，である．

地形は，宅地造成などの開発行為，道路整備や

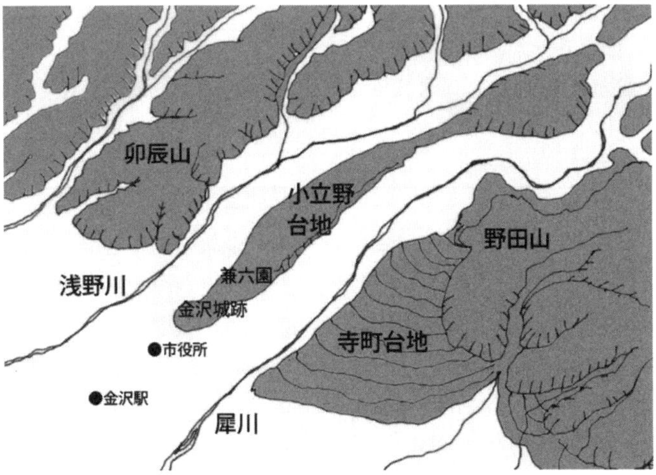

■図2.1　二つの山・二つの川・一つの台地がつくる金沢の市街地（石川県金沢市）

■図 2.2 崖の上に形成されている市街地（富山県富山市八尾町，筆者撮影）

河川付け替えなどの土木事業などの結果として変化することがある．そのため，現状の地形を厳密に知るためには，現地を訪問して目視などの作業が不可欠となる．しかし，その場合でも現地訪問に先立って地形図などの読み込み作業をすることで「地形の変化」箇所を比較的容易に探し出すことができる．

また，目視では地形の全体像を把握しづらい場合もあり，その場合は地図などの既存資料による地形調査が必要不可欠となる．こうした意味において，地図などの既存資料から地形を知る方法は，地形を知るうえでの最も基本的な作業といえ，これについて本章では解説する．地図などの既存資料についてはその作成年に注意を払う必要がある．

2.1 地形図

既存資料として最も標準的なものは地形図である．日本国内において国土地理院の発行する一般図のうち，中縮尺の図（5万分の1，2万5千分の1，1万分の1の図）を一般に地形図とよぶ．ちなみに，大縮尺の図（2500分の1，5千分の1の図）は国土基本図，小縮尺の図については，20万分の1の図を地勢図，50万分の1の図を地方図，100万分の1，300万分の1，500万分の1の図を国際図とよぶ．

地形図は国土地理院が日本全域について統一した規格と精度で作成している．いろいろな分野で利用しやすいよう，表示事項の取捨選択，線の太さや地図記号，名称の文字の大きさなど一定の図式に従って表現されている．大型書店や国土地理院で入手可能であるほか，近年は地形図の一部について国土地理院のウェブサイト*1から閲覧できる．

地形図は全国各部を地域メッシュに分けて整備している．地域メッシュとは，地域メッシュ統計に利用するために，緯度・経度に基づいて地域をほぼ同じ大きさの網の目（メッシュ）に分けたものである．メッシュに用いられる地域区画が固定・標準化されているため，異なる統計調査の結果であっても，このメッシュを用いる限り地域間比較や時系列比較などを同一の条件で分析できるという特長がある．

総務省（旧・行政管理庁）が出している標準地域メッシュコードは，JIS規格となっており，第1次メッシュから第3次メッシュまでが定められて

*1 http://watchizu.gsi.go.jp/

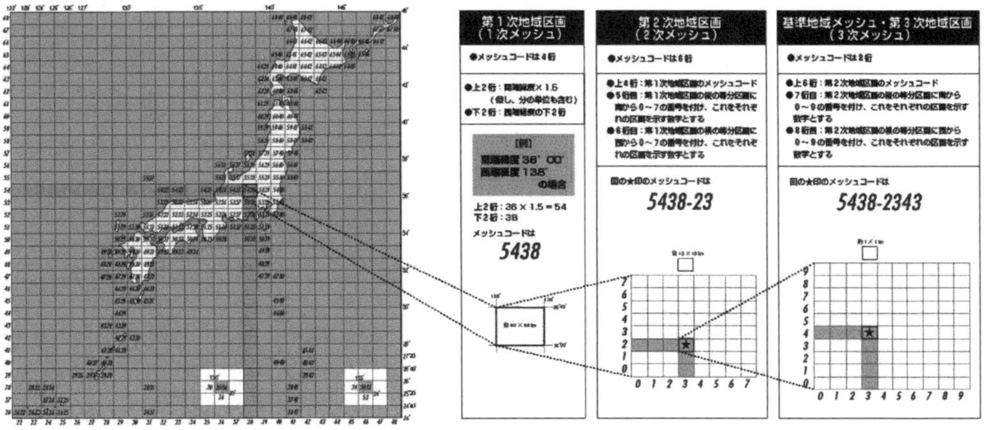

■図 2.3　メッシュコードの仕組み
環境省 HP より許可を得て転載（http://www.biodic.go.jp/kiso/col_mesh.html）.

いる．第1次メッシュは20万分の1地勢図の1図葉の区画を1単位区画としたもので，1辺の長さは約 80 km である．第2次メッシュは，第1次メッシュを緯線・経線方向に各8等分してできる区画で，2万5千分の1地形図の1図葉の区画に対応する．1辺の長さは約 10 km である．第3次メッシュは第2次メッシュを緯線・経線方向に各10等分してできる区域であり，1辺の長さは約 1 km である（図 2.3）.

3種類の地形図はそれぞれ特徴をもつ．

5万分の1地形図　2万5千分の1地形図に対して，都市の位置関係や交通網のつながり，土地利用の状況など，地域の様子を把握しやすくすることを目的に発行されている（図 2.4（a））.

1291 面で全国をカバーする．明治 23（1890）年から整備がはじまり，大正 5（1916）年に全国整備が完了している．そのため，100 年以上も同一の区画割で整備が続けられており，歴図としての利用価値が高い．

2万5千分の1地形図　全国整備されている図の中で一番縮尺が大きい地図である（図 2.4（b））．全国を 4342 面でカバーしている．明治 43（1910）年から整備がはじまり，昭和 58（1983）年に全国整備が完了している．整備開始当初から現在に至るまで国土の基本図として広く利用されている．道路，鉄道，建物，土地の高低や起伏，水系，植生，土地利用などが実測に基づき正確に描写されている．10 m 間隔の等高線が表記されている．

1万分の1地形図　全国の主要都市について整備され，311 面が発行されている（図 2.4（c））．現在発行されているのは昭和 58 年から整備がはじまったものである．

2万5千分の1地形図では情報量の多い都市部になると省略表現を多用せざるをえないため，それを補完する役割をもつ．2 m 間隔の詳細な等高線と1軒ごとの建物形状が表記されている点が特徴である．

2.2　地形の立体表現

紙媒体の地形図では立体的な地形情報を感覚的に把握しづらいという難点がある．この点を解決するためには，数値地図（電子的に処理可能な数値情報として記録した地図）を活用した3次元CG の作成が有効である．

国土地理院が全国整備している「数値地図50 m メッシュ(標高)」および「数値地図 250 m メッシュ(標高)」には，2万5千分の1地形図の等高線から求められた「標高データ」が含まれている．この標高データを CAD ソフトや専用のビューアソフト上に取り込んで，地形を3次元 CG で表現するのである．

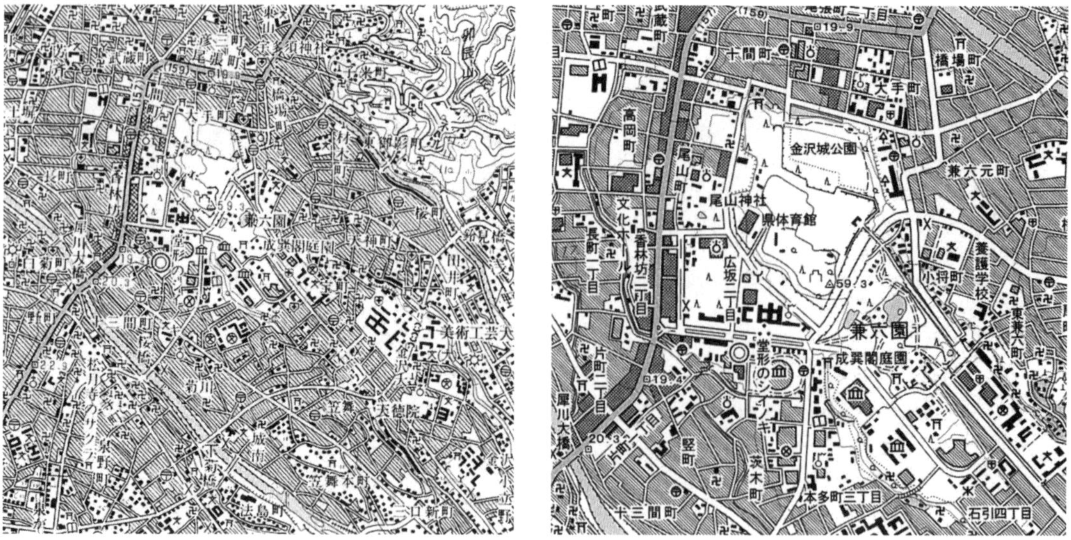

(a)　5万分の1地形図（金沢5号・9号，平成19年発行）　(b)　2万5千分の1地形図（金沢5号－2，平成18年発行）

数値地図はCD-ROM版が市販されている．主要な都市圏については，航空レーザースキャナ計測による詳細な標高データを収録した「数値地図5mメッシュ(標高)」が発行されている．

一部のビューアソフトは無償ダウンロード可能である（たとえば，「カシミール3D」など）．このような3次元CG画像は，歩行者の視点や上空からの視点（鳥瞰図）など複数の視点設定が比較的容易におこなえるため，地形全体の立体形状の把握が容易である．

画像作成後にはデジタル加工などの作業への移行がスムーズにできるため，分析や計画づくりにおいてたいへん重宝される．住民参加のワークショップなど，一般市民の間で地形情報を共有すべき局面においても力を発揮する（図2.5）．

また，国土地理院からは数値地図のデータを加工した「25000段彩・陰影画像」が発行されている（図2.6）．これは，通常の地形図を2万5千分の1地形図を元データとする「数値地図25000」のデータを正規化処理により，地図の余白部分を削除し，さらに，数値地図50mメッシュ(標高）から段彩図を作成し重ね合わせることで，従来の地形図よりも地勢がわかるように作られたPNG形式の画像データである．画像データは，日本測地系の第2次メッシュ区画に完全に分割されている．

2.3　土地条件図

土地条件図とは，全国のおもな平野とその周辺等を対象として，土地の微細な高低と表層地質によって区分した地形分類や低地について1mごとの地盤高線，防災関連の機関や施設などの分布を示した地図である（図2.7）．縮尺2万5千分の1の紙地図と「数値地図25000（土地条件)」を国土地理院が発行している．数値地図のデータは第2次メッシュを単位として作成している．複数の土地条件図で重複する部分については，調査年度がより新しい土地条件図がデータ化されている．なお，国土交通省の運営するハザードマップポータルサイト*2から土地条件図を閲覧することができる．

土地条件図には災害を起こしやすい地形的条件なども表示してある．これは，昭和34（1959）年9月に発生した伊勢湾台風の前後におこなわれた濃尾平野の地形調査と洪水被害状況の比較作業を契機として，土地条件図の整備がはじまったことに由来する．したがって，地域の開発だけでなく自然災害の危険度を判定するのにも役立つ地図で

*2　http://www1.gsi.go.jp/geowww/disapotal/index.html

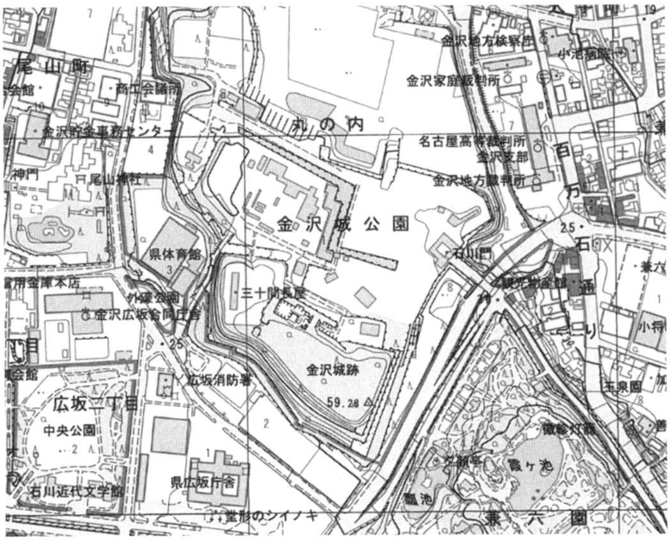

(c) 1万分の1地形図（金沢 5-1-4, 2-3-4, 平成 17 年発行）

■図 2.4 3種類の地形図（国土地理院発行）
いずれも金沢．金沢城を中心に部分を抜粋したもの．原図はカラー(口絵 2 参照)

この地図は，国土地理院長の許可を得て，同院発行の5万分の1地形図，2万5千分の1地形図および1万分の1地形図を複製したものである（承認番号 平 22 業複，第 200 号）．

あり，後述するハザードマップ作成のための基礎情報としても利用されている．

土地条件図は，2万5千分の1地形図の上に，①地形分類，②地盤高，③各種機関および施設，の3つの要素で構成されている．

地形分類 土地の形態，成り立ち，性質などから分類したもので，その土地が山地であるか，台地であるか，低地であるか，また同じ低地の中でも高燥な土地であるか，低湿な土地であるか，あるいは自然の地形を人工的にどのように改変しているかなどを区分して表示している．

地盤高 とくに平野部の地盤の高さを詳細に表現している．1m ごとの地盤高線のほか，要所には土地の標高が表示されている．これにより，土地の高さ，比高，傾斜，あるいは，地盤沈下などによる0メートル地帯の分布などを知ることができる．

各種機関および施設 土地の開発や防災に関係している公共機関をはじめ，観測施設，交通路線，救護・保安施設，揚排水施設，河川・海岸・港湾工作物，橋梁などを表示している．これらの配置状況によって，その地域の開発整備の状況がわかり，また災害の場合の避難指定所，病院，避難に役立つ比較的堅牢な建築物などの位置や分布

■図 2.5 数値地図 50 m メッシュ（標高）のデータを加工した3次元 CG 画像
鳥海山（山形県と秋田県にまたがる）を中心にしたもの Google Earth のデータを用いてカシミール 3D により作製（作製・中川良一）．

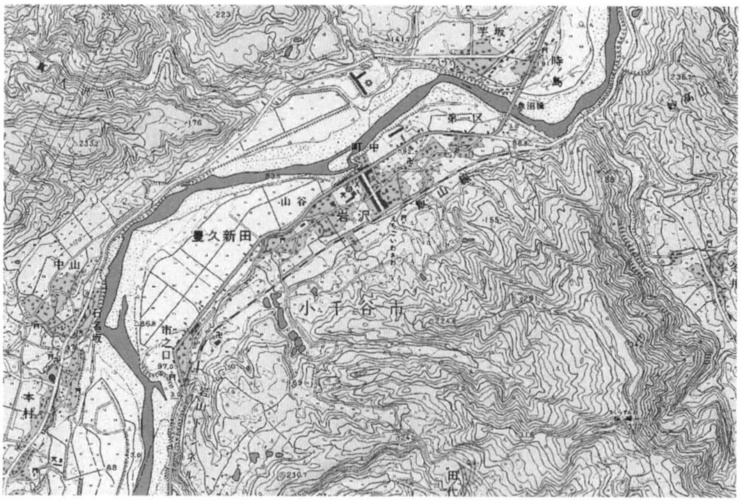

■図 2.6 2万5千分の1段彩・陰影画像
部分を抜粋．原データはカラー．

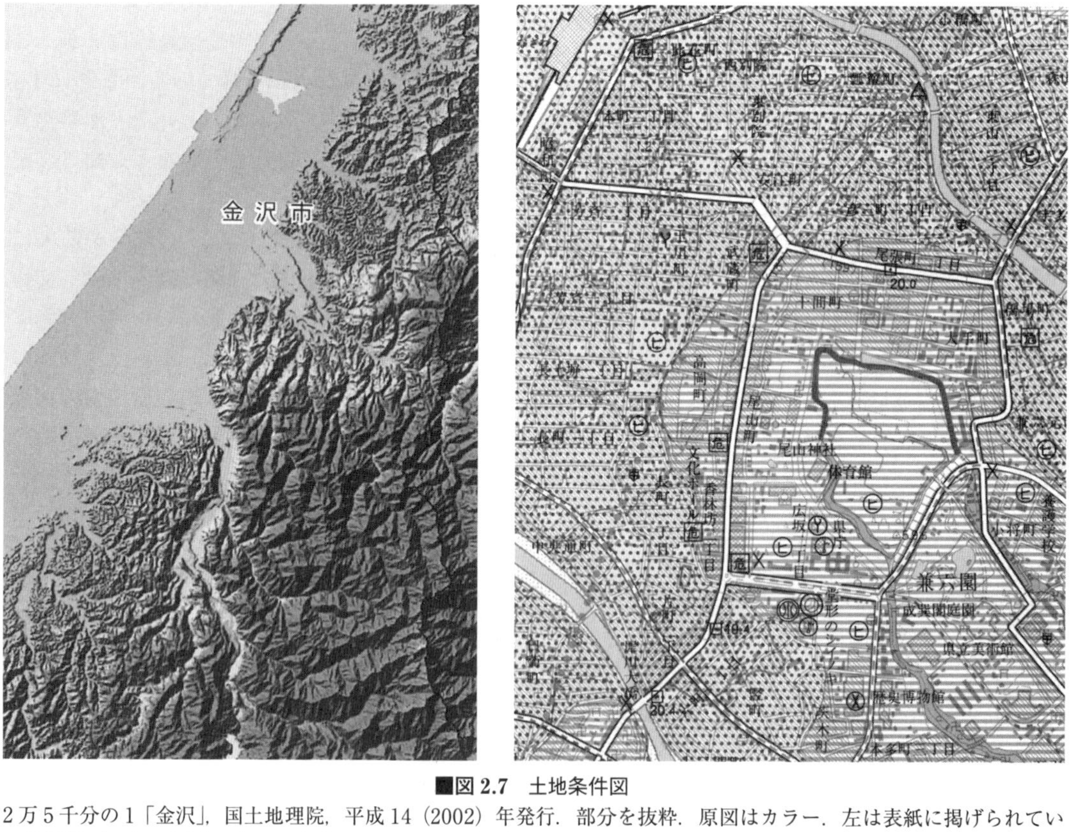

■図 2.7 土地条件図

2万5千分の1「金沢」，国土地理院，平成14（2002）年発行．部分を抜粋．原図はカラー．左は表紙に掲げられている陰影図（口絵4参照）．右の図中での金沢城周辺の横線は台地・段丘面を表し，その周辺の点々部分は「扇状地」を表す．

この地図は，国土地理院長の許可を得て，同院発行の2万5千分の1土地条件図を複製したものである（承認番号 平22業複，第200号）．

を知ることができる．さらに，堤外地の家屋や仮設貯木場，旧河道や海岸沿いの埋立地など軟弱地盤上にある施設など，災害発生の際に危険を助長するおそれのある施設の分布も知ることができる．

2.4　ハザードマップ

地域づくりの計画に際して，そのエリアの災害危険性を認知しておくことは有効である．このときの基礎的な情報を提供する資料がハザードマップである（図 2.8）．

自然災害による被害を予測してその被害範囲を地図化し，予測される災害の発生地点，被害の拡大範囲および被害程度，さらには避難経路，避難場所などの情報を地形図など既存の地図上に図示している．おもなハザードマップとしては，河川浸水洪水，土砂災害，地震災害，火山防災，津波浸水・高潮などがある．

ハザードマップは多くの基礎自治体が整備を進めている．各自治体がインターネット上で公開しているハザードマップについては，多くの場合は国土交通省の運営するハザードマップポータルサイト*2 から直接リンクしているので，閲覧することが可能である．

■図 2.8　河川浸水洪水のハザードマップ（台東区）
台東区役所の HP より，許可を得て転載（http://www.city.taito.tokyo.jp/saitai/arakawa.pdf）．
原図はカラー（口絵 6 参照）．

2.5　地　　名

地名が地形読解の有力な手がかりになる場合がある．ビル群の建設，宅地の造成，土木工事など市街化が進むことにより，起伏のある地形の平坦化や不可視化，周辺地形に対する眺望景観の遮断といった変化が発生する場合がある．こういった場合でも，その地域の「地名」から地形の存在を確認し，地域と地形の結びつきをある程度は推量することが可能である．

たとえば，東京には「富士見坂」という地名が各地に残っている．これは，高い建物のなかった江戸時代には，小高い丘の上から富士山を望むことができたことが由来とされる．多くの場合，富士山への眺望は遮られてしまったが，日暮里の富士見坂のようにいくつかの坂からは現在でも富士山を見ることができる（図2.9）．

また，港区の三田にある「潮見坂」という地名は，現在ではまったく海を眺めることはできないが，かつて坂上から芝浦の海辺一体を見渡し，海の干満を知ることができたことが由来とされる．

■図 2.9　地形に由来する地名・富士見坂（日暮里）
2010年5月13日，石川正氏撮影．日暮里富士見坂を守る会HPより許可を得て転載．

他にも，大田区の中央五丁目にある「汐見坂」は，かつてこの坂から大森の海が遠望され，白帆や海苔ひびなどがよく見えたのが坂名の由来とされる．

日本の地名には地形の特色を伝えるものが多い．とくに，古い地名には「山」「川」「田」「海」「森」などの，もともとそこにあった自然地形を含むものが多く見られる．古い地名を伝えるものに，たとえば大字（おおあざ）小字（こあざ）がある．字（あざ）とは日本近世の村の下にあった地区の単位である．これが現在は小字となり，明治以降の市町村合併時に従来の村名（町名）が，大字として残された．一方，現代になって建設されたニュータウンや住宅開発地などでは，その場所の実際の地形とは関係なく「丘」「台」などの山の手を意識した名称を新しくつける場合も多いので注意が必要である．

日本の地名については，当地の過去と現在の地名の比較，地名のその土地に対する地誌的な解説など，ある地域の地名の成り立ちや各地の命名法則などについて研究する「地名研究」の蓄積から多くを知ることができる．

日本の地名研究の先駆的名著には，柳田國男（1936）の『地名の研究』がある．また，服部秀雄（2003）『地名のたのしみ』では西日本を中心とする具体例に則した記述が充実しており，地名研究の入門書に適している．

現在の地名は，地形図や一般の道路地図など多くの媒体から調査可能だが，地形と地名の関係に着目するのであれば古地図を用いての調査が必要である．なぜなら，地図上において地形と地名の関係が明らかな場合もあるし，地名の漢字表記が変更されている場合もあるからである．

一般閲覧の可能な古地図は，地元の大学図書館や公共図書館，歴史・郷土資料館，自治体の資料室などで保管されている場合が多い．その他に，祭や歌など民間伝承されている事柄における地名調査なども有効である．とくに，地域の小中学校校歌や民謡などの歌詞には，その地域の風景の骨格となる地形が登場する場合が少なくないので，注意を払ってもよい．

地名から地形を推量する場合，その地名を正しく解釈する作業が必要になる．現地住民への聞き取り調査，郷土史などの文献調査によって，地名の意味や地名にまつわる事柄を調べることができる．〔遠藤　新〕

文　献

服部英雄（2003）：『地名のたのしみ―歩き，み，ふれる歴史学』，角川ソフィア文庫．
柳田國男（1936）：「地名の研究」（『柳田國男全集 20』，ちくま文庫，1990 年，所収）

◉より深く勉強したい人へ：ウェブサイトを活用した地形および関連情報の収集

ウェブサイト上での地図閲覧，データのダウンロード，データやサイトの検索という三つの方法がある．

国土地理院ウェブサイト「地図閲覧サービス（ウォッちず）」（http://watchizu.gsi.go.jp/）

このサイトではカラーの 2 万 5 千分の 1 地図が公開されている．地図を閲覧するためには「地図検索画面」と記されたボタンをクリックして次の画面にすすみ，4 通りの検索方法のいずれかで閲覧したい地図を選択する．

「索引図による検索」では，図上において閲覧したい地域の位置をクリックすると，その箇所が含まれるメッシュ（おおむね 2 万 5 千分の 1 地形図を 4 分割した地域）の地図画像が表示される．このほかには「地名および公共施設名による検索」「経緯度による検索」「市町村名による検索」などの方法があり，それぞれ画面をクリックあるいは必要な項目を入力すれば簡単に地図を閲覧することが可能である．

電子国土ポータル（http://portal.cyberjapan.jp/index.html）

ウェブサイト上での日本語版地図検索のポータルサイトである．「電子国土」とは，数値化された国土に関するさまざまな地理情報を位置情報に基づいて統合し，コンピュータ上で再現するサイバー国土のことである．それぞれの地理情報の作成者がその情報を発信し，利用者は必要な情報を探し，目的に応じて加工し利用できる機能を備えている．ネットワーク上の地理情報を検索し，選択した地域の地図に必要な情報を重ね合わせて表示することも可能である．ポータル内には，国や地方公共団体，教育機関，公益法人などの電子国土サイトが地方別，発信情報別，発信団体別に整理公開されている．

国土交通省国土計画室 GIS ホームページ
（http://www.mlit.go.jp/kokudokeikaku/gis/index.html）

このウェブサイトでは，国土情報に関連したさまざまなサービスを利用できる．「国土数値情報」「国土画像情報」「街区レベル位置参照情報」などの GIS で利用可能なデータのダウンロードも可能である．

ブラウザ上での地図データの閲覧（国土情報ウェブマッピングシステム）や航空写真画像情報所在・案内システムによる航空写真の検索，あるいは国土数値情報，位置参照情報のダウンロードなど充実したインターネットサービスが受けられる．

■表 2.1 インターネットサービスの概要

データ閲覧・ダウンロードサービス	国土数値情報ダウンロードサービス	国土数値情報は，国土計画の策定や実施の支援のために整備されたものである．行政区域，鉄道，道路，河川，地価公示，土地利用メッシュ，公共施設など，国土に関するさまざまな情報を整備している．
	位置参照情報ダウンロードサービス	位置参照情報とは，全国の都市計画区域相当範囲を対象に，街区単位（「○○町△丁目□番」）の位置座標（代表点の緯度・経度，平面直角座標）を整備したデータである．このデータを利用することで，住所などを含む表や台帳データに位置座標（緯度経度など）を付け，GIS で地図上に展開して空間的な分析をすることができるようになる．
	国土情報ウェブマッピングシステム	国土数値情報や国土画像情報（カラー空中写真）をブラウザ上で簡単に閲覧することのできるシステムである．見たい国土数値情報のデータ項目を複数選択し，地図画面上に重ね合わせて表示させることができる．また，地図の拡大・縮小・移動などの操作により，見たい地域の地図を自由に表示することができる．その他，国土計画局で保有する昭和 49（1974）年から平成 2（1990）年にかけて撮影された全国のカラー空中写真（約 40 万枚）を閲覧することができる．
	オルソ化空中写真ダウンロードシステム	国土計画局では，昭和 49 年から平成 2 年にかけて撮影された全国のカラー空中写真（約 40 万枚）について，オルソ化作業を実施している．オルソ化とは，土地の起伏などによる位置的な歪みの補正を行うことで，これにより，GIS 上で空中写真画像を地図に重ねて表示するなどの利活用が可能になる．
データ検索サービス	航空写真画像情報所在検索・案内システム	このシステムは，国や自治体などの各機関・組織が保有している航空写真（空中写真）を，統合的に検索することができるシステムである．検索を行いたい場所を地図上で確認しながら，空中写真を検索することができる．該当する航空写真が Web 上で公開されている場合は，検索結果からリンクされ，各機関・組織のサーバ上にある空中写真へアクセスすることができる．
	国土情報クリアリングハウス	国土交通省の保有する地理情報のメタデータを検索するシステムである．分散検索のための国際標準プロトコルである ISO23950 を用いている．地理的，時間的範囲，題名，キーワードなどを指定して検索することができる．検索結果は地理情報標準の JMP（Japan Metadata Profile）形式で見ることができる．

（遠藤　新）

第3章　空間を知る

キーワード：建物，道路，土地利用，自然環境

本章の対象となる「空間」とは，物体の運動や諸々の現象の起きる物理的空間である．

物理的空間について知る方法は，①地図や写真などの資料調査によって形状などの全体像を知る，②現地での観察調査によって実態や特性を知る，③シミュレーションなどの分析作業を通じて性能を知る，という三つの方法に大別できる．

とくに空間の実態を知るためには，現場での情報収集が必要不可欠なため，本来ならば現地で調査して白地図に書き込む作業が必須となる．これについては第6章で詳しく解説することとし，②および③は第Ⅱ部以降に譲る．本章では①の方法について解説する．

空間を構成するおもな構成要素としては，建物およびその他の構造物，道・緑などの自然環境，地下埋設物があげられる．地図などの資料を用いることで，現地で目視できない構成要素の存在を知ること，ヒューマンスケールよりも大きな広がりの中で構成要素の全体像を知ることが可能になる．

全体像を知ることによって，その場所における「空間の文脈」を解読することが可能になる．空間の文脈を理解することは，地域に馴染む建築などを計画するための第一歩である．

3.1　建　　物

地図など資料を用いた建物の調査では，平面形状・配置など，高さ形状・階数，建物用途などを知ることができる．地図を用いた調査の利点は，地図に個々の情報が集約されているため，それをもとに建物の集合体として街の姿を知ることができる点にある．一方で，意匠や色彩など建物個々の特徴を掘り下げて知りたいときには，写真資料を用いた調査が有効である．

a. 平面形状・配置

建物の平面形状および配置を知るためには，建物形状とそれを囲む道路形状（敷地形状）が正確に描画された図を用いなくてはならない．たとえば，市販されている住宅地図（第4章を参照）では建物形状が必ずしも正確でないため，こうした調査には用いることができない．

建物のほぼ正確な平面形状を知ることができる一般刊行物は2種類ある．

第一に，国土地理院の刊行する1万分の1地形図である（第2章図2.4参照）．全国主要都市を対象に整備され，全国の主要書店やインターネット上で手軽に購入することができる．

第二に，全国の主要自治体が発行する2500分の1の白地図である（図3.1）．1万分の1地形図よりも縮尺が大きいため，より高い精度で平面形状などを知ることができる．主要都市の都市計画図などがこの白地図をもとに作成されるなど，各種地図の基礎図として汎用されている．通常は役所内の刊行物販売所で購入する．

なお，これ以上の大縮尺の地図となると一般には刊行されていないが，自治体によっては500分の1の測量図を一部のエリアについて保有してい

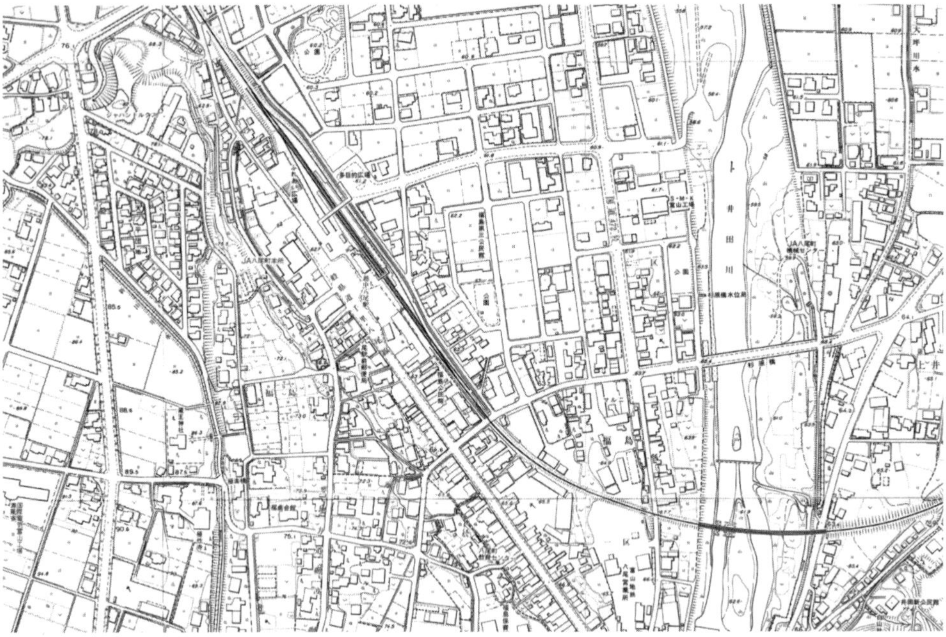

■図 3.1　2500 分の 1 白地図：富山県富山市八尾町（福島地区（JR 越中八尾駅周辺））
建物のほぼ正確な平面形状・配置を知ることができる．富山市作成．許可を得て転載．

る場合がある．必要な場所を特定したうえで，測量図の有無と教育・研究目的での使用許可を自治体に問い合わせてみるのもよい．

b. 高さ形状

高さ形状を資料から調べるにはおもに二つの方法がある．

第一に，市販されている 3 次元のデジタルデータを用いて，高さ形状を知る方法である．主要都市を対象エリアとする「good-3D Surface Model」（発行：朝日航洋㈱），東京都 23 区全域と多摩エリアを対象とする「東京都 3 次元（3D）地図データ」（発行：東京デジタルマップ㈱），東京都心部の一部主要駅周辺を対象とする「SORAMAP」（発行：宙テクノロジー㈱）などが市販されている．

いずれも十分な精度をもったデータであるが，購入に際しては当該データが使用目的を満たす精度を有しているかどうかを確認することが必要である．

無料入手できる 3D データとしては，インターネット上で閲覧できる Google Earth が，世界の主要都市の中心部付近を 3 次元ポリゴンデータとして公開している（図 3.2）．市街地のスカイラインなど概略形態を把握したいときに，手軽に利用できるデータとして有効である．

第二に，住宅地図（第 4 章 4.1 節参照）を用いて建物の階数のみを知る方法である．たとえば，計画対象地の周辺模型をスタイロフォーム*1 などによって作成する場合，住宅地であれば階高を一律 3 m と設定すれば，（階数）× 3 m の計算によって概略の高さを知ることができる．これに平面形状と屋根形状を与えれば建物形状が概略で判明する．

建物単体ではなく，計画対象地周辺模型のように建物群が形成する街の姿を知りたい場合などには，1000 分の 1 縮尺程度の模型であればこの方法で十分に対応できる（図 3.3）．住宅地図はデジタルデータと違って紙媒体で簡単に手に入るため，調査目的を満たす範囲において有効な方法といえる．

なお，地形の起伏が大きい場合には，建物単体

*1　ポリスチレンを主原料に発泡成型したボード状の断熱材のこと．熱したニクロム線によって模型を切り出す．

■図 3.2　Google Earth の 3 次元ポリゴンデータ
ニューヨーク市ロウアーマンハッタン地区（市役所などの位置するエリア）.

■図 3.3　ボリューム模型（1000 分の 1）
スタイロフォームを切り出して作成する.

の高さ形状だけではなく，地形の上に建物が並んだ場合には，街並みがどのようなスカイラインを形成するのかをチェックすることも必要になる場合がある．このような場合には，コンター模型（地形の高低差を表すために等高線ごとに地盤となるボードを積み上げてつくる模型）を作成し，その上に建物模型を重ねることで街並みの高さ形状を確認する（図 3.4）.

模型を作成せず，デジタルデータを用いる場合

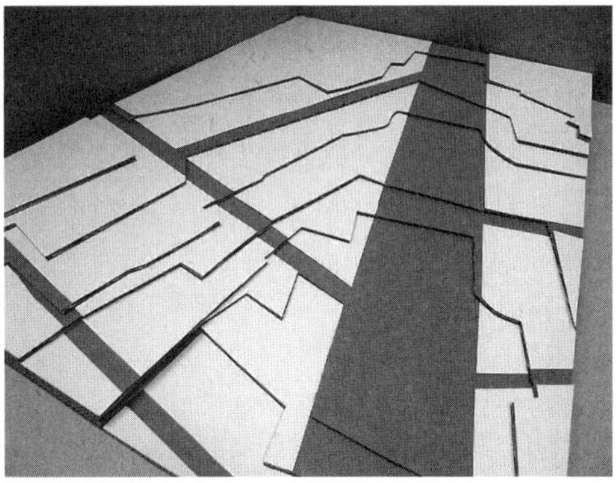

■図 3.4　コンター模型の例
同じ厚さのボードを積み上げて作成する.

は，前章で紹介した地形の 3D デジタルデータの上に建物の 3D デジタルデータを合わせて同様の分析をおこなう.

建物用途は物理的な空間形状を現す指標ではないが，建物が周辺空間に与える影響などを分析するうえで基礎となる指標の一つである．建物用途については，「都市計画基礎調査」(3.3 節を参照）の中で建物用途の調査をおこなっている場合，まとまった情報が手に入る．ただし，本調査はおおむね 5 年ごとにおこなわれるため，都心部など建物用途の早い変化が予想される地域では調査実施時期について注意が必要である.

都市計画基礎調査よりも高い調査頻度に基づく資料としては「住宅地図」がある．住宅地図にお

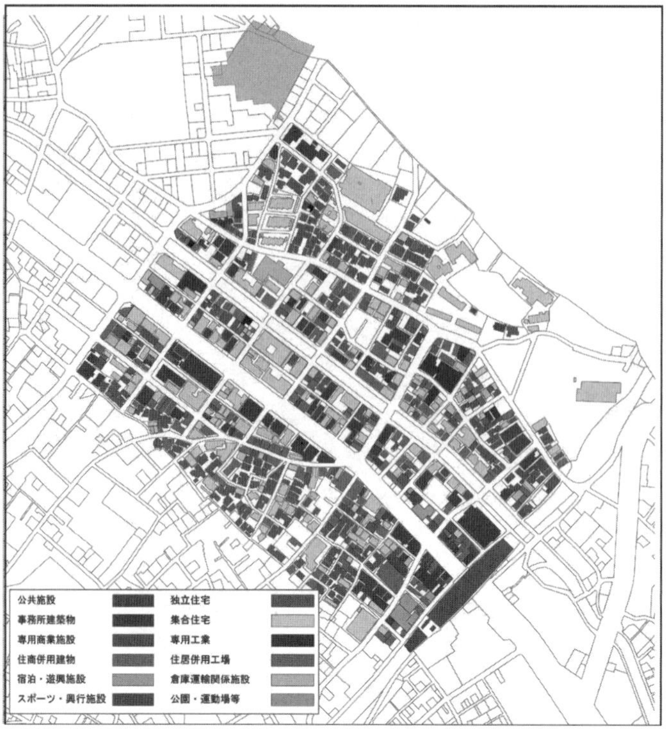

■図 3.5 建物用途現況図（筆者作成）
目黒区中目黒駅付近.

いて各建物に記載されている名称から，個人住宅（個人名），集合住宅（マンション名），店舗，事業所，官公庁などの違いは，おおよそ判断することができる（図 3.5）.

3.2 道　　路

日常語の「道」は一般概念上の道路全般をさすものと思われるが，厳密な意味での「道路」とは特定の法的条件を具備しているものをいう．たとえば，道路法の対象とする道路とは，高速自動車国道，一般国道，都道府県道及び市町村道の 4 種類の道路（道路法第 3 条）のみであり，都市計画道路，農道，林道，臨港道路，公園道，園路などはすべて別の法律に基づいて定義される道路である．

建築基準法においては，原則として幅員が 4 m 以上の道を「道路」と定義している（表 3.1）．密集市街地に形成される狭い道，いわゆる「路地」の多くは，二項道路（表 3.1，第 2 項参照）などの特別な場合を除くと，同法における道路としての条件を満たしていないことになるので注意が必要である．

現地調査によって人が通り，それなりに幅員もある道を確認したとしても，それが公に認められた道路であるとは限らない．逆に，地図上に道路の表示があっても，現地には道路がないこともある．したがって，道路の調査にあたっては地図と現地との照合作業が必須となる．

空間としての道路を知るための資料調査には，道路ネットワークの調査，道路形状の調査などがある．

a. 道路ネットワーク

道路ネットワークの調査では，小縮尺の地形図や道路地図を用いて広範囲のネットワークを機能別（主要幹線，幹線，補助幹線，その他）に把握

■表 3.1　建築基準法第 42 条の定める道路（抜粋）（都市計画区域および準都市計画区域内に限り適用される）

		説　明
第1項		この章の規定において「道路」とは，次の各号の一に該当する幅員四メートル（特定行政庁がその地方の気候若しくは風土の特殊性又は土地の状況により必要と認めて都道府県都市計画審議会の議を経て指定する区域内においては，六メートル．次項及び第三項において同じ．）以上のもの（地下におけるものを除く．）をいう．
	1	道路法（昭和二十七年法律第百八十号）による道路
	2	都市計画法，土地区画整理法（昭和二十九年法律第百十九号），旧住宅地造成事業に関する法律（昭和三十九年法律第百六十号），都市再開発法（昭和四十四年法律第三十八号），新都市基盤整備法（昭和四十七年法律第八十六号），大都市地域における住宅及び住宅地の供給の促進に関する特別措置法（昭和五十年法律第六十七号）又は密集市街地整備法（第六章に限る．以下この項において同じ．）による道路
	3	この章の規定が適用されるに至った際現に存在する道
	4	道路法，都市計画法，土地区画整理法，都市再開発法，新都市基盤整備法，大都市地域における住宅及び住宅地の供給の促進に関する特別措置法 又は密集市街地整備法 による新設又は変更の事業計画のある道路で，二年以内にその事業が執行される予定のものとして特定行政庁が指定したもの
	5	土地を建築物の敷地として利用するため，道路法，都市計画法，土地区画整理法，都市再開発法，新都市基盤整備法，大都市地域における住宅及び住宅地の供給の促進に関する特別措置法 又は密集市街地整備法 によらないで築造する政令で定める基準に適合する道で，これを築造しようとする者が特定行政庁からその位置の指定を受けたもの
第2項		この章の規定が適用されるに至った際現に建築物が立ち並んでいる幅員四メートル未満の道で，特定行政庁の指定したものは，前項の規定にかかわらず，同項の道路とみなし，その中心線からの水平距離二メートル（前項の規定により指定された区域内においては，三メートル（特定行政庁が周囲の状況により避難及び通行の安全上支障がないと認める場合は，二メートル）．以下この項及び次項において同じ．）の線をその道路の境界線とみなす．ただし，当該道がその中心線からの水平距離二メートル未満でがけ地，川，線路敷地その他これらに類するものに沿う場合においては，当該がけ地などの道の側の境界線及びその境界線から道の側に水平距離四メートルの線をその道路の境界線とみなす．

すること，大縮尺の地形図や白地図を用いて物理的な通り抜けなど空間のつながり有無の可能性を調べることなどがおこなわれる．

b. 道路形状

道路形状の調査項目としては，道路寸法（幅員や延長）や道路線形（官民境界位置など）がある．概略の形状は1万分の1地形図もしくは2500分の1白地図を用いての調査が可能である．たとえば道路幅員などは白地図から読みとれるので，地区の分析作業や模型作成などの作業であれば十分に対応できる．

それ以上に詳細な調査をおこなう場合は，「道路台帳」の閲覧が必要になる．道路台帳は道路管理者が作成する調書・図面であり，道路法第28条によって作成が義務づけられている．国道・都道府県道・市区町村道ごとに各道路管理者が各々図面作成，保管をおこなっている．ただし，道路台帳は道路法が適用される道路のみを対象とするため，これに該当しない道路については地形図や白地図を用いての調査が必要となる．

道路台帳の調書には，道路種別，道路管理者，路線延長，道路幅員，道路敷面積，実延長の内訳（道路・橋梁・トンネルなどの種別，路面舗装の種別など）といった情報が記載されている．添付される図面は，通常は500分の1縮尺の現況平面図として作成されているので，地形図や白地図よりも高い精度で道路形状を知ることができる（図3.6）．

道路形状を決める要素の一つに官民境界がある．実際の官民境界は関係者で立会をおこない，公図，旧図，地積測量図，施設現況，既設の杭や境石，地積測量図，用地実測図，公簿面積と実測面積，地元の人の話や関係者の主張などを総合的に検討し，関係者の合意を得て決めるものであるが，概略の位置形状であれば道路台帳の現況平面

■図 3.6 道路台帳現況平面図（東京都文京区本駒込）
平成22年3月文京区作成．原図は500分の1．ここでは縮小してある（文京区役所HPより許可を得て転載，http://www.city.bunkyo.lg.jp/library/sosiki_busyo/dokan/tikei/bunindex.pdf）．

図により把握することが可能である．

さらに地域づくりの計画から設計の段階に進む際には，調査対象エリアの道路下に埋設されている給水，排水，電気，通信・電話，ガスなどの地下インフラ設備について調査しなくてはならない場合がある．地表だけを見て計画を進めようとすると，後で思わぬ問題に直面することもあるため，注意が必要である．地下埋設物に関する図面は原則として管理者がもっているので，使用目的に応じて該当者に問い合わせが必要となる．

3.3 土地利用

市街地の土地利用の状態は空間のあり方を示す指標の一つである．市街地全体の土地利用の現況と変化の動向を知ることは，都市計画の各種予測や市街地内の地区区分など，都市計画における基本である．

土地利用の現況をとりまとめる調査として，最も網羅的かつ定期的に実施されているのは「都市計画基礎調査」である（図3.7）．これは都市計画法第6条に基づく法定調査で，都市計画区域についておおむね5年ごとに実施される．基礎調査の実施主体は都道府県であるが，基礎自治体は市街地の状況を詳細に把握していることから，実態として基礎自治体の果たす役割は大きい．

都道府県は各々の状況に応じて実施要領を定めているが，国土交通省（旧・建設省）が昭和62（1987）年に定めた実施要領が元になっている．都市計画基礎調査では，土地利用のほかに，人口規模，産業分類別の就業人口の規模，市街地の面積，交通量その他に関して現況および将来の見通しについての調査がおこなわれている．

一方，土地利用の状態について空間的な属性をおもに知りたいときには空中写真を閲覧するとよい．空中写真とは文字どおり空中から市街地などを撮影した写真であり，家屋・道路・河川・森林などの地物を省略することなく写しており，豊富な情報量をもつ（図 3.8）．とくに空地部分については，駐車場としての利用有無や出入口箇所の確認，舗装の有無，公園などにおける樹木の分布などを市街地全体で把握できるので重宝される．

インターネット上では，Google Map または Google Earth を用いると画像を閲覧することができる．一方で，市販されている空中写真について

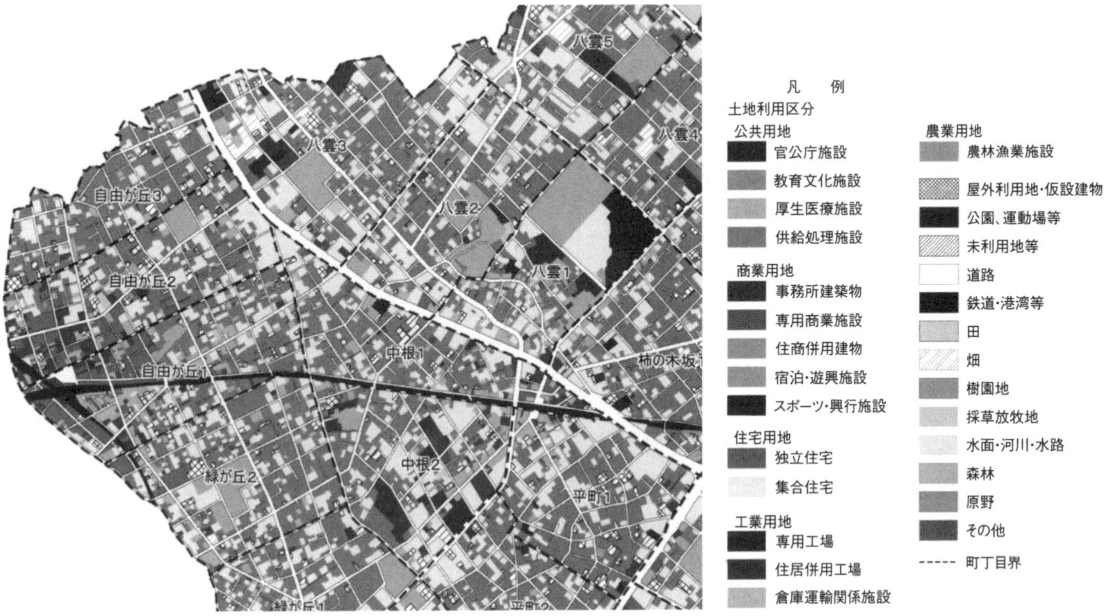

■図 3.7 都市計画基礎調査における土地利用現況図（東京都目黒区自由が丘～八雲）
（目黒区都市整備部都市計画課「目黒区の土地利用 2007：平成 18 年度土地利用現況調査結果の概要」，pp.14-15 より，許可を得て転載）原図はカラー（口絵 5 参照）．

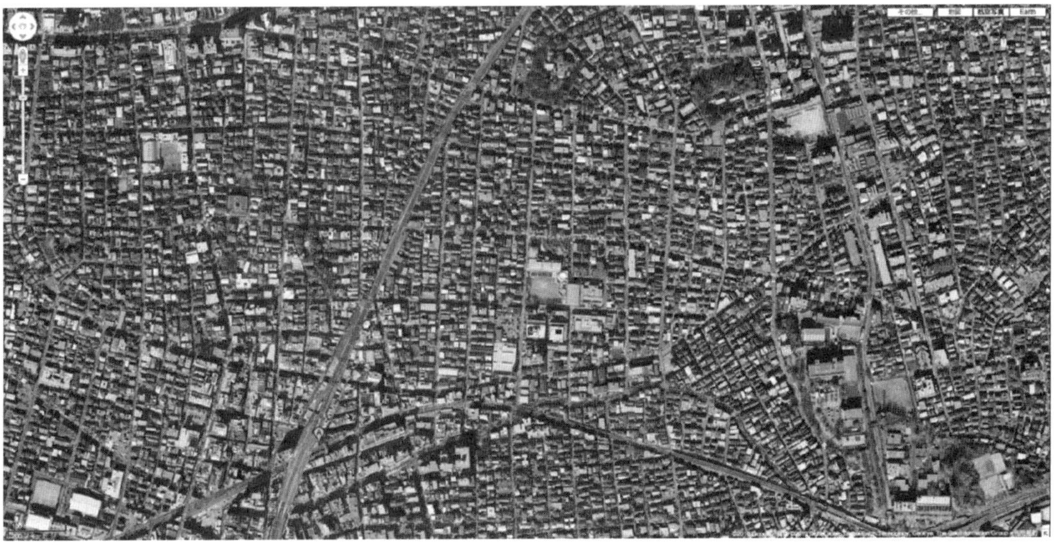

■図 3.8 航空写真：目黒区（自由が丘周辺）
図 3.7 と場所を合わせてみた（Google Map/Google Earth API）．

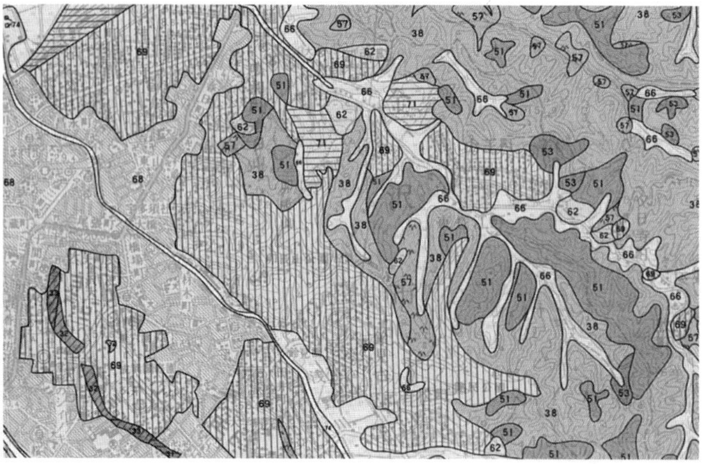

凡例（図中に現れるもののみ）
VI. ヤブツバキクラス域自然植生
31 ケヤキ群落
32 ヤブコウジースダジイ群落
33 イノデータブ群集
VII. ヤブツバキクラス域代償植生
38 コナラ群落
IX. 植林地，耕作地植生
51 アカマツ植林
53 スギ・ヒノキ・サワラ植林
57 モウソウチク林
62 畑地雑草群落
66 水田雑草群落
X. その他
68 市街地
69 緑の多い住宅地
71 造成地

■図 3.9 5万分の1現存植生図（石川県金沢）（昭和59〔1984〕年発行，環境省自然環境局生物多様性センター）部分を抜粋・縮小して掲載．左下の金沢城を中心とする市街地から，右上の卯辰山の植生まで．原図はカラー(口絵3参照)．

は，モノクロもしくはカラー版が，大判の図もしくはデジタルデータとして入手できる．国土地理院の撮影による空中写真のほかに，民間企業によって，東京23区航空写真，PAREA-Photo 東京23区，DET航空写真画像データ（東京23区と多摩・相模地域のほかに札幌市，名古屋市，大阪市，神戸市，広島市，北九州市，福岡市が対象）などが刊行されている．市販されている空中写真は解像度が高いので，詳細な画像分析やプレゼンテーション図面などといった多様な使途に対応できる．

このように，人工衛星や航空機などの遠隔から地球表面付近を観測する技術をリモートセンシングとよぶ．地形や空間などの観測には写真撮影が適しているが，放射計，レーダーなどのさまざまな観測装置が観測目的に応じて使用される．近年その精度は高まっており，注目すべき技術といえよう．

3.4 自然環境

自然環境について，概略の分布位置のみ把握すればよいのであれば，先述したとおり空中写真を用いるのが最も手軽な方法となる．しかし，樹木の具体的な配置や樹種などは現地で個別に調査しなければならない．たとえば，屋外空間の整備では既存樹木や水面を生かした計画とすることが，コストや景観などの点から望ましいが，整備の際にどの水や緑が実際に利用可能なのかを判断するためには，航空写真レベルの情報収集では不十分で，現地での詳細な調査が不可欠となることを理解しておく必要がある．

一方で，面として広がる自然環境の現状について分布のみならず植生などの属性を知る必要がある場合には，現地調査だけでは対応できない．こうした際に有効なのが，環境省の刊行している「5万分の1現存植生図」である（図3.9）．

これは，環境省が実施している自然環境保全基礎調査の成果物である．この調査は，全国的な観点からわが国における自然環境の現況及び改変状況を把握し，自然環境保全の施策を推進するための基礎資料を整備するために，環境省が昭和48(1973) 年度より自然環境保全法第4条の規定に基づき，おおむね5年ごとに実施している調査である（図3.10）．

一般に「緑の国勢調査」とよばれ，陸域，陸水域，海域 の各々の領域について国土全体の状況を調査している．調査結果は報告書及び地図などにとりまとめられたうえで公表されている．これらの報告書などは，自然環境の基礎資料として，自

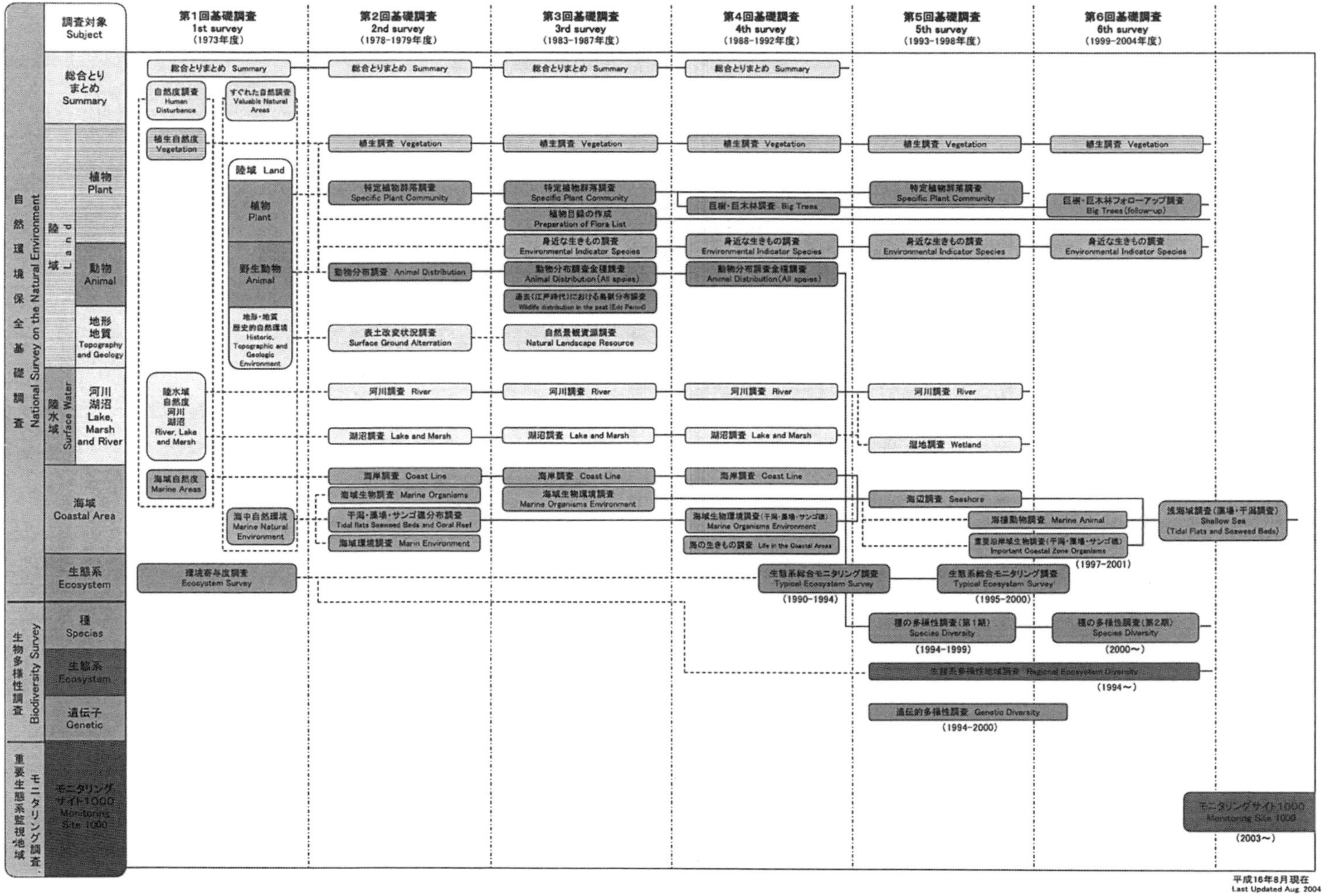

■図 3.10　自然環境保全基礎調査一覧図（環境省自然環境局生物多様性センター HP より許可を得て転載）
（URL：http://www.biodic.go.jp/kiso/fnd_list.html）

■表 3.2 植生自然度区分基準

植生自然度	区分基準
10	高山ハイデ，風衝草原，自然草原など，自然植生のうち単層の植物社会を形成する地区
9	エゾマツ－トドマツ群集，ブナ群集など，自然植生のうち多層の植物社会を形成する地区
8	ブナ・ミズナラ再生林，シイ・カシ萌芽林など，代償植生であっても，とくに自然植生に近い地区
7	クリ－ミズナラ群落，クヌギ－コナラ群落など，一般には二次林とよばれる代償植生地区
6	常緑針葉樹，落葉針葉樹，常緑広葉樹などの植林地
5	ササ群落，ススキ群落などの背丈の高い草原
4	シバ群落などの背丈の低い草原
3	果樹園，桑園，茶畑，苗圃などの樹園地
2	畑地，水田などの耕作地，緑の多い住宅地
1	市街地，造成地などの植生のほとんど存在しない地区

然公園などの指定・計画をはじめとする自然保護行政のほか，各種地域計画や環境調査などの各方面において活用されている．

現存植生図は第2回調査（昭和54〔1979〕年）と第3回調査（昭和58～61〔1983～1986〕年）の成果に空中写真の判読結果を組み合わせて図化したものである．植物社会学的群落分類に基づいて，寒帯・高山帯，亜寒帯・亜高山帯，ブナクラス域，ヤブツバキクラス域に大別され，それぞれ自然植生と代償植生に分けられて図化されている．ちなみに，第1回調査（昭和48〔1973〕年）では，植物学的手法を用いて都道府県別に20万分の1現存植生図を作成し，それに基づいて10ランクに区分された自然度（土地に加えられた人為の影響の度合い）の判定をおこなっている（表3.2）．

さらに，都市緑地法に基づいて都道府県または市区町村が策定する「緑の基本計画」も現況の自然環境に関する情報が集約されており，基礎資料として有効である．これは，都市における樹林地，草地，水辺地など緑地の適正な保全と緑化の推進方策に関する目標や講ずる施策について定めたもので，従前の「緑のマスタープラン」(1977年建設省都市局長通達）と「都市緑化推進計画」(1985年建設省事務次官通達）を統合・拡充した計画図書である．

〔**遠藤　新**〕

第4章　生活を知る

キーワード：地図，統計調査，経年変化

地域の生活の様子を既存の資料から知る方法には，いくつかの方法がある．

一つには地図的な情報から知る，二つめには各種の統計調査データから知る，そして三つにはその他の資料から知る，という大きく三つに分けられる．

「生活を知る」のに使われる資料に限らず，さまざまな資料にいえることであるが，これらはあるひとつの時点での断面を切り取ったものにすぎない．生活の経年変化を知るには，何年分かの同じ資料を入手して，それらを加工して用いる必要がある．一時点の断面だけ知ることができればよいのか，過去にさかのぼっての経年変化を知る必要があるのか，それもどのくらいさかのぼれば十分なのかは，調査・分析の後に何を考えていくかの目的によって異なる．

また，他との比較によって見えてくることもある．その地域が属する市町村全体のデータと比較したり，同じような特徴をもつと考えられている地域と比較したり，あるいはまったく異なると考えられる地域との比較によってその地域の特徴を浮き彫りにさせたり，これも目的に応じて，さまざまな対象との比較をしてみることが必要とされるであろう．

4.1　住宅地図

住宅地図とは，建物ごとに居住者名や商号・屋号などを記載した地図のことで，地域の生活の様子を知るひとつの有力な手がかりである．地域づくりだけではなく，さまざまな行政の現場や配達業者などにも多く活用されている地図である（地図については第1，2章参照）．

多くの情報が掲載されているB4判のものから，携帯に便利な文庫判まである．ただし，日本全体のすべての自治体のものが，すべての大きさでそろっているわけではない．近年は冊子媒体だけではなく，デジタル化された住宅地図も市販されており，添付のソフトなどである程度の加工を加えることができるので，簡単な地理情報システム（GIS）として活用することもできる（GISについては，第13章参照）．さらには，コンビニエンスストアのマルチコピー機で出力できるサービスを実施しているところもあり，調査に出かけた先で急に必要となった場合には便利である．

こうした地図は，国土地理院などが作成した地形図をベースとして，現地で調査員が足を使って表札調査を実施して作成される．出版社や版によっても異なるが，マンションやテナントビルなどの場合には，地図に建物名のみ書き込んで，巻末に居住者や入居店舗・事務所名の一覧表が記載されている．また，これもすべての住宅地図に書かれているものではないが，階数が表示されているものもあり，地域のボリューム模型を作成したり，簡単なCGを作成したりする際には役立つ（第3章3.1節参照）．

都市部では，建物の用途が立体的に複合しているが，その実態を把握することは難しい．そのような地区のまちづくりを検討する際には，住宅地

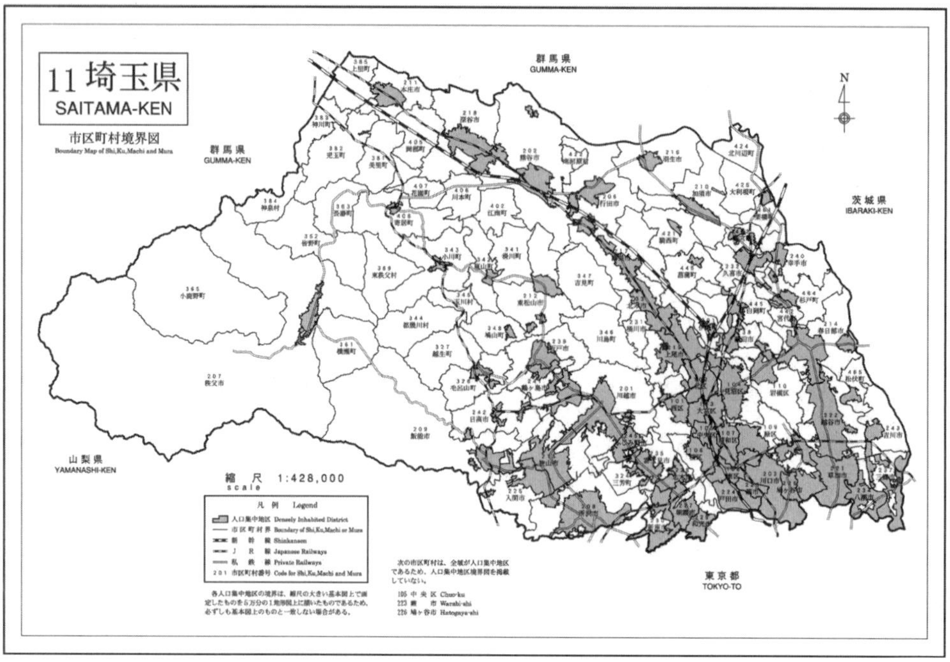

■図 4.1　人口集中地区境界図：平成 17（2005）年国勢調査をもとに作成されたもの（埼玉県の例）．統計局 HP より許可を得て転載

図の情報に現地調査を重ね合わせて，立体的な土地利用の実態を知ることも必要とされる作業の一つである．

以上のように，さまざまな利点もあり，まちづくりに活用されることも多い住宅地図であるが，近年はとくにマンションなどで居住者名が書かれていないものも多く，そうした風潮が住宅地図の精度を落とすことになってしまってきている．また，居住者の入れ替わりの激しい都心周辺の地域では，そもそもデータの更新が追いつかない状況になりがちである．

この住宅地図に地籍図（公図）の番号などを重ね合わせたものも市販されている（ブルーマップとよばれている）．これは4.3節で説明する登記簿を閲覧する際に，登記地番もわかるように便利につくられているものである．一般の住宅地図に掲載されている情報のほか，地籍図の境界線・番号，地番（住居表示とは異なる場合が多い）が色刷りされている．

住宅地図からは，戸建て住宅が多いのか，集合住宅が多いのか，あるいは店舗や事務所が多いのか，店舗が多ければ，どのような業種が多いのかなどを読み取ることができる．経年的に見れば，そうした居住者や店舗の変化をある程度追うこともできるし，建物の更新・変化の状況を読み取ることも可能である．

4.2　国勢調査・住民基本台帳

国勢調査は，統計法に基づいて5年に1回実施される全国規模の調査である．これをもとにしてわが国の方向性が決められているといっても過言ではない，重要な調査である．この調査は，大規模調査，簡易調査が交互に実施されており，調査する内容・項目が異なっている（表 4.1）．最近実施されたものでは，平成 12（2000）年に実施された調査が大規模調査，平成 17（2005）年に実施された調査が簡易調査である．

この国勢調査は，調査年の「10月1日現在のものを調査する」とされており，詳細は省略するが，その時点で日本国内に常住している者すべてにつ

■表 4.1　国勢調査の調査項目

大規模調査の調査項目（2000年大規模調査の例）
【世帯員に関する事項】 (1) 氏名 (2) 男女の別 (3) 出生の年月 (4) 世帯主との続き柄 (5) 配偶の関係 (6) 国籍 (7) 現在の住居における居住期間 (8) 5年前の住居の所在地 (9) 在学，卒業等教育の状況 (10) 就業状態 (11) 就業時間 (12) 所属の事業所の名称及び事業の種類 (13) 仕事の種類 (14) 従業上の地位 (15) 従業地又は通学地 (16) 従業地又は通学地までの利用交通手段 **【世帯に関する事項】** (1) 世帯の種類 (2) 世帯員の数 (3) 家計の収入の種類 (4) 住居の種類 (5) 住宅の床面積 (6) 住宅の建て方
簡易調査の調査項目（2005年簡易調査の例）
【世帯員に関する事項】 (1) 氏名 (2) 男女の別 (3) 出生の年月 (4) 世帯主との続き柄 (5) 配偶の関係 (6) 国籍 (7) 就業状態 (8) 就業時間 (9) 所属の事業所の名称及び事業の種類 (10) 仕事の種類 (11) 従業上の地位 (12) 従業地又は通学地 **【世帯に関する事項】** (1) 世帯の種類 (2) 世帯員の数 (3) 住居の種類 (4) 住宅の床面積 (5) 住宅の建て方

いて調査をおこなう全数調査である．調査は，1人の調査員が担当するおおむね50世帯を一つの調査区という単位に設定しておこなう．世帯への調査票の配布・回収を，訪問によっておこなうのが基本であるが，近年の個人情報保護への関心の高まりから，こうした調査の実施方法の問題点や限界が指摘されており，より精度の高いデータを収集し続けるための対応策が問われはじめているところである．

国勢調査の結果から最もよく用いられるのは，人口と世帯数のデータである．5年ごとの人口・世帯数の実数や変化を知ることができるだけではなく，コーホート要因法などの推計法を用いることによって将来人口を予測し，それを計画人口フレームとして地域の将来像を検討するなど，計画立案の前提条件として用いることができる（人口推計法については章末コラム参照）．

また，国勢調査の結果に基づいたDID（densely inhabited district；人口集中地区）を，市街地の範囲を示す指標として用いることがある（図4.1）．これは，国勢調査区などを単位として，①原則として人口密度が40人/ha（=4000人/km^2）以上の調査区などが市区町村の境域内で互いに隣接して，②それらの隣接した一団となっている地域の人口が国勢調査時に5000人以上を有する地域と定義されている．

表4.1に示したように，国勢調査から得られるデータは人口・世帯数に限らない．その他の調査項目の結果からさまざまな生活の様子を知ることができる．たとえば，従業地や通学地に関する調査結果から，「日常的にどのような移動が発生し，その手段は何が多いのか」，「昼夜間人口比はどの程度か」などを把握して，地域の特徴を知ることができるし，現在の居住地における居住期間や5年前の住居の所在地からは，転居の様子や地域住民の居住年数の長さなどを知ることができるであろう．

人口・世帯数のデータには，国勢調査以外に住民基本台帳をベースとしたものがあり，こちらも地域の実態を把握するのによく用いられる．こちらは，住民基本台帳法に基づいて，住民票に記載された者の数および世帯数を集計したもので，一般的には毎月1日現在の集計値を各市町村が発表している．各市町村のホームページや広報誌で，月別・町丁目別・男女別の人口と世帯数を発表している場合が多い．国勢調査とは異なり，短期間での人口・世帯数の変化を把握することができる．

地区全体の人口・世帯数の把握にとどまらず，より詳細に家族構成などを調査をする場合には，住民票を閲覧し，それを転記してくるという作業をすることもある．以前は比較的容易に，住民票を調査することで，そのまちに居住する人の属性や家族構成などを把握することができたが，近年，個人情報保護や犯罪などを未然に防止するという視点から，住民票を簡単に閲覧することができなくなっている．地域のまちづくり活動や研究という目的であれば，いくつかの条件付きで閲覧・転記をすることができる．市町村によって条件が異なるので，事前に確認してから調査に出かけるほうがよいであろう．

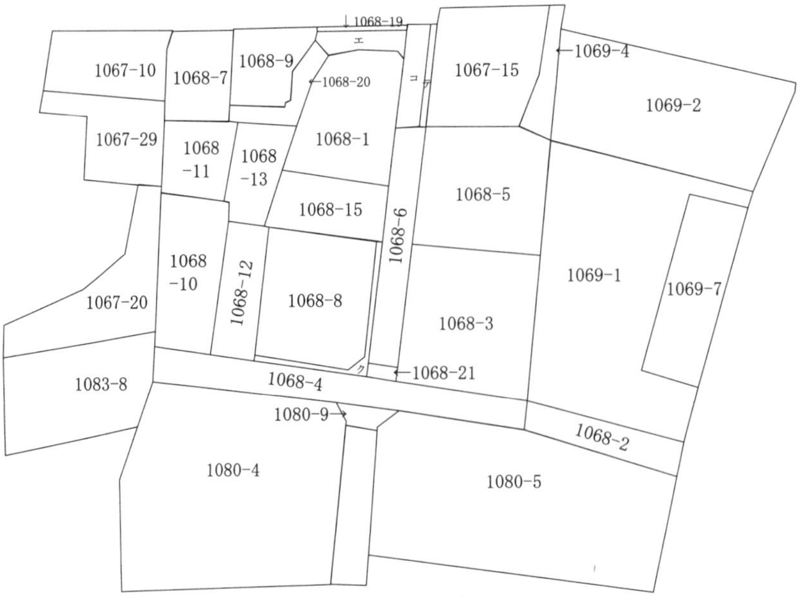

■図 4.2　地籍図（公図）の例
筆者作成の架空のもの.

こうした人口・世帯数の把握は，ただ単にその増減だけを把握するだけではなく，より深い分析に使うことでまちの生活の実態を考え，「今後，何が必要か」を明らかにすることもできる.

わかりやすい例でいえば，人口の年齢別の構成を見ることによって，高齢者が多いまちなのか，あるいは若い世帯が多いまちなのかがわかる．そのうえで，20年後にはどのような年齢構成でどんなまちの生活になるのかをイメージすると，「まちにどんな策を講じなければいけないか」が見えてくる．高齢化が進む予測ができれば，それに対応した高齢者施設などの公共施設づくりやバリアフリーの道づくりを考えなければならないし，一方では若い世帯を呼び込む戦略を練っていく方向性も考えうる.

4.3　課税台帳・登記簿

生活の状況を知るためだけではないが，まちづくりを進めるときに，課税台帳や登記簿を用いてデータ収集することがある．建物の構造や築年数は，市街地の物的な性質にかかわる重要な情報である（第3章参照）し，土地や建物の権利関係を把握することで，なんらかの事業を進めるための権利の整理に要する時間や労力を測ることもできる．また，市街地全体の古さ・新しさの概要をつかんだり，居住者の居住歴と関連させて，古地図とともに，まちの歴史的な背景を考えたりする資料ともなる（第1章1.2節参照）.

土地や建物には固定資産税が課されている．その状況は，土地については面積や地価など，建物については面積や構造，築年数などによって評価され，それをもとに税率・税額が決められる．したがって，課税台帳を見ると土地の面積や建物の各階床面積，構造，築年数などを知ることができる．しかし，通常，一般の閲覧に供されているものではない．市町村がまちづくりを検討・実施するときなどには，そのデータを活用することができるが，地域で自主的にまちづくり活動をはじめようとしたりする場合には，このデータを用いることは難しく，行政の協力を得ておこなう必要がある.

建物の構造や築年数を知るためには，もう一つには法務局で土地および建物に関する不動産登記の状況を調べる方法がある．土地と建物などの不

土地の表題部

○○県△△市□□町１丁目２−３　全部事項証明書（土地）

【表題部】（土地の表示）		調製 平成○年○月○日	地図番号	余白
【不動産番号】	2674000003956			
【所　在】	△△市□□町一丁目		余白	
【①地　番】	【②地　目】	【③地　積】 ㎡	【原因及びその日付】	【登記の日付】
２番３	宅地	98 : 04	同番１から分筆	平成○年○月○日

建物の表題部

○○県△△市□□町１丁目２−３−１　全部事項証明書（建物）

【表題部】（主たる建物の表示）		調製 平成○年○月○日	所在図番号	余白
【不動産番号】	2674000006470			
【所　在】	△△市□□町一丁目　２番地３		余白	
【家屋番号】	２番３の１		余白	
【①種　類】	【②構　造】	【③床　面　積】 ㎡	【原因及びその日付】	【登記の日付】
居宅	木造瓦葺２階建	１階 54 : 10 ２階 43 : 53	平成○年○月○日新築	平成○年○月○日

建物の権利部（甲区）

【権利部（甲区）】（所有権に関する事項）				
【順位番号】	【登記の目的】	【受付年月日・受付番号】	【原　因】	【権利者その他の事項】
1	所有権保存	平成○年○月○日 第＊＊＊＊号	余白	所有者　△△市□□町一丁目２番３号 ○村○夫
2	所有権一部移転	平成○年○月○日 第＊＊＊＊号	平成○年○月○日売買	共有者　△△市□□町一丁目２番３号 持分○分の○ ○村○子

建物の権利部（乙区）

【権利部（乙区）】（所有権以外の権利に関する事項）				
【順位番号】	【登記の目的】	【受付年月日・受付番号】	【原　因】	【権利者その他の事項】
1	抵当権設定	平成○年○月○日 第＊＊＊＊号	平成○年○月○日金銭消費貸借同日設定	債権額　金 2,500 万円 利息　年 3%（年 365 日日割計算） 債務者　△△市□□町一丁目２番３号 ○村○夫 抵当権者　△△市○町三丁目１番１号 ○○信用金庫

■図 4.3　登記簿の例

筆者作成の架空のもの．

動産は，一般的には，物理的な現況や権利関係を公示するために登記されている．図 4.2 は，土地の筆の状況を示す地籍図（公図）の例である．この図は，権利関係の境界線を描いたものであるため，実際のまちで目に見える敷地境界線や道路境界線とは必ずしも一致していない．この図をどのように利用するかにもよるが，こうした違いがあることを理解しておく必要がある．

また，図 4.3 は土地および建物の登記簿の内容の証明書の例である．このように表題部・甲区・乙区から構成され，土地と建物は別々に登記されている．表題部からは土地または建物の概要，甲区では所有権にかかわる事項，乙区には所有権以外の権利，たとえば抵当権や地上権，賃借権などにかかわる事項が記載されている．すなわち，土地や建物の面積，建物の構造や築年数を知るためには，このうちの表題部を見る．また，所有者やその他の権利関係を把握するには，甲区と乙区の記載内容を調べる．

登記に関する資料は，その住所地を管轄する法務局の出張所や支局に行って，所定の書類に記入して申請すれば誰でも閲覧や証明書の交付を受けることができる．これらは有料となっているので，調査の目的に合わせて，地域全体で調べる必要があるのか，計画道路沿道のように一部分あれば十分なのか，調査計画を立案する中であらかじめ検討しておく．

4.4 各種の統計調査

a. まちの動きを知る

まちには絶えず人や車が流れている．すなわち交通が発生している．交通の調査には多くの種類があり，ここで詳述することはしないが，幹線道路や主要交差点では定期的に交通量調査が実施されているし，その他にも駐車実態調査や自動車起終点調査なども実施されている．

また，建物も次第に建て替えられ，まちは移り変わっていっている．建て替え更新や建築行為の状況については，建築確認申請の概要書を閲覧して確認する方法がある．また，マクロな建て替え更新や建築動向を把握するには，建築着工統計や住宅着工統計を活用する方法もある．

b. 生活の全体像を知る

国勢調査と同様に，統計法に基づいて実施される調査のひとつに社会生活基本調査がある．これも5年に1回実施される調査で，日々の生活の中での時間のすごし方と1年間の余暇活動の状況など，国民の暮らしぶりを調査し，高齢社会対策，少子化対策，男女共同参画に関する施策などの基礎資料とするものである．国勢調査は全数調査であるが，この調査は抽出調査であり，全国で約8万世帯を抽出して実施されている．

年代層ごとに,「どのような時間の使い方をしているか」,「余暇をどのように使っているか」など，生活実態を知ることができる．また，近年の調査では，ボランティアやインターネットなどに関する質問項目もあり，われわれの生活の変化に合わせた調査内容・調査結果となっている．

c. 労働や家計の状況を知る

国が実施する国勢調査や労働力調査，家計調査では，世帯構成員の労働の実態や，家計の収入や支出，貯蓄や負債について調査されている．さらに，家計支出の対象となる物価に関する調査も実施されている．これらの調査は必ずしも地区スケールでとりまとめられているものではないため，まちづくりを考える際には直接参考にはならないかもしれない．しかし，マクロな視点で，こうしたことを知ったり，比較したりすることも必要になることがある．仕事への自動車の活用や自動車への支出（すなわち自動車の保有台数・保有率につながる）などは，交通計画（道路計画，駐車場計画）を考えるうえで参考となる指標であろうし，収入や貯蓄の状況は持ち家・借家の状況とも関係がありそうなものである．

海外の諸国では，地区によって所得階層がかなりはっきりと分かれているところも少なくない．そのため，収入の状況とまちの実態，そして目指すべきまちの将来像とは強く結びつけて考える必要がある．わが国の場合には，ごく限られた地区では，非常に所得階層が高くなって，それに応じたまちづくりの計画が策定されているが，どちらかというとそれは例外的な地区であり，さまざまな階層が同一地区に混在して住んでいるのが，わが国の市街地では一般的である．

d. 産業の状況を知る

国が実施する商業統計調査，工業統計調査のほか，産業統計や事務所・企業統計，小売業統計などの調査で，定期的に産業の状況が把握されている．店舗・工場・事業所などの数的な把握から，従業員数などの規模，売上高などについても調査されている．

これらから検討の対象としている地区の産業の概略を知ることができる．土地・建物利用の分布状況の調査結果などとも合わせて，どのような産業が地区に立地しているかを把握し，それをこれからのまちづくりにどのように活かしていくか，住宅と産業との混在具合による昼と夜との地区の性格の違いなどを考えることは重要なことである．

e. 人々の意見を知る

市町村では，世論調査や意識調査という形で，さまざまなテーマでのアンケート調査を実施している．これらを地区のまちづくりに活用することも可能であるが，一般的には市町村の全域を対象としているため不十分な場合も少なくない．まちづくりをはじめるにあたっては，そこに住む人々や，そこで働く人々を対象として，まちに対する意識など，まちづくりにかかわるポイントに踏み込んで，アンケート調査などで意識や意見を把握するのが一般的である．

まちづくり活動を進めるなかにあって，各段階で住民が何を期待し，何を不安に思っているか，情報提供しながら随時把握しておくのが理想的であり，こうしたコミュニケーションがまちづくりを成功へと結びつける大切なポイントであるといえる．

ここで紹介したいくつかの調査は，主要なものであり，実際にはさまざまな機関によって数多くの調査が実施されている．近年はこうした調査の結果はインターネット上でも公開されており，比較的簡単にそのデータを入手することが可能である．国の調査については，総務省をはじめとした所管省庁のホームページから，地方自治体の調査は都道府県・市町村のホームページからアクセス可能となっている．

しかし，まちづくりという視点から，より細かな単位でのデータ，たとえば町丁目別，街区別のデータまでは，一般的には公開されていなかったり，そういった精度での調査自体が実施されていない場合も少なくない．これらについては，市町村などに直接問い合わせたり，自ら調査を実施したりする必要が出てくるものと考えられる．

〔野澤　康〕

＊補注　行政による統計調査はさまざまな機関によりなされているが，政府省庁によるものは「政府統計の総合窓口」（http://www.e-stat.go.jp）から入ると探しやすい．

◉より深く勉強したい人へ：人口推計法

人口推計法にはいくつかあるが，現在，おもに用いられているのは「コーホート要因法」とよばれる方法であり，国際的にも標準的な方法とされている．詳しくは，国立社会保障・人口問題研究所のホームページ（http://www.ipss.go.jp/）で詳しく解説されている．

また，国勢調査などをもとに推計された人口については，総務省統計局ホームページ（http://www.stat.go.jp/data/jinsui/index.htm）で発表されている．（野澤　康）

参考図書

和田光平（2006）：『Excel で学ぶ人口統計学』，オーム社．
河野稠果（2007）：『人口学への招待―少子・高齢化はどこまで解明されたか―』，中公新書．

第5章　計画・事業の履歴を知る

キーワード：整備事業，都市計画，関連計画

地域の歴史や地形，生活には，これまでに策定，実施されてきたさまざまな計画や事業の履歴が刻まれている．計画や事業の履歴を知ることは，地域づくりの方向性を見定めるためのきわめて基礎的な作業である．私たちが自己紹介の際にしばしば用意する履歴書と同様に，計画・事業の履歴はその地域が一体どのような性質をもっているのかを端的に説明する役割を担う．

これまでに何ができて，何ができなかったのか，その事実をしっかり踏まえることで，これからの地域づくりにおける課題がより深く理解されるだろうし，課題の解決策の実現性をも高めることにもなるだろう．また，履歴の中でも最近のもの，とくに現在も有効である諸計画の整理は，地域づくりの前提条件を把握するうえで必須であると考えてよい．もちろん，これからはじめる地域づくりが既存計画の内容の変更，更新を求めることもあるだろう．しかし，そのような要求も，既存のさまざまな諸計画をしっかりと把握しておくことで初めて生まれてくるものなのである．

地域づくりにかかわる計画や事業の多くは，地元の市町村をはじめ，国や県などの公共団体が策定，実施したものや，そうでなくても，公的な法制度を活用して実施したものがほとんどである．しかし，そうした主体が策定，実施した計画，事業は，常にお互いに連携がとれているというわけではなく，しばしば同じ地域に対して無関係に，時にお互いに矛盾するような事業が実施されていたり，計画が立案されてしまっているケースも見られる．

また，地域づくりにかかわる計画・事業は，地域のハード面を対象としたものに限っても，都市計画はもちろんのこと，道路，河川，緑地，さらには中心市街地活性化，景観，文化財保護など，さまざまな分野，部門に存在している．こうした計画や事業は，各分野，部門ごとの縦割りで管轄されていることが多く，ここでもまた，連携を欠いていることがある．つまり，ある地域での計画，事業について，主体や分野，部門間の境界をこえた総合的な把握がなされていないことがある．さまざまな主体，分野，部門においてさまざまなタイミングで策定，実施されてきた計画・事業の履歴を一括して整理していく作業は，地域の姿を総合的に浮かび上がらせるという点でも，非常に重要なのである．

なお，計画と事業の関係については少々，注意が必要である．計画が上位にあって，その計画に基づいて事業が実施されるというのが基本的な関係のように思えるが，実際には，過去の履歴を探っていくと，「事業が先にありき」でその根拠として後で計画が付加されたものも少なくないし，その一方で事業化されることなく終わった計画にも沢山出会うであろう．また，計画が事業の前提になるといっても，その関係は，事業内容を厳密に拘束するものもあれば，大まかに参照される程度のものまでさまざまである．そして，たとえば，都市計画制限や用途地域のように，直接的な事業ではなく，規制や誘導という形で計画が実行に移される場合もある．

本章では以上を前提として，多種多様な計画，

事業の履歴を調べ，整理していく作業の中でも，地域づくりの実践の現場でとくに必要とされる「現状をより深く理解するために過去の事業の履歴を探る」という作業と,「将来の方向性を定めるために現在有効な諸計画，進行中の諸事業を整理する」という作業について，解説を加えていく．

5.1　現状をより深く理解するために過去の事業の履歴を探る

a. 代表的な事業

1）面的・全体的な整備事業

ニュータウンや大規模団地を除いて，地域の環境は，通常，短時間に一気につくられるということはなく，徐々にいくつもの計画，事業（公共事業から民間建築行為まで）が積み重なって形づくられていく．したがって，地域はさまざまな時代の事業が複雑に重層した結果として現出している．

しかし，例外として，市街地であれば土地区画整理事業，農村部であれば土地改良事業（昭和24〔1949〕年の土地改良法制定以前は耕地整理事業）という，ある程度の広がりのある地域の街路網，つまり土地の区画形状を一気に改変する事業が実施された地域がある．これらの事業は，区画を整形することで，市街地として，ないしは農地としての合理的土地利用を実現することを目標に，全国各地で実施されてきた．事業の主体としては，国や県，市町村などの公共団体の場合と，地権者が構成員となった組合の場合とがある．

歴史的には，農地の生産力の向上を目的としてはじまった耕地整理事業の歴史が古い．明治22（1889）年の地租条例の改定で初めて法的に位置づけられ，明治32（1899）年には耕地整理法が制定された．以降，途中からは耕地の区画の整理のみでなく，水利に関する諸設備の整理を主体とした事業として，全国各地で実施された．昭和6（1931）年に都市計画区域内での実施が禁止されるまでは，後述する土地区画整理事業に比べて公共施設などの設計基準がゆるく，低利融資制度を備えて事業費の面で手がけやすかった耕地整理事業が，大都市近郊での市街化の受け皿づくりのために実施されることも多かった（1900年から1930年末までの間に，都市計画区域内で40県79市内858地区55607 haで実施された）．

耕地整理事業では，4 m未満の隅切りのない道路を60間（約100 m）の間隔で設置するのが標準であったが，もともと農地の整理を目的としていたため，公園などの生活施設の整備は義務づけられていなかった．耕地整理事業が実施されたあとに市街化した地域では，現在でも街路網や公園施設等のインフラ整備などの面で，課題をかかえているところも多い．

一方，土地区画整理事業は，先に実施されていた耕地整理事業やドイツで実施されていたアディケス法に基づく区画整理事業などをモデルとして，大正8（1919）年に制定された都市計画法によって初めて規定された市街地整備事業である．耕地整理事業から受け継いだその特徴は，従前の土地の区画を大きく変えることをいとわず，全土地所有者から街路用地などの土地を供出させる「減歩」と，もともと所有していた敷地面積に応じた割合で新たに区画し直された土地を分配する「換地」であり，公共用地（道路用地や公園用地）を生み出しながら土地の形状を整え，地価の上昇によって事業費をまかなう制度であった（図5.1）．

大正12（1923）年9月の関東大震災後，被害の大きかった東京や横浜で，全面的に実施された帝都復興土地区画整理事業が，その後の区画整理事業の全国的普及の契機となった．また，第二次世界大戦時の空襲でとくに大きな被害を受けた119の都市が「戦災都市」の指定を受け，その市街地の多くで戦災復興土地区画整理事業が実施された．近年では，平成7（1995）年の阪神・淡路大震災後，とくに被害の大きかった地域の復興に際しては土地区画整理事業が実施された．

こうした災害からの復旧のための事業としての系譜とは別に，都市への人口集中にともない，膨張していく都市の郊外部においても，市街化に先駆けて良好な宅地を供給する目的で土地区画整理事業が実施されてきた．たとえば名古屋市では，

■図 5.1 土地区画整理事業実施地区（左）と未実施地区（右）の街並み
隣り合う地区どうしであるが，道幅や敷地の形状は大きく異なっている．

1945（昭和 20）年までに当時の市域面積の 55% にあたる郊外部を中心とした市街地で土地区画整理事業が実施され，その多くは現在でも良好な住宅地となっている．現在までに全国で 40 万 m^2 もの市街地が土地区画整理事業によって生み出されている．

また，土地区画整理事業や土地改良事業，耕地整理事業に比べて面積は小さいが，地域の空間構造を全面的に改変する事業として，市街地再開発事業がある．公共施設整備を目的とした市街地改造法（昭和 36〔1961〕年制定）と，不燃建築物の造成を目的とした防災建築街区造成法（1961 年制定）が，昭和 44（1969）年に統合する形で成立した都市再開発法に基づく事業である．土地区画整理事業における「換地」の考え方を発展させ，従前の土地に関する権利を新たに建設される建築物の敷地や床の権利へと変換し，さらに土地利用の高度化によって生み出された新しい土地の権利を売却することで事業費を捻出する「権利変換方式」をおもな方法として，合理的かつ健全な高度利用と都市機能の更新をはかる事業である．

細分化されていた土地区画を共同化して大きなスーパーブロックとし，一棟ないし複数の建築物を新築する．事業の主体としては，個人施行，組合施行，地方公共団体施行などがあり，市街化が早くから進んでおり，かつ事業化の可能性が高い駅前市街地などを中心として，これまでに全国の 651 地区（面積では 955.1 ha，平成 18〔2006〕年 3 月 31 日現在）で都市再開発法に基づく再開発事業が実施された．地権者の多い組合施行の場合などは，構想から施行まで非常に長期にわたることもあり，途中での開発計画の変更などもある．

2）さまざまな環境整備事業

土地区画整理事業や都市再開発事業などの，抜本的な面的整備事業を実施していない地域でも，これまでにさまざまな住環境整備事業を経験してきているところが多い．国や市町村などが補助をおこなうことにより推進していく地域スケールでの住環境整備事業としては，おもに不良住宅が密集している地区において，改良住宅の建設や公共施設，地区施設の整備をおこなう「住宅地区改良事業」と，老朽住宅などの密集や公共施設の著しい不足などがみられる市街地で，面的な整備計画のもとで住宅の建て替え促進や道路，公園などの生活環境施設の整備をおこなう「密集住宅市街地整備促進事業」が二本柱としてあげられる．

加えて，良好な街並みの形成をめざした「街なみ環境整備事業」，高齢者や障害者に配慮したまちづくりを推進する「人にやさしいまちづくり事業」，また「中心市街地活性化事業」をはじめ，商業地や商店街の機能更新，向上を目指す事業など，地域の個性に即した明確な目標を掲げるさまざまな事業もある．また，各府県や市町村が独自に展開する環境整備事業もある．

3）個別の施設整備事業

地域づくりと関連するものとして，道路事業，公園事業，河川事業，供給処理施設や排水施設の整備事業，あるいはその他の公益施設建設事業などがある．根幹的な公共施設整備事業は，主体は国から地方公共団体までさまざまであり，またその中でも部局ごとの独立性が高い．

b.　関連資料の所在

地域づくりに関係する事業のうち，国や県，市町村などの公共団体が直接事業主体となっている事業については，市役所や町役場の行政資料コーナー，図書館の郷土資料コーナーなどに事業計画書や事業報告書（図5.2）が収められている場合が多いが，各担当部局が関連資料を保存し，通常は非公開となっているケースもある．こうしたケースでも，情報公開請求をかけることで資料の閲覧は可能である．

ただし，行政文書はその内容によって1～30年までの保存期間が定められており（「行政文書の管理方策に関するガイドライン」，平成12〔2000〕年），公文書館に移管され永久的に保存される文書以外は，保存期間をすぎた時点で破棄されてしまっていることもある．また，文書は比較的残りやすいが，大判で保管しにくい図面類は失われてしまっていたり，破棄されていなくても未整理であることも多く，事業の全体像をつかむのは容易ではない．

なお，土地区画整理事業や市街地再開発事業などでは，地権者を構成員とする組合施行であることが多いが，組合施行の場合，通常は事業の完了に合わせて事業誌を刊行している．この事業誌が履歴をひもとく際の基本資料となる．ただし，こうした事業誌には，換地寸法や道路幅員が記載された詳細な土地区画整理換地確定図が付されていることは少ない．換地設計の詳細を知りたい場合は，設計を認可する各公共団体が庁内で，あるいは，公文書館などで所蔵している原図面に当たる必要がある．たとえば東京都であれば，建設局建設事務所管理課の窓口で，震災復興土地区画整理，戦災復興土地区画整理をはじめとするこれまでの土地区画整理換地確定図を閲覧することができるようになっている．

■図 5.2　各種事業計画書

また，以上のような一次資料（事業の施行者が直接作成した書類）以外にも，関連する専門雑誌に掲載された事業関連の報告や当時の新聞に掲載された報道記事なども，事業の履歴を調べる際には重要な資料となる．公文書や報告書ではわからない，事業の社会的な背景や，立案者や推進者の思い，あるいは事業に対する市民や住民の反応などが，こうした資料から見えてくることがある．

c.　事業履歴の整理の方法

1）事業の狙いとインパクト

整理の第一歩は，各事業に関する資料に基づいて，その事業の狙いと正負両方含めたインパクトを確認することである．各事業の狙いが計画書などで文章化されている場合であっても，実際の事業内容を検証して，それがどの程度反映されているのかは見極めないといけない．そうした狙いの見定めに続いて，次は事業によって，地域の何がどのように変わったのかを具体的に把握する．そのためには事業後の地域の姿，ないしは事業計画図を従前の地域の姿と比べてみる必要がある．

ただし，事業のインパクトは，直接的に事業が実際された部分に限定されない．その事業が事業対象地の周辺に及ぼした影響にまで目を配る必要がある．

たとえば，土地区画整理事業の実施前後で大きく変更が加えられるのは街路網である．一度，土地区画整理事業が実施された地域は，その後は「基盤整備済み」区域として扱われ，大規模な基盤

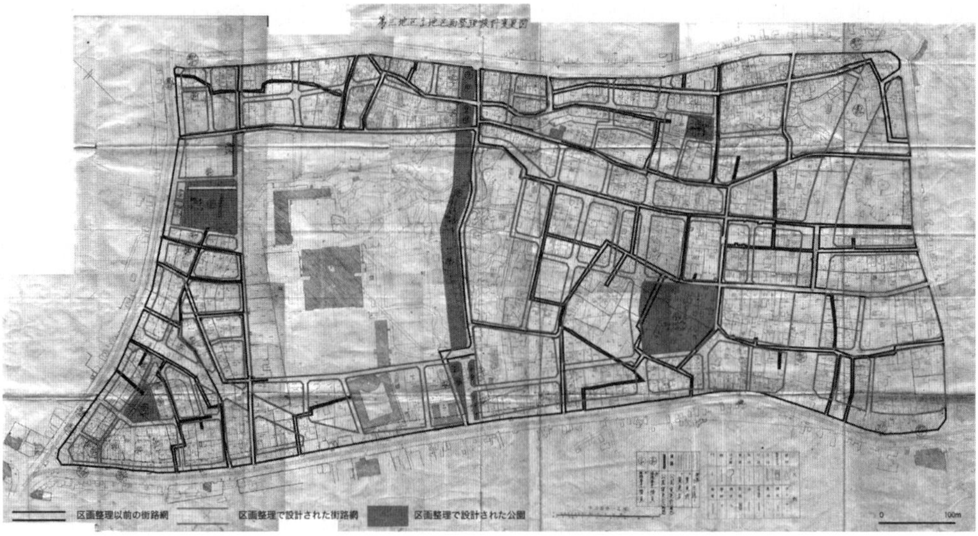

■図 5.3　土地区画整理設計事業の事業前と事業後の街路網
土地区画整理事業で設計された街路網に事業以前の街路網を重ねている．原資料に筆者が加筆・作成したもの（原資料；東京都都市整備局，東京都戦災復興土地区画整理第三地区区画整理設計変更図）．

■図 5.4　隅切り対応型建築物の例（筆者撮影）
交差点の隅切りが直接建築物の形態に影響を与えている．

整備が再度実施されることは少なく，基本的にこうした地域では土地区画整理事業で造成された街路網が現在まで継承されている．そのため，土地区画整理事業実施以前の街路網と計画街路網を比較して，従前の地域環境の何が土地区画整理の設計に影響を与えたのかを調べていくことが，現在の地域環境を理解するうえで重要な知見を与えてくれることになる．

一見，合理性を重視してまったく新しい街路網として設計されたように見えても，従前の地図と設計図とを見比べていくと，実は既存の古い街路を若干拡幅しただけで線形を変えていない街路や，もともとの地形に合わせて周到に設計された街路などが浮かび上がってくることがある（図5.3）．また，それは街路に限らず，土地区画整理事業で生み出された公園や広場などでも同様で，それらの配置がいかなる意図のもとでなされたのかを考察することが大切である．

また，土地区画整理事業には，設計標準が存在しており，その標準に基づいて，たとえば交差点での隅切りが一律になされていることも設計図から判明する．そして，この隅切りが，単に街区の形を決めているのではなく，その街区に建つ建物の形状をも規定している場合もある（図5.4）．

2）事業どうしの関係性の図化

地域の姿は，いくつもの事業の影響の蓄積として現在にある．しかし，事業の一つ一つとその他の事業との連携関係は自明ではない．地域の総合的な把握をおこなうためには，なかなか意識され

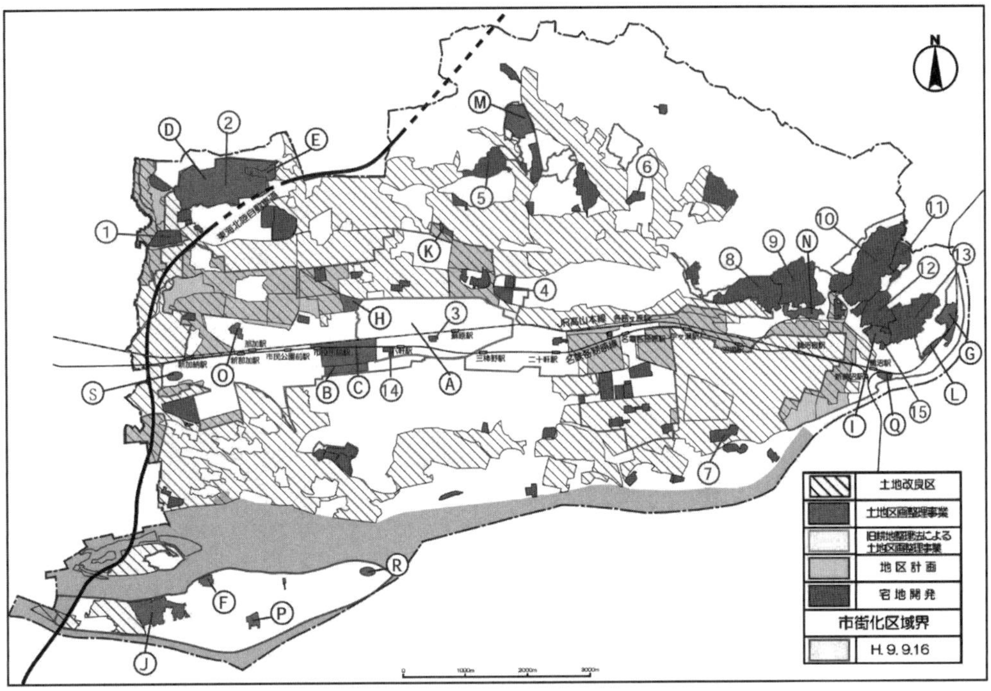

■図 5.5　整備履歴図（市街地の整備状況）:「各務原市都市計画マスタープラン」(2010 年)
基盤整備事業や地区計画の該当地区が一枚の図面に表現されている．

ることの少ない，事業どうしの関係性を表現するなんらかの工夫が重要である．ここでは，地理的な把握である整備履歴図と年表的な把握である事業展開図を紹介したい．

整備履歴図は，さまざまな事業が実施された区域や箇所を一枚の地図の上に表現したものである(図5.5)．一枚の地図に事業の履歴を落とし込んでみることで，たとえば，すでに基盤が整備された区域とそうでない区域とがはっきりと示され，環境整備を優先すべき地域が浮かび上がってきたり，あるいは現在の地域環境を生み出した要因が事業の積み重ねとして見えてくる．こうした情報は，地域の将来を構想する際の有力な手がかりとなる．

また，事業展開図は，時系列を強く意識したチャート図的記述の方法である（図 5.6)．一見すると時代も主体も異なる事業も，実は一貫した目的のもとで動いていることがわかったり，地域づくりの目的自体が時代とともに徐々に移り変わり，展開してきたようすを見て取ることができる．

ただし，こうした時系列の図には，事業だけでなく，後述する都市計画の変遷や，地域づくりに関連する各種組織の設立といった事業以外の項目や，人口の推移を表すグラフなどを追加し，重ね合わせることで，地域づくりの履歴についてより有益な情報をつくり出すことができる．

5.2　将来の方向性を定めるために現在有効な諸計画を整理する

a.　地域の都市計画の把握

地域づくりの現場において，一番関係が深い「計画」は，都市計画ということになろう．ただし都市計画法に基づくさまざまな施策は，市町村域とは必ずしも一致しない都市計画区域内でのみ有効である．そしてその都市計画区域は全国土の約26%にすぎない．また，都市計画区域の中でも，すでに市街化されていたり，市街化の促進を基本方針として都市計画で市街地像を実現させていく市街化区域となると約 4%となる（いずれも 2009

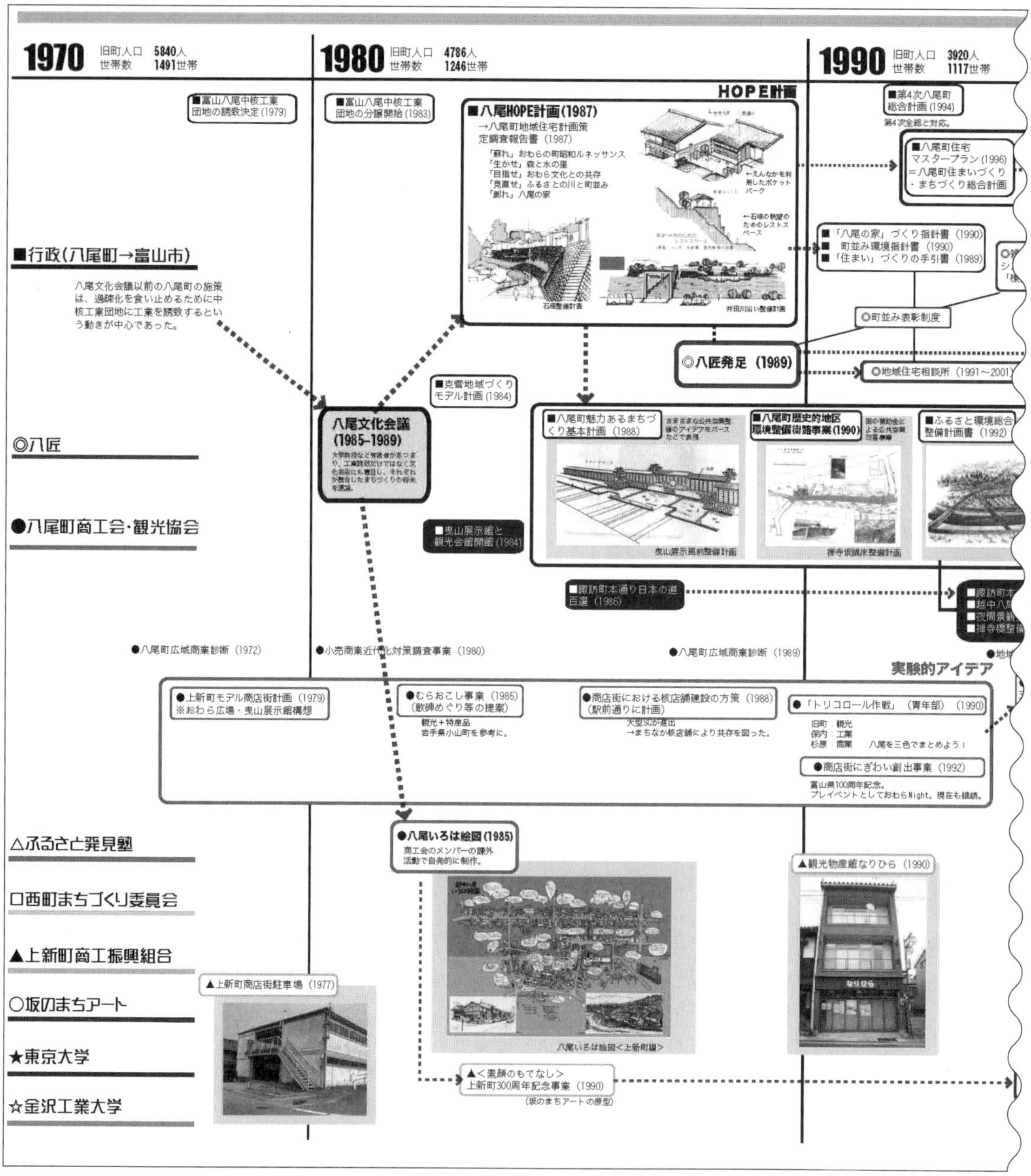

■図 5.6　事業展開図（東京大学都市デザイン研究室作成〔部分〕）
これまでに実施されてきた各種事業・計画どうしの関係に主眼をおいて，主体別に時系列で整理されている．

年現在）．

しかし，人口でいえば，この都市計画区域内に全人口の約 95％が，市街化区域の中には約 69％が住んでいることになる．つまり，地域の人々が自分たちの暮らす環境をマネジメントする地域づくりの現場の多くは，都市計画と無縁の地ではない．

1）都市計画マスタープラン

ここでの都市計画は抽象的な概念というよりは，都市計画法という法律で規定されたさまざまな具体的な制度の総体として把握しなければならない．中でも基本となるのは，都市計画法 18 条の 2 で規定されている「市町村の都市計画に関す

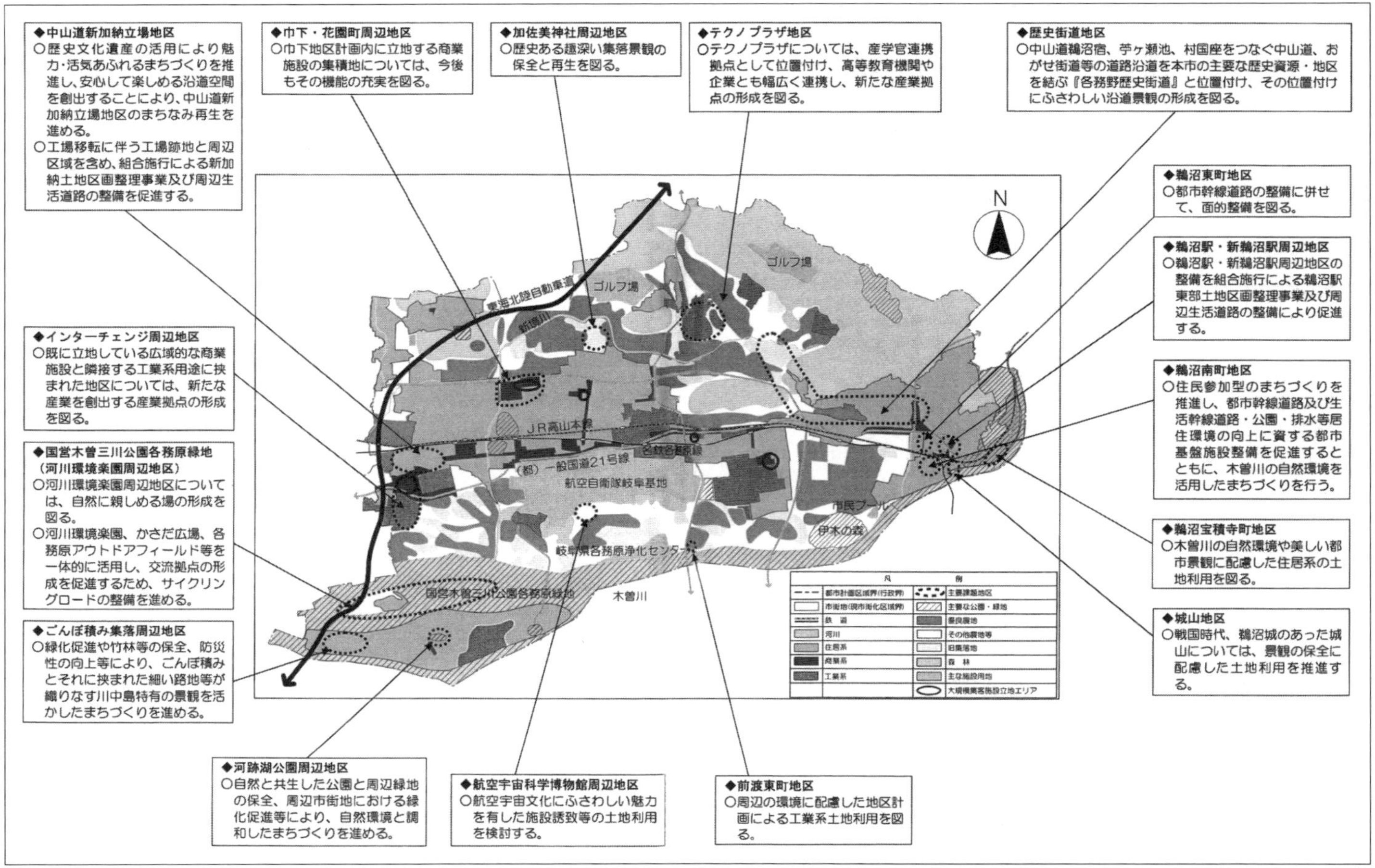

■図 5.7 都市計画マスタープランの例：『各務原市都市計画マスタープラン』(2010 年)

上記は，主要課題地区における短期の土地利用方針を示したもの．中長期の土地利用方針は別図になっている（第 7 章 都市整備・まちづくりの方針 1. 土地利用の方針）．なお，本マスタープランは各務原市 HP 上でも閲覧可能である（http://www.city.kakamigahara.lg.jp/shisei/machi/masterplan/plan2010.html）．

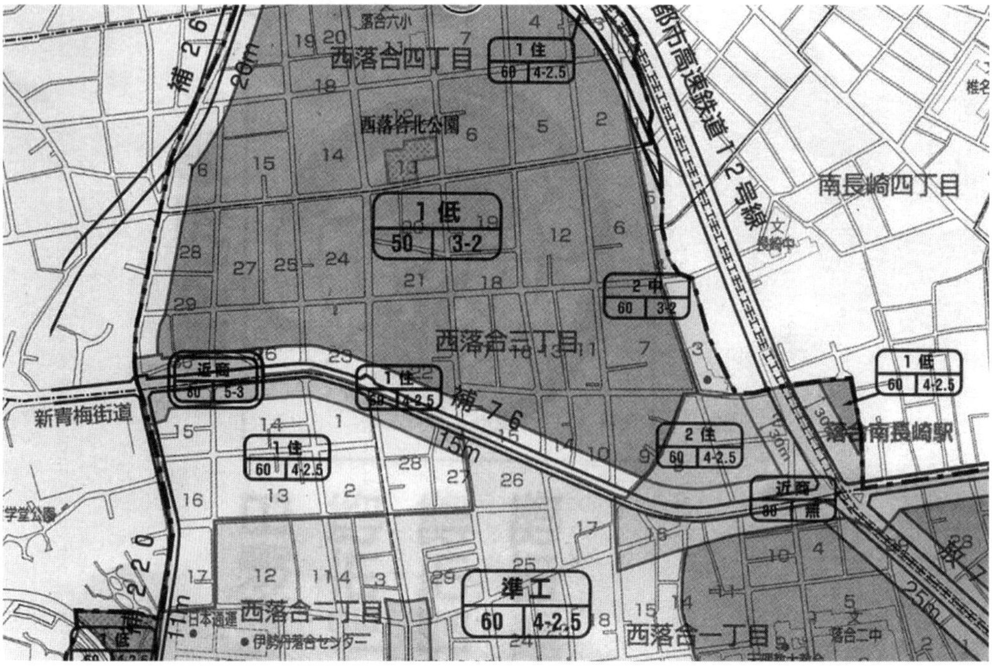

■図 5.8　都市計画図：新宿用途地域等都市計画図（部分）
原図はカラー．部分を抜粋し拡大している．新宿区の許可を得て転載（地図版権所有㈱人文社）．

る基本的な方針」，通称「都市計画マスタープラン」（都市マス）である（図 5.7）．

その名のとおり，都市計画の基本的な方針を文章と図面で表したもので，通常，冊子という形式をとる．内容としては，将来の人口予測を前提とした土地利用計画を基本として，交通や緑，景観などの諸部門の計画を統合した市町村全体の計画と，市町村をいくつかの地域に分けたその地域ごとのより詳細な計画からなる．

通常，その策定過程においては，市民公募委員や市民ワークショップなどの住民参加手法が取り入れられており，議会での承認などのプロセスを経ることはないものの，市民に支持された計画として扱われる．あくまで方針を定めるものであって，詳細な事業の内容までを規定するものではないが，地域づくりを大きく方向づけるものであるといってよい．都市計画マスタープランの冊子自体は，市役所や町役場で閲覧可能であるし（販売されている場合もある），主要な図書館にも収蔵されている．最近では市町村のホームページに PDF などのデジタルデータとしてアップロードされているケースも増えている．

一方，都市計画マスタープランで示された大まかな方針を実現させていくのは，都市計画道路や都市計画公園などの施設整備事業と，用途地域や地区計画などの都市計画規制である．これらは都市計画法に基づき，決定されるもので，いずれも市役所や町役場で閲覧，購入可能な都市計画図（図 5.8）で確認することができる．また，用途地域についても，ホームページ上で閲覧，検索可能な自治体も多い．

2）都市計画道路

都市計画決定される都市計画道路は幹線道路や主要な区画街路などのうち，都市の基盤的施設として位置づけられた道路である．未完成の計画段階でも，都市計画法に基づき指定された時点でその予定道路内の敷地での建築制限がかかる．まったく新しく道路を引く場合もあるが，既存の道路の幅員を広げるかたちで都市の基盤に相応しい交通容量を確保する場合も多い．

都市計画道路の通し方ひとつで，もともと一つであった地域が道路を境界として分断されてしまったり，まったくの田園地帯が一気に市街化したりするなど，地域づくりに与えるインパクトは非常に大きいものがある．地域づくりのこれからを考えるにあたっては，とくに現状からは見えてこない，未整備の都市計画道路の位置や規格をしっかりと把握しておくことが重要である．

3）用途地域

用途地域は住居地域や商業地域といったかたちで，地域ごとにその地域に相応しくない用途（許可されない用途）と建ぺい率，容積率の上限を定めたものである．用途地域を知ることで，地域の現状の土地利用の特性を把握できるとともに，地域の将来の方向性をも予想することもできる．

また，一般の用途地域以外にも，さまざまな目的をもった地域地区が用意されている．建築物の高さを規定する高度地区や都市内の風致を保全する風致地区などである．さらに明確な特徴があるエリアでは，文化財保存法と連動して歴史的な建造物が集合した地域の特徴を保全する伝統的建造物群保存地区，景観法と連動した良好な景観の保全や創造を目的とした景観地区などに指定されている場合もある．

4）地区計画

地区計画は，住民の合意に基づいて，地区を限定して，通常の用途地域で定められた制限の強化や緩和，あるいは壁面位置の指定などの新たな取り決めをおこなう制度で，地区の個性に応じたまちづくりの手法として全国に広く普及している．適用される地区の性格と規制内容によって，一般的なタイプの他に用途別容積型地区計画や街並み誘導型地区計画など，複数の種類がある．

また，地区計画と類似するものとして，建築基準法で規定された建築協定によって，やはり住民合意のうえで，建築物の形態に関するルールを定めている地区もある．こうした地区では，地域づくりを進めるうえで重要な地域の空間像がある程度，明確になり，共有されているといえる．地域づくりの議論もまずその空間像を前提としてはじめられることになる．

b.　その他の関連計画の整理

都市計画を中心に据えるのが基本であるが，都

■表 5.1　都市計画マスタープランの関連計画一覧の例（A 市）
各自治体によって関連計画の種類は異なる．

分野	計画名称	計画内容
環境	A 市環境基本計画	人と環境の調和実現のための基本方針として，A 市全体としての環境目標や環境施策の展開の方向性を定める．
農林業	A 市農林業総合計画	農林業の振興や農林業のもつふれあい機能，治水機能の発揮のための各種施策の方向性を定める．
住宅	A 市住宅基本計画	住宅都市として，A 市の住宅施策の目標を明らかにし，今後の政策を長期的・総合的な視点から整理・体系化する．
都心居住	A 市都心居住振興プラン	都心部における高度都市機能の集積や魅力の創造を図るための各種施策を定める．
緑	A 市緑の基本計画	都市公園整備や緑地保全地区指定，公共公益施設の緑化，民有地の緑地保全・創造，緑化意識の推進にかかわる総合的な施策を定める．
交通	A 市都市交通基本計画	都市の発展，安全で快適な生活，環境問題への配慮などを前提とした交通体系づくりの基本方針や諸施策を定める．
福祉	A 市保健福祉総合計画	高齢者や障害者をはじめ，すべての市民が住み慣れた家庭や地域で安心して暮らし続けていけるための諸施策を定める．
景観	A 市景観基本計画	市民に親しまれている A 市らしい景観の保全や，都市の魅力を向上させる美しい街並みの創造のための基本方針と諸施策を定める．

市計画以外のさまざまな関連計画についても一定の理解をしておかなくては，地域づくりは進まない（表5.1）．

都市計画の上位にある計画としては，地方自治法2条4項に基づき市町村議会での議決を経て制定される「市町村の基本構想」，および「都市計画区域の整備，開発及び保全の方針」（「都市計画区域マスタープラン」）がある．

「市町村の基本構想」は，通常，10年程度のスパンでの行政計画である基本計画と，3年程度のスパンでの実施計画と併せて，市町村の「総合計画」という名称で冊子として用意されていることが多い．都市計画も含めたさまざまな分野の施策がまさに総合的に網羅されており，地域づくりの大前提として目を通しておく必要がある．

一方，都道府県が定める「都市計画区域マスタープラン」については，基本的に「都市計画マスタープラン」でその内容は全面的に継承されており，必要に応じて参照する程度でもかまわない．

都市計画と並列的な位置にある計画としては，住宅マスタープラン，緑の基本計画，景観計画，環境基本計画，地域防災計画，公園整備計画，バリアフリーに関する計画など，それぞれ都市計画法とは別の根拠法をもつ分野別計画がある．

都市計画マスタープランではこれらの計画との最低限の整合性は確保されているが，地域づくりのテーマによっては，都市計画マスタープランよりもむしろこれらの分野別のマスタープランを詳細に把握しておく必要がある．地域づくりの現場ではこうした計画をある種の制約条件として考慮しないといけないことになるが，地域づくりの検討，実践自体が，こうした諸計画の内容を見直し，改定していく契機となることも多い．これらの計画を本当の意味で地域のニーズに合ったものに変えていくことが地域づくりの一つの重要な目的でもある．

〔中島直人〕

◉より深く勉強したい人へ：まちの都市計画の史資料収集

都市計画の現況や履歴を知りたい人へ．最新の都市計画関係の冊子や図面は自治体のウェブサイトでダウンロードできる可能性が高い．ここ20年くらいの図書や図面は図書館の郷土資料コーナーや役所の情報コーナー，あるいは直接都市計画の担当課を訪ねてみよう．さらに古いものは，敷居は高くなるが，市町村の公文書館，都道府県立の図書館，公文書館に頼ろう．こうしたところでは史資料に詳しい司書さんがいらっしゃるので，レファレンスサービスを活用しよう．さらに戦前までさかのぼる必要がある人，戦前の都市計画はすべて内務大臣が決定権者であったので，各地域ではなく，国立公文書館に史料が一括保存されていることがままある．東京まで出ていく機会があるのなら，国会図書館や，戦前から現在まで都市問題・地方自治関係の図書を集め続けている東京市政調査会市政専門図書館（日比谷公園内）にも立ち寄りたい．知りたい都市計画に関連する一般書籍や雑誌記事の収集が一気に行える．国立公文書館も国会図書館も市政専門図書館も，事前にネットで資料検索してから出かけること（国会図書館の資料はネット経由でコピーを取り寄せることができる！）．また，デジタルカメラを持っていくことを忘れずに．コピー代がかさみそうなとき，大判の地図などでコピーが難しいときなどに大いに活躍してくれる（撮影禁止の場合もあるのであしからず）．あと，出費を厭わないのなら，「日本の古本屋」（http://www.kosho.or.jp）で検索を．意外とさまざまな事業や計画関係図書が古書として流通しているものだ．

（中島直人）

第Ⅱ部　現場に立つ・考える

第6章　現場で「見る」「歩く」
第7章　現場で「聞く」
第8章　ワークショップをひらく
第9章　地域資源・課題の抽出

現場に立つにあたっては，事前に準備をしておくことがいくつかある．

調査をする時間的な余裕が十分にあるのであれば，何も準備をせずに，まず行ってみて，その印象を頭に置きながら本格的な調査の枠組みを考えて，改めて現場に立ってみるということが可能である．また，何度も現場に行くことも可能かもしれない．

一般的には，それほど悠長なことをいってはいられないので，現場に行く前にある程度の情報収集をし，調査計画を立案したうえで現場での調査を実施する．時間がない場合でも，調査計画に基づいて予備調査を実施してから本調査にとりかかったほうが，結果として効率的である．

詳細は以下の各章で述べるが，心得として3点あげておく．たとえ学生の演習課題で実施する調査であっても，専門家としての視点や心得をもって現場に臨むべきである．

1. 五感を十分に働かせること

私たちの仕事は空間を扱うことである．その点から考えると，視覚的な調査に偏りがちである．近年は，視覚的な情報は，現地に行かなくとも，ネット上から得ることも可能となっているので，ある程度，現場に行かなくても現地の状況を把握することができる．

しかし，私たちの仕事は空間とそこで繰り広げられる生活を扱うことであるともいえる．そうすると，視覚以外の感覚も非常に重要なものになってくることが理解できるであろう．視覚以外のもの，たとえば，聞こえてくるさまざまな音や声，肌で感じる風や空気感，どこからともなく流れてくるにおい，名物の食べ物などもまちを構成する重要な要素であり，まちづくりを考える際の大事なヒントになりうる．五感を駆使して現場での調査に臨んでほしい．

2. 問題意識をもって，歩き，見ること

私たちが日常的に通勤・通学などでまちを歩くときには，まちとはまったく無関係のことを考えていたり，あるいは何も考えもせずに歩いていたりするものである．また，毎日のことであり，その道，その環境に慣れてしまっているので，まちの特徴や変化に鈍感になってしまい，気づきが少なくなってしまう．

調査に行くときには，調査の先にある目的・目標を見据えた問題意識をもって歩くことで，前項で述べたようにすべての感覚を研ぎ澄まして，さまざまなまちの要素や動きに気づくことが大切である．

学生演習で現地に行ってグループ調査すると，ついついおしゃべりが楽しくなって感覚を鈍らせがちである．この点は十分に気をつけてほしい．

3. 気づいたことは，自分の言葉やスケッチなどで記録すること

デジタルカメラ全盛の時代である．携帯電話についているものでも，かなりの解像度できれいな写真を撮ることができる．デジタルカメラが普及して，手当たり次第に写真を撮るようになった．以前はフィルムの残り枚数を気にしながら，本当に撮っておくべき場面を撮るよう努力したものであるが，今は後から選べば事足りてしまう．しかし，これによってそこで見た映像が自らの記憶に残りにくくなっているし，現地を歩きながら考えたり，評価したりしなくなってしまっていないだろうか．

見たことを自分の言葉やスケッチなどで記録することは，デジタル機器がどれだけ発達しても重要な作業である．言葉や絵にするときには，必ずその部分を切り出す意味や理由を考え，記録する際にそこにある情報を取捨選択するという作業を自然におこなっているのである．下手でもかまわないので，自分の手で書いてみよう．

〔野澤　康〕

■まち歩きの様子

現場では，まず「歩く」「見る」ことからはじめてみよう．地域の人との接点も生まれます．

第6章　現場で「見る」「歩く」

キーワード：フィールド・サーヴェイ，メモ，スケッチ，写真，実測

実際に地域づくりをおこなうために最も重要な情報源の一つに，現場で得られる豊かな体験があることはいうまでもない．地域じゅうを自らの足で歩きまわり（まちあるき），自らの目で確かめ，手を動かし，五感を通して手に入れた情報ほど尊いものはない．現場に赴いて初めて観察可能な地域の姿形をじっくりと見つめ，現場で起こっている状況や活動に耳をそばだてていれば，自然と現場のほうから地域づくりの方向性について語りかけてくれる．

現地を訪れる前に手に入れた点的情報は，現場を歩くことによって，線，面へと広がり，非常に複雑な地域の体系の読み解きへとつながってゆく．また，文献などで得られる情報は，「過去」の情報とならざるをえないのに対して，現場で得られるのは，「現在」の情報である．この生の情報をいかに料理するかが，地域づくりにおいても重要なカギとなる．

6.1　地域づくりの中でのフィールド・サーヴェイ

建築計画学，アーバン・デザイン，あるいは，まちづくりの分野では，かねてから，フィールド・サーヴェイという手法で地域分析がおこなわれてきた．とくに，わが国では，今和次郎の「考現学」や，建築史分野の「民家調査」，あるいは，建築計画分野における空間の「使われ方調査」などを源流としながら，1960～70年代には，「デザイン・サーヴェイ」*1 とよばれる，空間構造の把握手法が発展した．

その後も，「建築探偵団」「路上観察学会」（赤瀬川ほか，1986など）や，「メイド・イン・トーキョー」（貝島ほか，2001）など，都市空間の中にあるエレメント，資源に着目して都市をあぶりだす調査手法が次々と生まれており，現場をリサーチして，都市空間や地域構造をつかさどるボキャブラリーを整理するためのフィールド・サーヴェイ手法は，進展をくり返している（表6.1）．

本章では，これら「フィールド・サーヴェイ」の視点に加えて，「地域づくり」そのものを直接の目的とする視点，つまり，調査結果だけでなく，この結果をいかに実際の地域づくりに活かすことができるかといった視点も重視する*2．地域づくりのためのサーヴェイをおこなう際には，地域の魅力的な資源を見つけるだけでなく，社会的背景，地域の状況など，常に全体に目を配りつつ，「調査のための調査」にはならないような配慮が必要になる．

*1　集落や都市空間の構造を，実測などをベースとして把握する手法．1960年代に実施されたオレゴン大学建築学科による「金沢幸町」の調査において，わが国で最初に「デザイン・サーヴェイ」という用語が用いられたといわれている．その後，宮脇壇らによるデザイン・サーヴェイをはじめとした，さまざまなデザイン・サーヴェイがおこなわれている．とくに，宮脇は，「創る者」としての立場を意識したデザイン・サーヴェイを実践した．

*2　保存的観光開発の草分けでもある妻籠宿でおこなわれた調査（1967年度，太田博太郎ほか）は，地域づくりをおこなうための調査としても先駆的である．

■表6.1　フィールド・サーヴェイに関する調査の変遷

年代	内容	代表的な調査・書籍など
戦前〜1960年代	民家の使われ方調査	今和次郎の民家調査および考現学 京都大学西山夘三研究室の民家調査（『これからのすまい』[1947]） 伊藤ていじ文・二川幸夫撮影『日本の民家』[1957-59] 太田博太郎ほか『民家のみかた調べかた』[1967]
1960〜70年代	デザイン・サーヴェイの隆盛	都市デザイン研究体『日本の都市空間』[1968] オレゴン大学建築学科による「金沢幸町」調査 宮脇　檀（法政大学）らのデザイン・サーヴェイ 神代雄一郎（明治大学）らの集落調査（『日本のコミュニティ』[1975]）
1980〜90年代	都市空間の観察学	赤瀬川原平・藤森照信らの路上観察学会［1986〜］の活動 陣内秀信らの東京空間調査（『東京の空間人類学』[1992]）
2000年代	都市資源のリサーチ	貝島桃代・黒田潤三・塚本由晴『メイド・イン・トーキョー』[2001]

6.2　現場をどう見るのか：目的に応じた視点の必要性

さて，いざ「現場を見る」といっても，心構えや準備もなく，ただ漫然と見ているだけでは，語りかけてくる現場の情報をうまく汲みとることはできない．また，目的やねらいによって，現場を見る視点は異なってくるため，あらかじめ，何を調査するのか，目的と内容について頭に入れておくことも必要である．その一方で，先にフレームワークを決めてかからずに，まずは直感的に観察を行い，直接現場の中で何かを発見することも重要である．

そこで,（調査可能な回数によっても異なるが,）まず一度は，全体をつかむためにあまり対象を絞らず，とにかくそこにある現象をできるだけ多くつかまえ，その次に，地域の特質を知るため，じっくりと要素を絞って何回か調査し，最後に，これらの要素がどのように地域をかたちづくっているのか，今一度「全体を見る」という段階を踏むことができると，地域への理解により近づいてゆくことが可能となるだろう．

ここでいう「全体」とは，地域の「すべて」という意味ではない．地域とは，織物のような複雑な集合体であり，そのすべてを漏れなくとらええることはできない．しかし，それぞれの地域づくりの糸（＝断片）は，必ず地域の他の部分とかかわりあいをもっており，この関係性をあぶりだすことが，さらにもう一本の糸（＝新たな地域づくりの一手）を加える際に重要になるのである．

a.　現象的にみる

まず，現場では，机上の情報だけではつかめない「現象」的側面を見ることができる．インターネットなどの手段を駆使すれば，かなりの情報が手に入る現在，移動する手間やコストを考えると，わざわざ現場に赴いて調査する必要性は一見薄くなっているように思われる．しかし，これらは，誰かの意図に基づいて編集された部分的情報，いわば標本のようなものであり，かつ，与えられた情報外の部分を知ることは難しい．そこで，現場を直接見ることことによって，生の情報を，そこに起きている「現象」としてとらえることが初めて可能になる．

現象的に見る場合は，出会った出来事や気づいた点を，メモ・スケッチ・写真・地図などを用いて，できるだけ多く，もしくは重要なものについて克明に記録しておく．構造やつじつまはあまり気にせず，とにかくその場にある現象を「つかむ」ことが重要である．

b.　要素的・悉皆的にみる

調査する対象の地域がどのような地域であるのかを明らかにするには，目の前の現象だけでなく，地域全体を総合的にとらえる必要がある．しかし，いきなり，地域全体を理解することは，はなはだ困難である．したがって，地域を見る視点を要素に絞って，やや深く掘り下げた調査をすることが効果的であろう．たとえば，土地利用・高さ・オープンスペースなど，要素を限定して調査することで，その地域の傾向が見えてくる．

また，特定の要素から地域全体の傾向を把握するには，まず明確な調査範囲を設定し，その範囲内を「悉皆的」に見ることが必要となる．これによって，分布の傾向や地域の特徴を明らかにすることができる．この際留意すべきなのは，範囲内に対象物がなかった場合，なかったということを記すこと，そして，調査を完了した範囲はどこまでであるかを明確にしておくことである．これによって，「調査分析がどこを範囲としていたか」，「次回以降にどこを調べるべきか」が明らかになるが，これを記していないと，「対象がなかった」のか，それとも「調査しなかった」のかがわからなくなり，結局同じ部分を再び調べなければならなくなる．

c.　構造的・総合的に見る：要素どうしのツナガリ

前述のような，対象を要素に分解した調査を再び地域づくりの視点に戻すためには，調査によって得た複数の情報を重ね合わせ，統合的視点で見返す必要がある（レイヤリング）．たとえば，山あいの集落において，地形・水・コミュニティを別々に調査した後に，これらを同時に見直してみると，地形の変化に富んでいるところから湧水が多く流れ出し，その結果，湧水を中心としたところに人々のコミュニティの拠点ができていることがわかるというようなこともありうる．このように，各要素がつながることで，地域の空間構造や空間の意味をより深く理解することが可能となるのである．

こうした視点を身につけるために，現場に着いたら，まずは，地域を見渡すことのできる山や展望できる場所に上がるとよい．地域全体を眺めること（鳥の目）で，地域の構造を現象的につかむことが可能になる．同時に，地域を自分の足で動きながら，文字どおり，地に足をつけて地域を見つめること（虫の目）で，現象を現実感をもってつかむことができる．そして，この両者が同じ空間を構成しているということを理解し，一つの都市空間において，いかにさまざまなスケールを重ね合わせながら考えてゆくかが，地域づくりをおこなう際には非常に重要である．

6.3　現場をどう記録するのか：記録の方法と道具

a.　メモ（ノート）

メモは，現場調査における基本的な記録手段の一つである．現場で感じた情報を，自分の言葉や絵を用いてメモ帳に残しておくことで，備忘録となると同時に，自らの頭の中を整理するキッカケとしても有効なツールとなる．

とくに現場の調査においては，単なるメモ（文章）だけではなく，気になる物的状況をスケッチと組み合わせてメモしておいたり，後述するように，地図上に気づいた点を書き込んでおいたりと，他の道具や方法と組み合わせることでさらに効果的な記録方法となる（図 6.1）．

b.　写　真

メモやスケッチに記すことのできる情報量の限界を考えると，空間情報を短時間で簡単に記録するという意味において，写真は非常に有効なメディアである．同時に，美しい写真は，地域の魅力を伝える手段としても非常に有効であり，場面によって使い分けることでその効果を発揮する．

まず，上記のような特性を活かして，気づいたことを忘れないよう，メモのように撮影してゆく手法がある．この場合は，撮影後に写真を整理し，調査結果として体系化する必要がある．印象や魅力を残しておくための写真と，単純な記録写真とは用途が異なるので，場合に応じて，撮影の仕方も使い分けるとよい．

地域の様子を把握するための写真の場合，どこから（撮影地点），どの方向に（撮影方向），何を（撮影対象）撮影したのかを記録しておく．撮影位置と撮影方向はとくに重要であり，写真（あるい

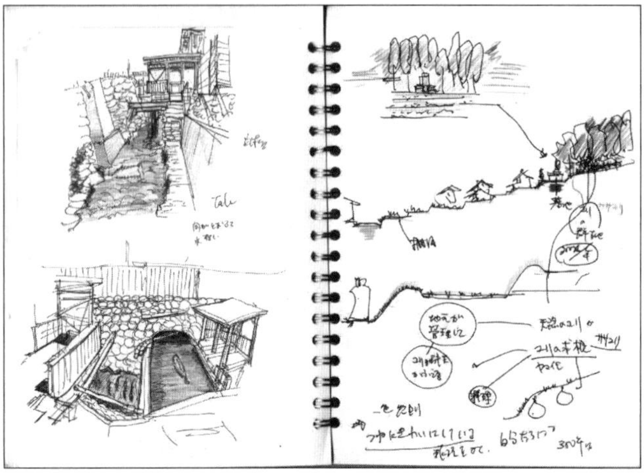

■**図 6.1**　メモ・スケッチの例
上手下手ではなく，気づいたことを描き留めるくせをつけておく（原図はカラー）．
左：郡上八幡町の水路　右：高山市の集落調査
（いずれも岐阜県）（口絵7参照）

■**図 6.2**　写真撮影の使い分け
（左）望遠レンズで撮影したもの（中），同位置で広角レンズで撮影したもの，（右）被写体に近づいて広角で撮影したもの．
望遠よりも広角のほうが，近くで全体を納めることができるが，画像の周縁がゆがむため，望遠のほうが全体をゆがめずに収めることができる．しかし，望遠レンズでは，たとえば幅員の狭い街路などでは，建物や街並みが収まりきらない．場面によって使い分ける必要がある．

は写真データ）には番号などをふって，これに照合させながら，撮影位置と撮影方向（できれば角度も）を地図上にプロットしておくと有用である．

ちなみに，地域づくりのための写真撮影の場合には，街並みや地域全体を納めやすいよう，広角で撮影可能なレンズやカメラを用いると便利である（図6.2）．ただしこの場合，ゆがみも激しくなるので注意を要する．

一方，分析用として用いるには，撮影方法も工夫が必要となる．悉皆調査の場合，基本的には，視点場・高さ・対象との距離，レンズなどを一定にして対象を撮影することで，写真どうしの比較なども容易となる．

都市部や連続した街並みを有する地域では，建物の並びを連続的に撮影し，これをつないで「連続立面写真」（図6.3上）を作成することも有効である．この場合，広角で撮影するとゆがみが激しいため，できるだけ距離を離して望遠で撮影すると，写真どうしのつなぎが容易となる（ただし，幅員が狭い街路などでは望遠での撮影は難しい）．

さらに，一つの場所から見える風景や，街角に立ってその様子を見渡すように写真をつなげて「パノラマ写真」を作成することもできる（図6.3下）．パノラマの場合は，視点場の位置をできるだけ固定し，方向のみを回転させてゆく．これに対して，連続立面（図6.3上）の場合は，対象からの距離，視点の高さ，方向を一定にして平行移動するように撮影することが望まれる．

あるいは，「シークエンス」撮影（視点場を移動させながら，動きの変化をとらえる方法．たとえば，等距離で移動しながら撮影する）を用いて，移動や活動の変化を調査するという方法もある．

■図 6.3 連続立面写真（上，岐阜県高山市）とパノラマ写真（下，広島県福山市鞆町）
連続立面写真は，収めたい立面からの距離を保ちながら平行移動して連続的に撮影した写真をつなぎ合わせており，被写体との距離が一定の場合に有効である（望遠で撮影した方がゆがみが少ない）．パノラマ写真は，視点場を固定して，撮影者が回転しながら連続的に撮影した写真をつなぎ合わせている（いずれも，空などは加工している）（口絵 8 参照）．

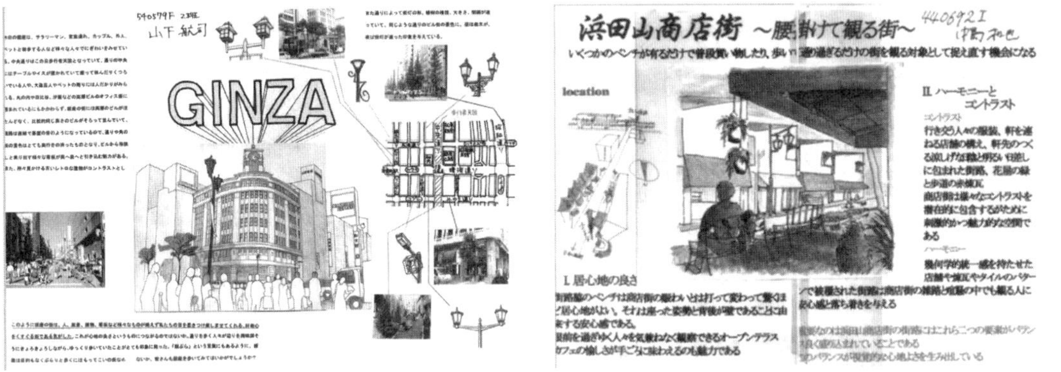

■図 6.4 スケッチを用いたプレゼンテーション
写真とは異なり，スケッチは，伝えたいものを強調できる．たとえば，左のスケッチでは，必要のないファサードは意識的に描かれていないため，中央のまちかどにある建物が強調されている．（東京大学工学部都市工学科演習成果物，左：山下航司，右：中島和也）

c. スケッチ：写真にはないスケッチの意義

写真は，記録するのに非常に便利なツールであり，デジタルカメラ隆盛の現在，簡単で，しかも蓄積可能な写真データさえあれば事足りることも多いかもしれない．しかし，スケッチには，写真以上に記録者の意図が明確に反映される．写真も確かにフレームやカットを意識することで，記録者の視点が伝わるように撮影することもできるが，それでも，記録者の意図をこえた部分でいろいろなものが映りこんでしまう．これに対して，スケッチでは，記録者が描いたもの，必要だと考えた部分だけがそこに記される．逆にいえば，記録者が描かなかったものは記されないのであり，同じ空間でも意識下にないもの，重要でないと判断されたものは省かれるため，記録者によってスケッチも異なるものとなる（図 6.4）．

また，スケッチには，書き留めるだけでなく，自らの空間把握を整理する意味もある．ここでのスケッチとは，プレゼンテーションをするためのビジュアルな表現を意味していない．あくまで，空間情報としての記述の手法であり，上手下手の問題ではないので，どんどんスケッチに記しておくことが重要である．ちなみに，空間把握のためのスケッチであれば，空間の大きさがわかる情報（たとえば，人物や樹木などの添景）を入れておくとわかりやすい．

d.　地図にプロットする：1万分の1，2500分の1地形図，住宅地図

地図を用いた記録方法も，基本的な現地調査手法の一つである．

地形図（2500分の1～1万分の1）あるいは住宅地図（1500分の1もしくは2千分の1）などをベースマップとして，この地図に調査内容を書き込む．気づいたことをメモ的に書き込むだけでなく，複数の色で塗り分け，分類を記すことも有効である．調査内容を事前に明確にし，情報を先にベースマップに記した状態で現地調査に望むと，効率的な調査が実施できる．なかなか地図情報だけでは追えない現場の情報，たとえば，坂や階段の位置とか，よう壁の位置，植栽の位置，水路網などの情報を，地図上に記録してゆく（図6.5）．

また，実際に見える物理的空間だけでなく，移動するものや変化するもの，あるいは人間の行動やその軌跡などは，記録しておかないとわからなくなってしまうため，図にプロットしておくこと

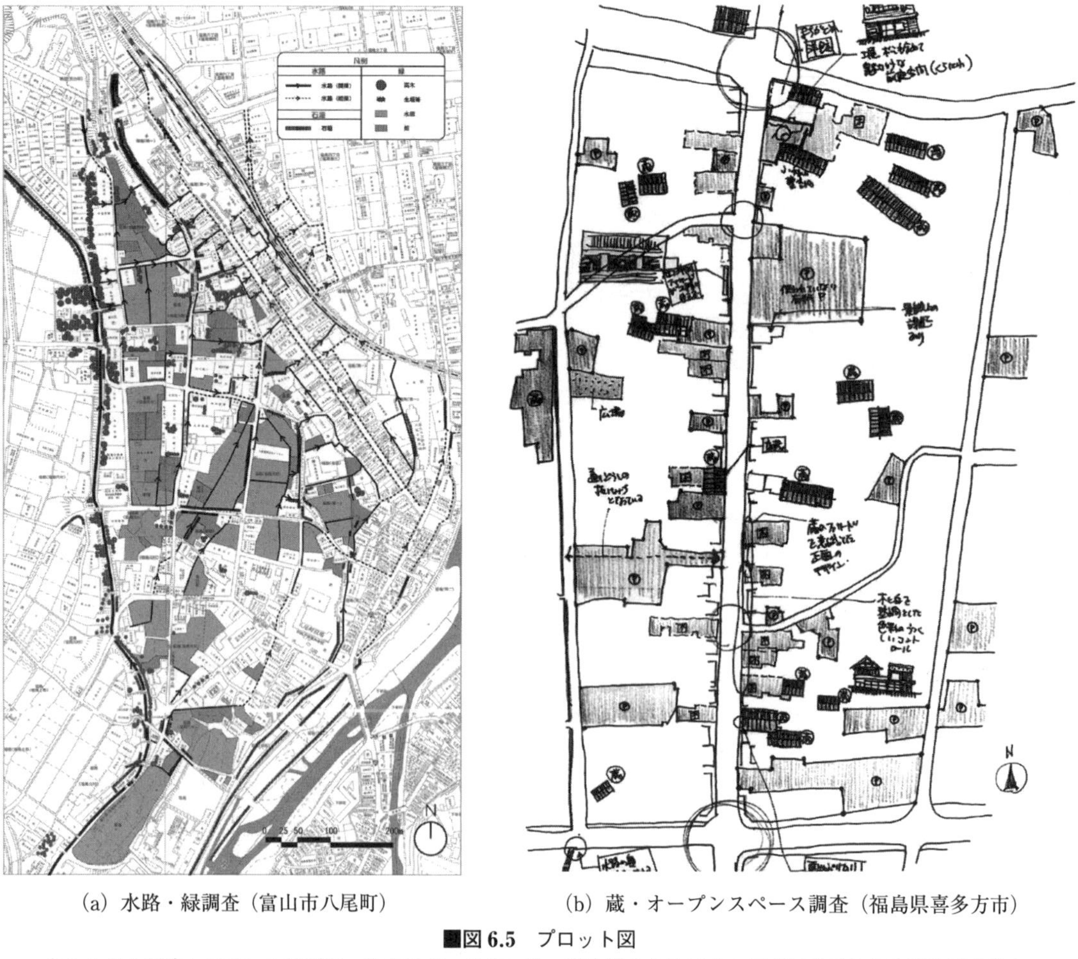

（a）水路・緑調査（富山市八尾町）　　（b）蔵・オープンスペース調査（福島県喜多方市）

■図6.5　プロット図

あらかじめ用意しておいた地形図，住宅地図，あるいは，記入用のオリジナル図面に調査した内容を書き込む．とくに，調査範囲を明確にして，悉皆的に書き込んでおくと，あとで分析が容易になる．

が効果的である．

e. リスト・調査シートに記録する

通常，現場での調査は，限られた時間の中で行われるため，効率的に調査しないと時間が足りなくなることが多い．したがって，あらかじめ調査項目などを整理しておくと便利である．また，複数人で調査する場合は，調査項目や基準を合わせておかないと，あとでまとめることが難しくなる．

そこで，事前に調査シートを作成しておいて，これに基づいて調査を記録してゆく方法が考えられる（図 6.6）．これにより，調査後のまとめや，分析をおこなう際の効率が上がるとともに，調査項目を確認しながら調査できるため，調査漏れが少なくなる．また，シートをきっかけとしながら，異なるアイデアを基にした調査が生まれてくることもある．

f. 寸法・距離を測る

都市空間を扱ううえで欠かせない概念の一つに，「スケール」がある．空間の大きさ，距離などは，地域の環境形成に大きな影響を及ぼすものである．したがって，スケールの把握は，重要な行為であり，建物の高さ，道路の幅員など，空間把握に必要な寸法を測っておくとよい．

長さを測るための道具である，コンベックスやメジャー（巻き尺），糸，棒，レーザー計測機器（赤外線により測定する）を用いて，あるいは，簡易的には歩測（自分の歩幅を測定しておき，歩いて測る測定方法．何歩か歩いて距離を測り，歩数で割るなどして自分の一歩の距離をおぼえておくとよい）などをおこないながら，空間の大きさを把握し，その距離を測定する．記述する際には方眼紙などを利用すると，簡単に記述することが可能である（図 6.7，図 6.8）．

また，都市空間では，方位も非常に重要であり，

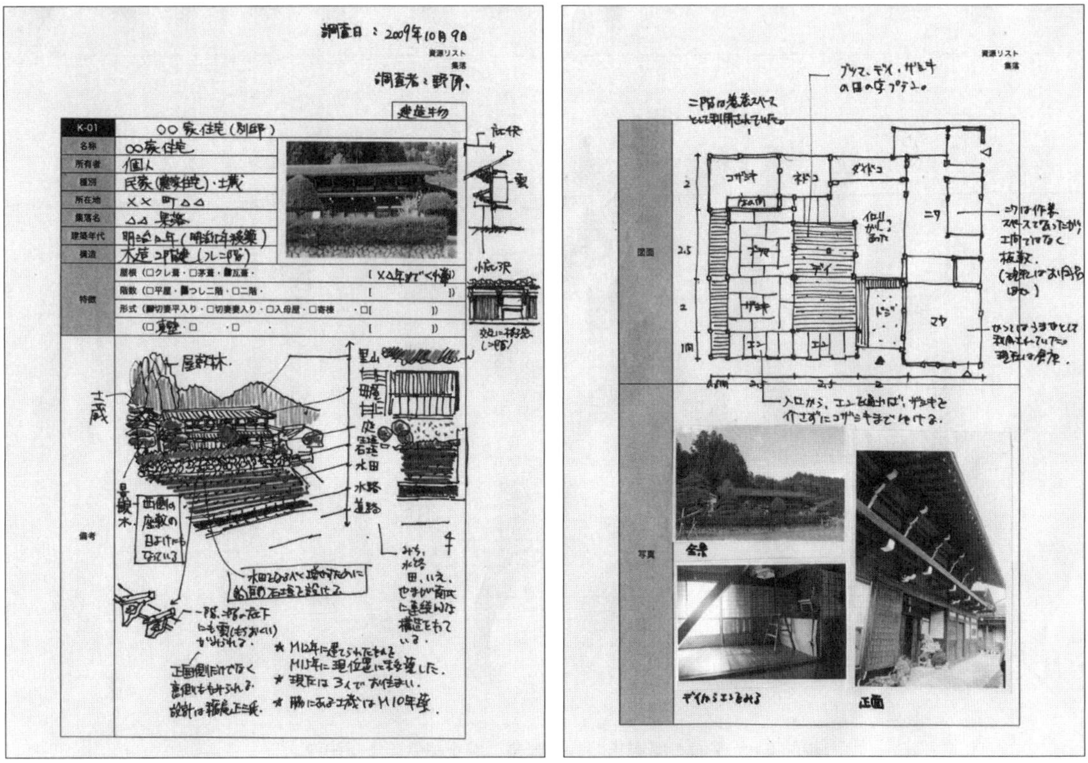

■図 6.6　調査シートの例

現場でも書き込みやすく，かつ，容易に整理・管理可能なシートを作成しておく．比較分析するためのチェック項目と，自由なメモ・スケッチの両方が書き込めると使いやすい（岐阜県高山市での集落資源調査）．

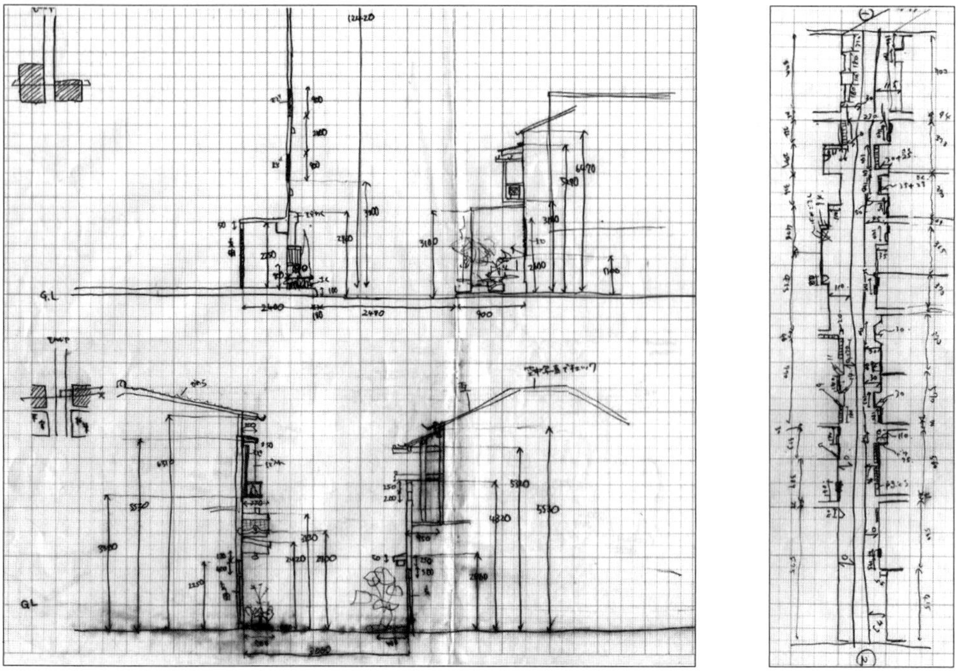

■図 6.7　断面の実測を記した野帳（図版提供：松尾真子）
路地空間や建物だけでなく，はみ出した植栽も測っている．方眼の入った紙を用意しておくと書き込みがしやすい（月島〔東京都中央区〕での路地調査）．

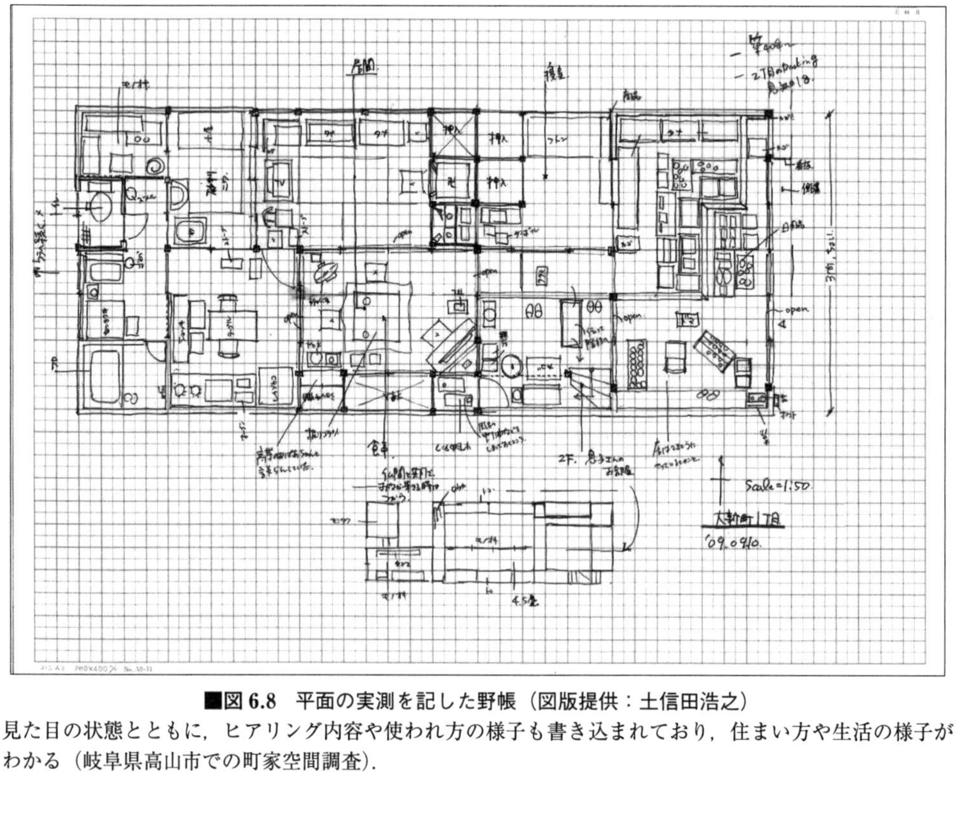

■図 6.8　平面の実測を記した野帳（図版提供：土信田浩之）
見た目の状態とともに，ヒアリング内容や使われ方の様子も書き込まれており，住まい方や生活の様子がわかる（岐阜県高山市での町家空間調査）．

方位磁石などをもちながら，常に方位も意識して記述することが大切である．

g. 数える

これも，現地調査の基本の一つである．自分の調査する対象が，いくつあるかを数えるというのは，単純ではあるが，重要な調査である．しかし，意外とこれが難しい．とくに，複数のメンバーで調査する場合は，調査範囲・調査対象の区分をあらかじめ明確にしておくことが大切になる．また，実際に調査した範囲も明確に記録しておかないと，（対象範囲内に）対象がないのか，それとも数えていないのか，わからなくなる．とくに目視で調査する場合，見えない部分も多く存在することがあるため，注意が必要である．

h. ビデオ・動画を録る

現地の様子を把握する方法として，ビデオなどを用いた動画による記録という方法もある．とくに，祝祭やイベント時の人々の活動などは，時間的変化が激しく，なかなかメモや写真だけでは記録しきれない．この場合は，どのような動きを示すのか，活動に応じて動画に記録する．定点的に観測する場合と，事象に合わせて動きながら記録する場合がある．同時にいくつもの現象が起こる場合は，複数名で記録する．

6.4　何を見るのか：目的に応じた対象の選択

前述のとおり，地域の全体像を一瞬にしてとらえきるのは難しいことである．したがって，予備調査として全体を一覧した後には，いくつかの視点や対象を選び，ある程度深く，もしくは悉皆的に調査することが，地域の理解のために必要となる．調査の目的に応じて，調査項目，調査対象を明確にして，精度の高い調査をおこなう．

ただし，たとえ要素を分解した調査であっても，最終的には，あくまで統合的な地域づくりに「還元」できることが重要であり，地域全体のあり方を常に意識して調査をおこなう必要がある．また，いくつかの調査を同時並行的に行いつつ，調査どうしを組み合わせることによって何かが見えてくることもある．そのため，調査中に気づいた項目については，調査対象外であっても常に記録しておくとよい．

以下に記すものは，一般的かつ代表的な調査項目である．実際には，調査目的・内容・対象によって項目を調整する必要がある．

a. 自然を見る：地形，河川や水の流れ，緑

地形は，地域コミュニティのあり方と密接に関連することも多い重要な要素である．数値情報，地図情報としての地形は，標高や等高線の記載されている地形図などから，事前にある程度把握することができるが，地図でわからない部分については現場で確認する．また，景観的スタディを目的とする場合は，地形の変化をどのように視覚的にとらえることができるか，視点場からどのように見えるか，また，地形の変化がどこにどういう状態で現れているか（よう壁か，緑地か，建物か）などもチェックしておく．

もっと大きな視点で見ると，山や丘の見え方など，地形が生み出す眺望的視点も対象となる．逆に，窪地や尾根と谷の状況が坂の形状にあらわれていることなど，より小さな視点もヒントとなる．

また，地形に密接にかかわる要素として，水の流れがある．地域づくりにおいて，水は非常に重要な要素の一つである．河川や水路，運河や用水など，自然物か人工物かにかかわらず，水がどこをどう流れているのか，その状態（暗渠か開渠か，水との接点，護岸・法面の様子，水面と地面との距離）もみておくことが重要である．とくに，水をうまく利用している地域では，接点に特徴的な空間（河岸（かし），雁木（がんぎ）など）が見られることが多い．

河川以外にも，湧水など水の出てくる場所，池や沼，海と陸との接点などもポイントとなる．あるいは，水脈なども重要である．実際には，地下の水脈は目に見えないが，井戸の位置から推測することもできる．

さらに，緑の分布も現場で得られる重要な情報である．木の分布や残存状況，植栽や芝の分布，

低・中・高木の分類，樹幹の大きさや樹種なども把握しておくとなおよい．

b. 基盤を見る

次に，地域空間の基盤となっている要素（街路，街区，敷地など）に対する調査について記す．

みち（街路・道路）は，最もアクセスのしやすい公共空間でもあり，地域を把握するための非常に重要な要素である（第3章3.2節参照）．まずは，道路そのものがどのように存在しているか，道路網を確認する．地図には記載されていない私道などが重要な役割を果たしている場合もあるので，注意して観察する．

次に，各道路について個別に調査する．道路・街路の幅員は空間の状態だけでなく，コミュニティのつながりにも影響する重要な情報であり，メジャーや歩測などを利用して測る．幅員だけでなく，車両・歩行者・自転車などの構成，あるいは，歩道と車道の段差の様子など，道路断面を調べておくとよい．場合によっては，道路内にある要素（街路灯，電柱，植栽，ベンチ，交通管制機器，地上機器，アーケードなど）の位置，分布，間隔，形状なども重要である．路地などでは，街路へのにじみだしの様子なども調べるとよい．

また，街路形状も地域を知る重要な情報となる．街路の屈折や曲がり具合，交差点や叉路の状況，あるいは，街路と敷地や建物との接点などを調べることで，地域の歴史を知ることもできる．街路の幅員や形状は，街路形成の年代と密接にかかわっていることも多く，あらかじめ古地図などで街路形成の歴史を見ておくと視点が広がる（第１章1.2節参照）．

一方，道路に囲まれた街区の規模と大きさ，街区の中にある敷地の大きさなども地域を知る重要な情報である．街区，敷地の様子については，おおむね地図などで知ることができるが，現状どのようになっているか，あるいは境界がどのようになっているか確認するとよい．

c. 建物を見る

次に，前述の基盤の上に建つもの（建造物，構造物など）について調べる．実際には，基盤と建物を一体的にとらえることも重要なのであるが，ここでは，単純化するために両者を分けておく．

まず，地域の空間スケールを把握するために，建物の大きさを明らかにしておく．地域全体の空間構造をつかむ程度であれば，建物の階数，高さ（住宅だと3m，事務所だと4m程度の階高が目安となる）などがわかればよい．ただし，たとえば，「通りの街並み」を把握したい場合には，立面その他を詳細に実測する必要がある．また，建物どうしの配置・構成（コンポジション），つまり「どこに建物が配され」，「どこが外部空間となっているか」を調べる．

さらに，建物の形状，空間構成（平面・立面・断面・屋根伏など），構造形式（目視可能な部分について），意匠や素材なども観察する．部位ごとに異なる部材の位置，形状（屋根，バルコニー，開口部など）も必要に応じて調べる．開口部やその素材によっても都市空間に与える影響は異なるため，これを意識して観察するとよい．さらに，建物や空間がどのような使われ方をしているか（用途・機能）も，建物を調査する重要な視点である（後述）．

d. 街並みを見る

地域づくりを考えるためには，建物や構造物を単体としてだけでなく，連続的な都市空間あるいは街並みを形成している要素の一部として観察することも重要である．

まず，建物のファサードの状態を詳しくみてみる．壁面や開口部の位置形状，開口部の意匠や素材，壁面の色彩などが街並みに対して影響を与えており，とくに，歴史的な街並みであれば，屋根形状（切妻，入母屋など）や素材（萱(かや)，板，瓦など），配置（平入り・妻入りなど），庇(ひさし)の形状，壁面や開口部の様子（戸の形状，窓や格子の意匠形状など，バルコニーなどの様子），その他個性的な意匠などがヒントとなる．たとえば，軒のラインや庇のラインがそろっているか，軒高(のきだか)や庇高(ひさしだか)を調べながら記述することで，その地域の特徴が徐々に明らかになってくることがある．

■図 6.9 連続立面図イメージ（筆者作成）
街並みのイメージをつかむには，立面を連続して並べるとわかりやすい．

また，図面や写真を連続立面として並べることで，連なり具合や変化の様子，街のリズムなどが見えてくる（図 6.9）．さらに，壁面の位置も合わせて連続的に記述することで，3 次元的な空間の理解も深まる．

e. オープンスペースを見る

都市空間や地域づくりにおいては，建物だけでなく，建物のない空間が，地域構造の核であることも多く，これも大切な調査の一つである．

まず，外部空間（あるいはそう思われるところ）の大きさ・形状・状態を確認する．どのくらいの規模の外部空間か，細長い空間か，複雑な形状か，対象空間と隣接する空間との関係はどのようであるか（道路に接しているか，他の外部空間と接しているか，建物に直接面しているか），そして，地形・傾斜の状態などが重要となる．また，用途・機能（広場空間であるか，駐車場であるか，庭や緑地空間であるかなど），あるいは，舗装や素材，植栽や樹木の配置や樹種，照明やベンチなどのファニチュアが重要となる場合もある．

このような空間の状態は，所有者や管理者によって異なることも多く，あらかじめ所有や管理に関する情報を収集してから空間と照合してみると，さらに理解は深まる．

f. 使い方を見る：用途・機能・利用の分布

ここまでは，物理的空間の状態そのものについての要素をあげてきたが，それだけでなく，この物理的空間を使用している人々の活動を観察することで，用途や機能の分布を調べることもできる．土地・建物が利用されているか否か，その使われ方（土地利用や建物用途），あるいは敷地内や建物の各部屋レベルでの用途や使われ方を観察する．とくに，商店などの場合は業種なども調べる．

また，大まかな用途だけでなく，家具・ファニチュアの配置などを記述することによって，細やかな使われ方を詳細に把握することも可能である．あるいは，人の動き，たとえば，一人一人の行動を観察する調査や，一定時間の活動量（人数など）をカウントする調査などもある．定点において動画を用いて記録すれば，後で分析を詳細におこなうことも可能になる．

ちなみに，使われ方などを詳細に調査する場合，敷地・建物の所有者や地域住民などの関係者の協力を必要とすることも多い．あらかじめ関係者に挨拶し趣旨を説明しながら，地域との関係を築いておくことで，より深い調査を実施することが可能となる*3．

g. 活動・流れを見る

内部空間，外部空間において，人々がどのような活動，行動をとっているのか，用途や機能では把握しにくい部分について，さらに調査を要する場合もある．たとえば，空間において，人々はどのような部分に分布しているか（空間占有・空間分布），どのような行動をしているか，また，人々はどのように移動しているか（行動軌跡）などの調査である．

空間分布調査（行動マッピング調査）は，空間での活動分布を地図・図面上にプロットすること

*3 社会学では，「参与観察」とよばれる，調査目的を明かしつつも，時間をかけて地域の一員として溶け込みながら，詳細に記録するという方法論もある．

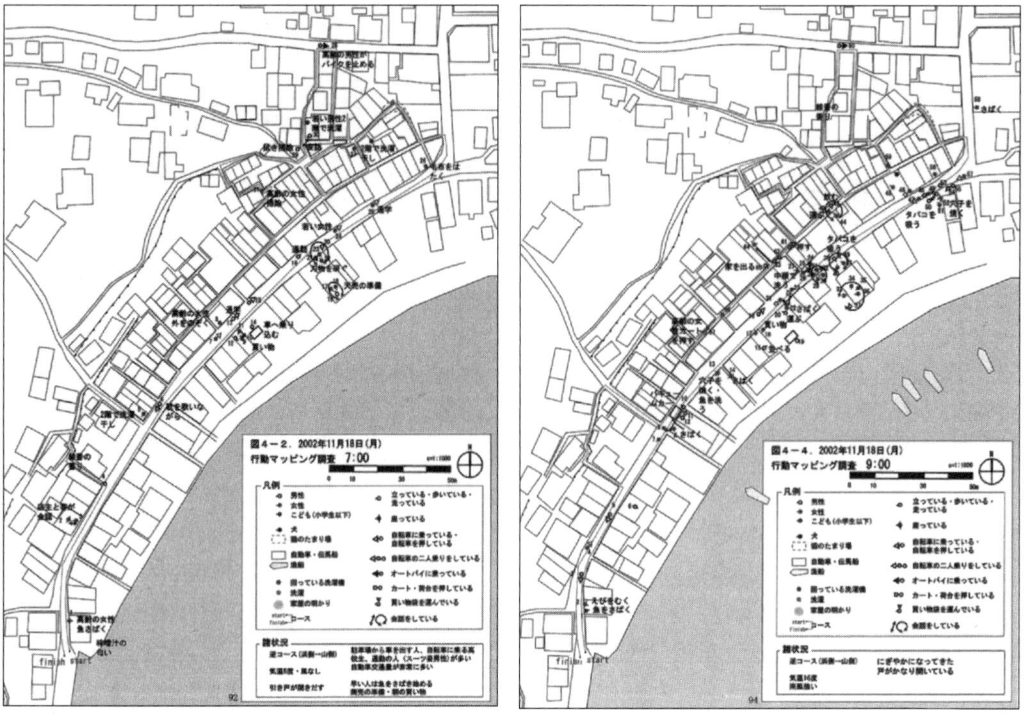

■図 6.10　行動マッピング調査のプロット図（図版提供：永井ふみ）
空間の状況だけでなく，人々の行動や空間の使われ方を地図に落とす．時間ごとにまとめることで，その変化もわかる（鞆の浦〔広島県福山市鞆町〕での戸外生活調査）．

で行動を把握する手法である（図 6.10）．複数人で調査をおこなうことができる場合は，同時刻に複数地点での記録，あるいは，時間帯ごとの分布を記録することも可能である．

動線把握調査では，移動や行動の流れを知ることができる．調査地点を決めて，定点で量をカウントする調査（交通量調査など），あるいは，被観察者を追跡記録する行動追跡調査などがある．

地域づくりにおいては，人のみならず，自転車，自動車など他の交通手段に関する状況も把握する必要がある．近年では，プローブ・パーソン調査（GPS 搭載の携帯電話などの移動体通信とインターネットを通じた Web ダイアリーを用いて，人や車の移動状況を記録する調査）（図 6.11）など，通信媒体を利用した行動追跡・分析調査も注目されている．

h.　時間変化を見る

同じ場所でも，空間の使い方や空間の様子は，時間帯によって異なる場合がある．これまでの調査を，時間帯を変えておこなうことで，時間変化を知ることができる．とくに，自然の様子（木々や植栽，水の変化），空間の使われ方の様子，人や車の流れなどは，時間や天候などによって大きく変化する可能性がある．

時間変化には，日変化（一日における時間変化），週・月変化，年変化など，周期をもつものがあり，調査項目に応じてどの時間を選んで調査するかを設定する必要がある．また，祭りやイベント時のように，ハレ（非日常）とケ（日常）によって空間や活動が大きく変化する場合もある．

i.　「見え方」を見る：眺望・視点場など

地域を知るには，少し引いて見る視点も必要である．たとえば，視点場からどのようなものが見えるか，あるいは，重要なランドマークがどの視点場から見えるかといった，眺望的観点での調査である．この調査によって，たとえば，「山あて」

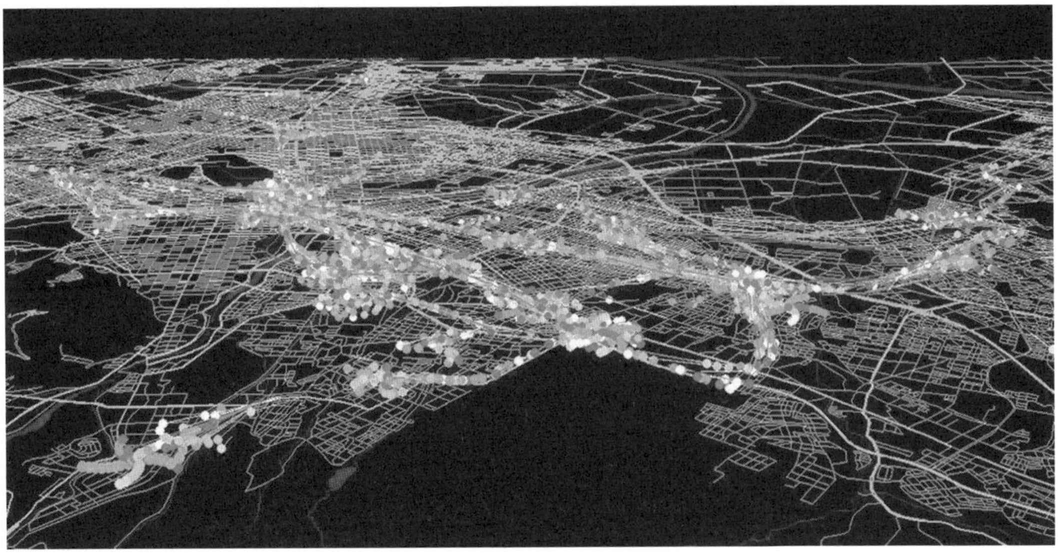

■図 6.11　プローブ・パーソン調査を基にした活動分布図（図版作成・提供：東京大学・羽藤英二准教授）
Web 上では，時間に応じて動く様子が表現されている．調査場所；北海道札幌市，調査日時；2002/06/03（月）15：00-25：00，同日 2002FIFA ワールドカップ（イタリア対エクアドル戦）を札幌ドームで開催（20：30-22：30）(JSTE プローブ研究会；http：//www.probe-data.jp/index.html)．原図はカラー(口絵 12 参照)．

「城あて」など，地域の重要なランドマークに向かって視線が計画的にデザインされていることが把握できる場合もある．

重要なランドマークや視点場のプロットが必要となるだけでなく，視点場と視対象との位置関係や角度（水平視野，上下の俯角・仰角）も重要となる．また，視点場がどのような場所か（個人の敷地内か，あるいは公共空間か）なども，地域づくりにおいて重要な情報となるので，確認しておくとよい．

6.5　地域を横断的視点で見る

前節では，一般的に考えられる地域に関する調査方法を列挙したが，実際には，各項目が同じレベルで重要なわけではなく，建物が重要な場合，外部空間が重要な場合，緑や地形が重要な場合，人々の動きが重要な場合など，地域の状況や特徴により重要な項目も変わってくる．そのため，これらの項目全体を頭に入れつつも，予備調査の段階で，地域に重要な資源や特性は何であるのかを探しておく必要がある．同時に，地域づくりを目標としていることを考えれば，魅力ある資源の部分だけでなく，課題の部分にも目を配ることが大切である．逆説的にいえば，課題の奥に地域の潜在能力が眠っていることも多いのである．

また，先ほどまで，調査項目を要素に分けて述べてきたが，実際には，要素どうしは密接に関係している．たとえば，道路空間は道路と建物が一体となって形成されており，道路幅（D）と建物高さ（H）との関係（＝D/H）が空間の質を決めることもある．建物のデザイン・素材と建物内部の使われ方も密接に関連している．したがって，これらの要素を組み合わせながら分析することも重要となる．前項の要素分類が「縦軸」だとすれば，たとえば歴史的資源というテーマを設定したときに，時代ごとの変化を「横軸」として整理することもできる．

以下，いくつか横軸の例をあげるが，くり返し述べているとおり，項目は地域によって異なる．

a.　歴史を見る：地域の歴史資源を調査する

事前調査（第 1 章）で把握した地域の歴史が，実際に空間としてどのように受け継がれているのか調査することもまた重要である．刻一刻と変化する地域の中で，これまで積み上げられてきた歴史的資源は，変化と継承をくり返して現在に至っており，現在において何がどのように受け継がれているかを確認する必要がある．とくに，都市活動の活発な地域では，数年でかなり大きく変化していることがあり，少し古い文献情報では対応しきれないこともあるので，注意を要する．

地域の歴史を見てゆくには，どこから地域がはじまったのか，何を起源あるいは中心としているかを先に頭に入れておくとよい．たとえば，城下町では城を中心として見ることで，眺望や防御のためのシステムを容易に把握することができる．あるいは，流通の拠点であれば，河川や運河周辺に特徴が集まる．寺社が地域の核として機能している場合もあれば，逆に，寺社が都市の辺縁部に沿って配されていることもある．

また，同時代につくられた空間要素は，互いに関連性をもつ．たとえば，民家とその背後にある屋敷森，目の前にある水路と隣接する農地は，すべて一体的なシステムを形成している．このように，前節の要素の枠をこえたカテゴリーで一体的に調査することが，地域づくりの糧となる．

b. 特徴を見る：要素を総合的に把握する

地域にとって重要な資源，あるいは特徴的な資源，ポテンシャルがつかめたら，これを中心にして深く掘りさげた調査することで，地域の特質を浮き彫りにするという方法も考えられる．

たとえば，地域の重要で象徴的な資源として「蔵(くら)」が存在するとき，対象範囲内に限定して詳細にかつ悉皆的に調査してみる．地域内にある要素がどのように分布しているか，悉皆調査をした後に，これをいくつかのタイプに分類して把握することで，同じ対象（ここでは「蔵」）でも，地域や敷地，さまざまな自然的社会的経済的状況によって異なるものが共存していることに気がつく．

これも，くり返し述べているように，たとえば，敷地の形状や地形，地域の構造と蔵の位置や蔵の形態など，調査項目と他の要素とが密接にかかわっている可能性も高く，広い視野が必要となる．

c. 空間構造・地域構造を見る：要素どうしの関係性を記す

前述のとおり，地域の生活，あるいは地域の空間は一つの側面だけではなくあらゆる側面が複雑に絡み合った織物のような総合体（アーバンテッシュ）であり，糸の織り方によってさまざまな織物ができ上がるように，地域の構造もさまざまである．したがって，各要素がどのように絡まりあっているのかを理解することは，地域づくりの新たな糸をどのように加えるべきかを考えるうえで，大変重要なものとなる．

たとえば，目の前に特徴的な坂を見つけたとする．その後，少し範囲を広げて，その周りを歩いてみると，同じような坂がいくつも，しかも平行に並んでいたとする．そのとき，この坂の形状と配置は，地形と関係していることが見えてくるのであり，さらにその坂下に川があることに気づくと，ここが河岸段丘の斜面であることがわかる．さらに上を見ると，坂の周辺が連続的な斜面緑地となっているために，その上部の台地が高級住宅地を形成していることがわかってくる…，といったように，いくつもの調査情報を重ねてゆくことで，徐々に地域の姿が浮き彫りになるのである．

また，どんな地域づくりの目標を設定するかによって，調査結果に対する評価も変わってくるため，ある程度地域の目標像や地域づくりの方向性を想定しながら，調査項目を整理することも重要である．たとえば，同じ植栽や緑地調査をおこなう際にも，景観的評価，生物多様性的評価，温熱環境的評価など，その評価方法もさまざまである．景観的評価であれば，緑の高さや樹幹の大きさが重要であったり，生物多様性であれば，連続性や水との関係が重要であったり，温熱環境の評価であれば，位置や面的規模が重要であったりと，調査内容は，目標に応じて異なってくる．

このように，地域づくりのために必要な情報をあげれば枚挙に暇がないし，逆にいえば，完璧に把握できる方法など存在しない．いずれにせよ，地域づくりを目標とした調査においては，地域の現場で起きている「生」の現象と，事前に入手した情報を照らし合わせながら，地域づくりのポイントを「あぶり出す」ために，いくつもの調査を重ね合わせてゆくことが重要になるだろう．そして，こうしてあぶり出された地域づくりの種（ポイント）を，どのように活かして，魅力ある地域づくりへとつなげてゆけるのかを考えなければならない．〔野原　卓〕

文献

赤瀬川原平・藤森照信・南　伸坊（1986）：『路上観察学入門』，筑摩書房（ちくま文庫版，1993年）．

伊藤ていじ 文・二川幸夫 撮影（1957-59）：『日本の民家』（全10巻），美術出版社．

太田博太郎ほか，文化庁監修（1967）：『民家のみかた調べかた』，第一法規．

貝島桃代・黒田潤三・塚本由晴（2001）：『メイド・イン・トーキョー』，鹿島出版会．

京都大学西山夘三研究室（1947）：『これからのすまい』，相模書房．

陣内秀信（1985）：『東京の空間人類学』，筑摩書房（ちくま学芸文庫版，1992年）．

都市デザイン研究体（1968）：『日本の都市空間』，彰国社．

明治大学工学部建築学科神代研究室 編（1975）：『日本のコミュニティ』，鹿島出版会．

◉より深く勉強したい人へ：フィールド・サーヴェイの「七つ道具」

調査にはどのようなものを準備しておけばよいのか，筆者の経験も交えて記しておきたい．

1）メモ帳・スケッチブック，筆記具

当然，メモ用紙と筆記具が必要となる．メモ帳やスケッチブックにしておくと，調査中に失くしにくく，また，自らの調査履歴を残せることになる．実測の調査には方眼紙が有効である．筆記具は使いやすいものを選択しよう．雨で流れることもあるので，水性は注意を要する．

2）コンベックス

大体2～5m程度のコンパクトなものを携帯しておくとよい．道路や大空間の実測には，メジャー(巻尺：50m程度）を用意する．建物の高さには，箱尺や伸びる竿などを，屈曲する場所には紐に目盛りをつけたものが有効だ．歩測や広げた両手など，自らの「身体」もメジャーとなる．

3）画板

現場を調査する際に，メモや地図への書き込みをするときに，画板を用意しておくと書き込みが容易である．紙を止めるクリップがついているもの，肩にかけられるものなど，A4判用やA3判用などがあるので，必要に応じて用意する．

4）地図

調査に用いる地図を用意するのはもちろんのこと（種々の地図については1，2章を参照のこと），都市部の調査であれば，たとえば，『でか字まっぷ』(昭文社）など，ハンディサイズの地図を忍ばせていると，いつなんどきでも場所を知ることができるので，有用である．

5）デジタルカメラ，ICレコーダー

コンパクトなほうが身軽だが，総合的には，広角レンズ・望遠レンズなどを使い分けられる一眼レフカメラが有効である．また，音を集める（水の音，祭りの音など），あるいはヒアリングやインタビューをする際には（第7章参照），ICレコーダーなどが有効だ．

6）心づかい

調査で「生活空間」に踏み込むとき，礼節を忘れてはならない．民家など個人宅の調査には，あらかじめ挨拶に伺い，調査の趣旨や内容を明確に説明することが必要である．調査者であることを明示すること（名札や腕章など）も心づかいである．なお，調査後の御礼を忘れずに．

7）健康な身体

何よりも怪我や病気をすることなく，健康でなければ，目的を達成することはできない．動きやすい恰好を心がけよう．また，暑さ対策（庇の付いた帽子やタオル，水など）・寒さ対策（防寒着や手袋，カイロなど），虫対策（長袖・長ズボン，虫よけスプレー）など，調査場所，調査時期に応じて，安全に健康に調査を行うための準備と心構えが大切である．（野原　卓）

第7章　現場で「聞く」

キーワード：ヒアリング，アンケート，景観の意味

7.1　話を聞く準備と成果の還元

話を聞くためには，周到な準備が必要になる．

まず，本で調べられる内容は，すべて調べて頭に入れておく．とくに固有名詞や年代など，ご自身の経験談であったとしても細かい数字などは記憶されていない場合は多い．そのような点を聞き出そうとすると，話の流れを中断させてしまうことにもなりかねない．過去の記憶などについてお伺いする場合は，町史などで調べられる大きな出来事とその年代などによって年表を作るといった準備は欠かせない（第1章1.1節参照）．

「その方からしか伺えない内容とは何か」，事前の準備において，それを明確にして，質問事項を整理する．相手の属性を明らかにする必要はあるが，たとえば年齢や職業などをたずねるのは失礼になることも多い．「終戦時においくつでしたか」などといった間接的な質問としたほうがよい．

また，事前準備に使った資料はすべて持参したほうがよい．「これだけのことは調べたうえで，この点を伺いたいのだ」という姿勢がなければ，相手は聞く側に対して信頼感をもたないであろう．聞く側がある程度の知識をもって，これまでのまちづくりの過程などを客観的に示すと，より核心に迫った主観的な話もしてくださるであろう．

地図も必携だ．とくに古い地図や写真なども併せて持参すれば，思いがけない話を聞けるかもしれない．

話は聞きながらメモに残す．広げる場所がないことも想定されるので，A5程度の大きさのノートが好ましい．見開きをコピーするとA4サイズとなり，他の書類とも一緒に整理しやすいという利点がある．速く書ける筆記具，とくに四色ボールペンは使い勝手がよい．また，レコーダーを用意して，録音をしておくことも，有効である．ただし，録音されることに慣れていなかったり，不快に思う方もいるので，相手の了承を得ることを忘れない．生の声をべた打ちに近い状態でデータ化しておくことも重要だ．後から考えると，「文脈を読み誤っていたのではないか」と思い返したいときに，確認することができる．

また，あまりに当然のことではあるが，話を聞いた後には，協力者の方への謝意を手紙などでお伝えするほか，最終的な成果物を必ず還元しなくてはならない．卒業論文や卒業設計などの対象地を深く知りたいために話を聞く場合は，その論文や設計が地域に有効な還元をもたらしうるのか，見極めてから話を聞くべきだろう．まちづくりNPOの方などに協力をいただきたいなら，将来まとまるはずの自分の論文や設計を知見として提示することを念頭にしたうえで，話を聞く姿勢が要請される．生業に加えて，寸暇を惜しんでまちづくり活動にうちこんでいる方が多い．にもかかわらず，寛大におつきあいくださることが多い．そこに甘えない．書くにも耐えない点ではあるが，相手の時間を必要以上に費させる調査公害は，現場で話を聞くシーンで最も発生している．

ちなみに，上記で述べた論文や設計での知見というのは，決して，協力者の意向にそった内容に

すべき，ということではない．調査は，協力いただいた方々の立場を重視するからこそ話を聞いたのではあるが，調査をふまえた計画や提案はあくまでも客観的に論理的に分析しなければならず迎合は論外ではある．話を聞くことは，後述するように，真実に到達するには，自分の内側から出てくる意見だけではなく，多様な考え方に真摯に耳を傾ける必要があるという考え方に依っている．こうした基本姿勢は，とくにまちづくり活動をされている方は共有，共感してくださるであろう．

7.2 詳しく聞くことの意味

現代社会において，視覚からの情報は，すべての感覚から得られる情報の9割を占める，としばしば指摘される．都市デザインにおいても，「空間をどのように創っていくのか」という場面において，ついつい視覚に頼りがちになる．

平成16(2004)年公布の景観法に象徴されるように，景観という価値が非常に重視されるようになった．「見た目」を整えていくことが，空間の質を高め，そこでのコミュニティ意識醸成に役立つなど，景観そのものが目的になることもありうる．

しかし一方で，景観は目的ではなく手段として用いられるべきだという考え方もある．景観とは，そこでの生活や活動の結果として生じている現象の総体であるととらえるならば，景観が意味しているものを読み解いていく，という作業は，まちづくりを構想する第一歩目として位置づけられよう．

それはまちの個性や問題点を把握することでもあり，そうした作業において「聞く」ことは必要不可欠なプロセスである．聞くことによって新たな情報を得た私たちの目は，これまでの風景がまったく異なって見えることを発見する．

新宿駅西口から超高層街区へと延びる西口地下通路には，一見，パブリック・アート風なでこぼこがある．これはホームレスの人々を排除するために，東京都が設置した地下通路での寝泊まりを阻止する障害物である．同様な障害物は，都市の中にあちこちに散在しており，その意味するところは広く知られるようになってきた．こうした情報は，風景への意識を一変させる．

近代都市計画が，更新すべき対象として掲げていた典型的な都市空間は，木造密集市街地であった．しかしひとたびそこで暮らす人々と会話を交わすと，火事の心配などを口にされつつも，そこでの暮らしに愛着を感じていることも伝わってこよう．またそのまちの人的資源や人的ネットワークに適した防災のあり方についても，教科書には載っている方法だけでなく，いろんな工夫が実際にはあるのだということに気づくかもしれない．都市を計画する専門家が自分の目でみたり，自分で本を調べたり，といった自分一人での分析をこえて，その土地や生活の専門家である住民の方々の意見をふまえて計画に活かすことは，近代都市計画に対する真摯な反省から必然的に生じた方法である．

聞くことの意味は，「自分の目で見る」というきわめて主観的で，それゆえに限界のある行為を補完し，歩いただけ，読んだだけでは得られない，背景にある情報を把握することにあるといえよう．つまり，目に見える現象の背景にある意味を聞くとき，話を聞く対象は，その場所に深くかかわっている当事者ということになる．

7.3 当事者とは誰か

では，当事者の意思を聞くことについて考えてみよう．

まちづくりにかかわる方々には，住民，商店主，各種組織のリーダー(町内会，自治会，商店街組合，PTA，まちづくりNPOなど)，行政担当者，専門家（たとえば歴史的町並みであるなら郷土史家，バス計画が対象であるなら交通工学研究者など)，開発事業者，土地所有者などがあげられる．

しかし，どなたが話を聞くべき当事者なのかは，調査する側によって異なってくる．逆に話を聞いた当事者が誰かによって，聞いた側の考えているまちづくりの方向性を把握することもできる．

広島県福山市に鞆（とも）という歴史ある美しい港町がある．豊かな日常生活風景が展開している．広島県福山港地方港湾審議会が決定した埋立架橋計画の是非をめぐって，平成19（2007）年には住民が広島県福山市を相手に行政訴訟を起こす事態となっている（2009年10月差止認容判決，広島県控訴，2010年2月現在係争中）．

江戸期の町家を含む町並みを対象とした，伝統的建造物群保存地区対策調査などがおこなわれ，歴史的文化的価値が明らかにされたにもかかわらず，「埋立架橋計画と伝統的建造物群保存地区の指定はセットである」という市の考え方によって，2007年まで伝統的建造物群保存地区にはならなかった．その間に，歴史的建造物の手入れが進まず，空き家となったものも多かった．

そのような状況の中，自分で町家を修理し再生させ，店舗などとして活用する行動をはじめたNPO鞆まちづくり工房の松居秀子さんは，志を共有する仲間を募り，そのようなノウハウを広めていった．もし，まちづくりの計画を提案しようとする者が，こうした個々には小さく見える現象を重要視して，増幅させることを構想する場合には，空き家再生の店舗経営をしている方々を当事者ととらえることになる．東京大学都市デザイン研究室が発行した『鞆雑誌2008』では，そのような店主を対象にして，現状の店舗経営の課題や可能性を語って頂いたインタビュー集となっている．

「どなたに話を聞くか」という行為からは，調査者が地域をどうみているか，まちづくりの当事者が誰だと考えているのか，が現れてしまうものなのである．

7.4 当事者の意見をまちづくりに活かす

当事者の意見を拾い上げることを意識的に努力してきたのは，ユニバーサル・デザインの分野であろう．北欧ではノーマライゼーションの考え方が社会に浸透し，アメリカ合衆国では行きたいところに行ける権利，すなわちアクセスする権利を実現するための運動が展開されてきた．

日本でも，ユニバーサル・デザインは「すべての人々に対し，その年齢や能力の違いにかかわらず，（大きな）改造をすることなく，また特殊なものでもなく，可能な限り最大限に使いやすい製品や環境のデザイン」として定義されている（川内，2007）．これを追究するためには，「ユーザーのニーズを理解し，既存のものの問題点を明らかにする必要があり，それゆえにユーザーの関与と事後評価が重要に」なる．こうした取り組みを継続的におこない，品質向上を続けていくというスパイラル・アップが必要である．

世田谷区では「福祉のいえ・まち推進条例（現・ユニバーサル・デザイン推進条例）」において，福祉的環境整備促進地区を策定している．区内の五支所が地域住民らと協働して独自の取り組みを展開している．北沢地域では，1980年代初頭に取り組まれていた一連の「やさしいみちづくり」の総点検を，約20年の歳月を経て地域住民らによっておこなっている．かつては重要だった公衆電話ブースは，撤去なども検討されたが当時の記憶とともにそのまま残されることになった．また，烏山地域では地域住民らによるグループが創設され定期的に地域の点検をおこない続けており，ユニバーサル・デザインという視点からの地域のマネイジメントが実現している．その結果，街灯の電球切れやバス停の待ちスペース確保などに対して細やかな対応がなされている．

世田谷区の取り組みから学べることは，行政が住民に意見を聞く場を正式に設け，継続性を確保し，さらに当事者としての意見を確実に計画や事業に反映するという状況を生み出すことの重要性だ．当事者のまちづくりにもつながることが理解される．

7.5 まちづくりのリーダーに話を聞く

まちづくりを中心に担ってきたリーダーにも話を聞こう．そのような方から話を聞くことによって，事実関係を明確にできるのみならず，話の端々から，今後のまちづくりへの優れた示唆を得ることができるだろう．

このような場合には，その方のホームグラウンドで話を聞くことが肝要だ．活躍されているご自分のまちであることはもちろん，もしも可能であればご自宅に伺わせて頂くことも思わぬ収穫がある．なぜなら，まちづくりのリーダーをつとめてきた方々は，自宅周辺の風景やまちの様相に対して暖かい愛情をもっていることが多い．そのような環境を聞く側も体験することが，聞いた内容を，より深く理解することにつながるからだ．

たとえば，愛知県豊田市足助で，観光カリスマとして全国的に有名な小澤庄一さんのご自宅は，江戸時代以来の民家であり，前面に田んぼが，後背に小山がある山あいに位置している（図7.1）．この風景こそが，紅葉で名高い香嵐渓において，農の風景を取り込み，新たな観光を展開するための体験民家「三州足助屋敷*1」の空間像となったのである．後背の裏山には，小澤さん手作りの散歩道が通っており，花の名前のプレートも丁寧に記されている．その風景の中心に，長屋門を有する使い込まれた作業小屋がしっかりと位置している．

まちづくりのリーダーとして活躍されてきた方々の話を聞きたい人は多い．異なる聞き手が何回も同じような話を聞きにいくのではなく，共有する方法論を考えよう．話を聞く場を設定し，一種のまちづくりイベントとして位置づけることも重要だろう．そうしたイベントの場では，話を一方的に聞くだけではなく，参加者が質問をしたり，参加者どうしが意見を交わしたりする時間も設けることによって，これからのまちづくりに大きな原動力にもなるだろう．イベントの中身も記録として残しておこう（西村・埒，2007）．

■図7.1　小澤庄一さん（愛知県豊田市足助）
国土交通省が選んだ「観光カリスマ」の一人として全国的に有名．

そのような場が設定された一例として，早稲田大学で開催された1999年「愛知県足助町まちづくりの軌跡と展望」シンポジウムがあげられる（後藤，2000）．

7.6　当事者として位置づけられていない当事者の意思を聞く

このシンポジウム記録において興味深いのは，まちづくりリーダーとしてまとまった話をするように要請された小澤庄一さんや矢澤長介さん（元町長）の内容そのものだけではない．「足助町は小沢さん，矢澤さんだけじゃないですよ．足助町は足助町ですよ」という会場からの意見のように，多くの町民の方々が次から次へと発言されていて，その勢いや多様性にも圧倒される．

当事者とは，まちづくりのリーダーとして華々しい活躍を遂げてきた方々だけではなく，まちづくりや都市計画の場から離れたところにいる，もしくはいた方々でもある．

そのような方々には，少々のリサーチでは行き当たらない．しかし，そのような方々の意見や実現しなかった夢を詳しく聞くことによって，これまでのまちづくりのあり方を多面的な視点でとらえることができるようになるだろう．

まちづくりの場の中心にはいなかった方々は，これまで十分にその意志が政策などに反映されてこなかった方々だといえる．人文社会研究で，20世紀後半から非常に注目を浴びているのが，歴史認識の問題である．これまで歴史は，基本的に権力側の記述によって創られてきた．空間も然りで

＊1　三州足助屋敷とは，半農半林の伝統的な暮らしに活きづく，炭焼や機織などの技術を，実際に長い間，使ってきた地域の方々が実演して見せている観光施設である．とくに1980年の開館当初は，観光客だけでなく全国から視察が殺到した．運営は㈱三州足助公社による．

ある．

つまり本の中に整理された歴史や現出している景観からは，どうやってもたどり着けない情報がある．その情報は，話を聞くことによってしか現れてこない．その人の記憶や意識としてしか存在しないからだ．そうした記憶や意識を明らかにするためには，口頭によって話を聞くことが最も確実な方法となる．場合によっては，その方ですらすでに忘れたと思っている内容かも知れない．それを会話の中から明らかにしていく．

たとえば先述の足助町シンポジウムにおいて，マンリン書店店主の深見冨紗子さんは，「観光事業としては大成功だ」と一般的には認識されている足助屋敷を次のように批評する．

「自営業の私に言わせたら，足助町の一番いい場所，香嵐渓で足助屋敷という商売をおはじめになったら成功しないはずがない．リスクは私たち民間の事業に比べて小さかったわけだから，自前でものをつくる素地，きちっとしたベースを築くために2～3年は我慢してほしかった．（中略）余所でつくって持ってきたものを並べて売るばかりでなく（中略）『ものをつくる文化』を足助屋敷が示してほしい．（中略）少しはものをつくれるようにしておかないと，足助が商人文化だけで終わってしまう．そこを心配しているのです」（後藤，2000，91-95）．

これからの方向性も示唆しているように思える．

7.7 見えないものへの再評価

近年，目に見えないものへの価値が再評価されている．たとえば，平成17（2005）年文化財保護法の改正によって，「文化的景観」という文化財のカテゴリーが創設された．

文化的景観とは，「地域における人々の生活又は生業及び当該地域の風土により形成された景観地で我が国民の生活又は生業の理解のため欠くことのできないもの」（文化財保護法第二条第一項第五号）として定義される．

文化財が，生活や生業のあり方を理解するために役立っているか否かが問われるようになったのである．景観という外見の背景にある人々の営みや社会制度などの意味が重視されるようになったのである．

「従来のような物理的で具体的で所与のものとして景観をとらえるだけでは，対処できなくなっているのである．純粋に客体として存在しているものとしてだけではなく，景観のもつ人間のものの見方という側面にも視野を広げる必要がある」状況を迎えている（福田，2008）．

重要文化的景観として平成20（2008）年に選定された小鹿田焼きの里（大分県日田市）は，天領として，すなわち幕府の命で形成された．日田において，窯業と農業の小さな美しい集落である（図7.2）．長男が家業である窯元を相続する伝統が今なお継承されている．若い頃に一度は外に出て修行をすることはあっても必ず戻って家を継ぐという．集落は，十軒の窯元（それ以外には，そば屋と小鹿田焼きを紹介する小さな博物館しかない）のみから構成されており，隣の集落からも距離があり孤立している．

筆者は，ある窯元のお嫁さんに，閉塞感といったものは感じないのか，と思わず伺ってみたところ「大きな家族みたいなものだから」との返答があった．この集落の美しさには，ここを家族の家ととらえ，道ばたの草取りに陽気に励む姿があったのだ．

見えているのに理解できていないものを理解して見るためには，知識が必要になる．

東京の中央線や総武線が走る風景であるが

■図7.2 小鹿田焼の里（大分県日田市）

■図 7.3　現在の江戸城の外濠（飯田橋から市谷側を臨む）
線路空間は史跡江戸城外濠の再利用である．新宿区側の標高が低く，千代田区側が高いことにも，「郭内郭外」という理由がある．

(図 7.3)，ここは江戸城外濠であり，大部分は埋め立てられたが，飯田橋駅から赤坂見附までが国の史跡として指定されている．郭外である新宿区側の標高が低く，郭内である千代田区側が高い．自然地形を利用しながら配水や排水の機能をもたせつつ，人工的に郭内外を分かつために創った濠である．石垣の積み方にもバラエティがあるが，江戸時代のオリジナルなものであるか，明治時代の改修によるものか，といった判断も，城や石垣の専門家とともに歩いて教えを請えば，理解できるようになる．

このような口頭での伝授は，建築様式や樹種の理解といった場合にも顕著であるが，ちょっとしたディティールの違いを会得するためには，図鑑を見ながら歩いて学ぶよりもはるかに身につく．景観が発信している情報をより詳細に正確に読み取る能力，いわば景観リテラシーを向上させていくトレーニングとなる．

さらに，伝授者となる専門家は，その対象物に愛情をもっているので，伝授者から得られる情報は，単なる知識だけではない．どのような愛情をもちうるのか，どのようにその愛情を注げばよいのか，対象がいかに大切なものであるのか，といったことまで感得できるのである．

7.8 「主観を束ねる」ために聞く

ここまではおもに，個人にじっくりと話を聞くことの意味や背景や方法について述べてきた．ここからは，顔のわかる個人ではなく，多くの人から聞くことについて，考えてみよう．

景観の評価は主観なのだから，その良し悪しを論じるのは，公共的な施策としてはなじまない，といった意見をよく聞く．しかし本当にそうだろうか．多くの人を被験者に，良い景観，悪い景観を地図上にプロットしてもらい，その分散具合を確かめてみよう．多くの人にとって「良い」と感じられている景観も，「悪い」と感じられている景観も，ある程度まとまってくるだろう．

たとえば，仙台においてNPO都市デザインワークスは，「マイマップづくり」と称して，四種類のアイコンシール（友人に教えたくなるオススメの場所，スケッチを描きたくなる眺めのいい場所，○○したくなる居心地のいい場所，もうちょっとこうなったらいいなと思う気になる場所）をマップに貼りこんでいく，というイベントをおこなっている*2．

その結果，四種類すべてが重複し，市民の関心のある場所が集中しがちであることを示している．シールが貼られた地点をそれぞれ詳細にみていく必要はあるが，よい評価も（改善したいという想いも含めて）悪い評価も重複する場所はまちづくりにおいて重要な場所だといえよう．

このように主観と思われるような事柄も，それを束ねることによって客観性を得るといえる．

7.9 多くの人の意見を聞く

多くの人から意見を聞くには，質問紙（調査票とよぶ）を介した調査がふさわしい（しばしばアンケート調査ともよばれる）．

対象者全員に実施する全数調査（国勢調査が代

＊2　詳細と事例は以下の都市デザインワークスHPを参照のこと
http://www.udworks.net/topics_mymap.html

表例）よりも，想定される調査対象全体から無作為抽出（ランダムサンプリング）した一部の人々に対しておこなわれることが多い．住民基本台帳や選挙人名簿など，なんらかの名簿からサンプリングがおこなわれる．こうしたサンプリング調査の例として，全国を対象とする世論調査や，各自治体が実施主体となっておこなわれている「住民意識調査」があげられる．

サンプリングがきちんとおこなわれていないと，調査結果には信頼性がない．たとえば，ある地域に観光に来た人やイベント参加者にアンケートに答えてもらう場合，調査結果に統計的な意味での信頼性はない．しかし，「多くの人の意見を聞く」という目的に照らせば，興味深い意見を集めることはできる．たとえば「地域のシンボル」として，今，最も多くの方が思い浮かべているものは何か，を明らかにすることはできる．

質問紙を介しての調査であるため，用意した選択肢内からしか結果は出てこないことに注意しよう．たとえば，ある町並みを流れる川について住民アンケートをおこなったとしよう．多くの住民が「蛍のいる川にしたい」と考えていることが結果として出たとする．では，そのような将来像を正式に設定すべきであろうか？　質問文が単純に「あなたはA川を，蛍にいる川にしたいですか？」というものであれば，たいていの人は「はい」と答えるだろう．

しかし，「川の周辺環境の将来像」ということであれば，他にも「川べりの道の整備」や「堤防の緑化」などが選択肢として思い浮かぼう．調査そのものは間違いではないが，こうした選択肢を考慮しない調査は，ほとんど意味をもたないといってよい．それゆえ，質問文の作成は慎重にしなければならない．しかし，だからといって質問や選択肢を増やせばよいというものではない．回答者の負担を少しでも軽減できるように，テーマを絞った構成とするべきである．

空欄を設けて，あるテーマについて自由に書いてもらう「自由回答」を付すのもよい．思わぬ貴重な意見が出てくることもある．その結果は，調査の報告において羅列的に示してもよいし，改めて分類をして意見の傾向をさぐる手がかりとしてもよいだろう．

質問紙には，男女や年代など，回答者の属性についての項目がある．調査結果の整理や分析において必要だが，個人が特定できるものは避けるべきであるし，不要である．対象者に「個人が特定されるような調査ではない」ということをきちんと説明しておく必要がある．

具体的な実施にあたっては，個々人の方に直接お会いして質問文を読み上げたりしておこなうもの（面接調査），個別にお願いに行くが質問紙は別の日に回収するもの（留置調査），質問紙の送付・返送を郵送によっておこなうもの（郵送調査），などがある．それぞれに特徴があるが，調査員や調査対象者の数・調査地の規模・調査期間・コストなどを考慮して決める必要がある．

直接に対象者に会うことができる面接調査の場合，直接会うことそのものが非常に有益となる．関連したさまざまな話を聞く機会ともなるし，自分たちの作成した質問や選択肢の適切さについても確認できる．留置調査の場合，調査票を郵便箱に入れて一方的にお願いすることもありうるが，きちんと各戸をまわり，調査の目的や調査結果の扱いについて，口頭で説明することが望ましい．また，質問紙調査を契機として，取り上げた事業や計画の内容が広く市民に知れわたり，関心が集まるという効果も期待できよう．

最近はマーケティングなどで，インターネットを利用したウェブ調査も盛んに行われている．町丁目を特定しても回答が得られるなどの強みがある．自分でホームページを起ち上げたり，調査会社に委託して行うことが考えられる．しかし，基本的にはインターネットへのアクセスが可能である層に限定されるほか，十分なランダムサンプリングがなされないことも多い．

質問紙調査では，その結果が量的に表されるので，意見の分布がはっきりわかるし，回収率やサンプリングが適切であれば（という前提が重要であるが）統計的な分析も可能だ．しかし数字が一人歩きしないように，統計的な有意性の有無や調査方法を常に明示しておく必要がある．また，調査結果が量的に現れることから,「多数決」と混同されがちであることにも注意が必要だ.

7.10　質問紙調査の具体例

まちづくり推進のための方策や成果を把握するために, アンケートを用いた例を紹介しよう.

千葉県佐原市（現・香取市）は, 利根川の支流である小野川と香取街道が交わる町として江戸時代より栄えた. 明治時代も依然として地域の商業中心として繁栄していたが, 昭和40（1965）年代以降の産業構造や交通網の転換により, 急激に経済活動や人口規模を縮小してきた.

しかし, 伝統的建造物群保存地区の制度が昭和50（1975）年に設立されると同時に, その候補地として昭和49（1974）年度に調査がおこなわれ, 歴史的文化的な価値が明確化された.

ところが, 住民らの合意形成には至らず, 平成8（1996）年に関東地方としては初の重要伝統的建造物群保存地区に選定されるまでに, 20年以上の月日を要した. その過程で, 2度の住民意識調査が実施されている.

1度目は, 昭和58（1983）年に財団法人観光資源保護財団（現・財団法人日本ナショナルトラスト）が「貴重な歴史環境の再生にもとづくゆたかな生活環境づくりがすすんでいくことを願って行われた」ものだ（観光資源保護財団, 1983）.

■表7.1　佐原住民意識調査（1983年）の結果（一部）

下記の質問文は, 調査時のもの. 括弧内は質問番号を表す.「この町内」「このあたりの町」とは, 佐原旧市街をさす.

表7.1（a）「この町内は, 佐原のなかでも古くに形成された町ですが, あなたはこのような町に愛着を感じていらっしゃいますか？」(1-1)

選択肢	%
a. 愛着を感じる	83.2
b. 別に感じない	14.3
N.A.	2.5

$n=161$

表7.1（b）「このあたりの町並みをどう評価なさいますか.」(1-4)

選択肢	%
a. 古い建物ばかりでさびれた感じがする.	8.1
b. 伝統的な建物が多いので整った, 落ち着いた感じがする.	14.9
c. 新旧建物が混在し, 混乱した感じがする.	40.4
d. 新しい装いの建物が徐々に増え, 近代的な町へ変貌しつつある	33.5
N.A.	4.3

$n=163$

表7.1（c）「将来, 具体的にはどのような方法で町をよくしていくべきだと思いますか.」(5−4)

選択肢	%
a. 道路を拡巾して, 近代的な商店街をかたちづくる	52.8
b. アパートやマンションを建てて人を増やす	6.2
c. 住宅地としての良好な環境の維持・形成に努める	24.8
d. 伝統的な町並みを生かした商店街をつくる	28.6
e. 現状を維持する	6.8
f. その他	1.2
N.A.	9.3

$n=209$

その結果，大多数の人は町並みに愛着は感じているものの（表7.1（a）），町並みの評価は「新旧建物が混在し，混乱した感じがする」表7.1（b））が最多であり，まちの具体的な改善手法として「道路を拡巾して，近代的な商店街をかたちづくる」(表7.1（c））が過半数を占めた.「伝統的な町並みを生かした商店街をつくる」はその半分程度だった.

当時，推進しようとしていた町並み保存の方向性と市民意識にはずれがあった．これを受けて，調査員だった福川裕一氏は,「今回の調査及び報告書はどのような役割を果たすべきなのだろうか．それはなによりもまず，町並み保全とは，「なぜ」「何を」保全していくことなのかという基本的な課題に答えるものでなければならないだろう」(観光資源保護財団，1983, p.29）と述べている.

その後，地域住民による地域住民への，町並み保存の意義の説明が重ねられて，合意が形成されていく．2度目の調査は，平成10（1998）年，すなわち重要伝統的建造物群保存地区の選定後に，まちづくりを勉強する地元出身の大学生によっておこなわれた（岡崎ほか，2001)．彼女の問題意識は，1度目の調査時にはすでに意識されていた「広域中心機能の低下,中心商業の衰退といった問題を抱えながら」も，当時の住民意識からは少しずれている「歴史的町並みを生かしたまちづくりを行って」きた状況において，住民意識はどのように変容したのか，というものである.

その結果，町並みに対して「新旧建物が混在し，混乱した感じがする」は大幅に減少し（23.2%).「伝統的な建物が多いので落ち着いた感じがする」(18.9%→33.0%）という回答と，新たに設けた選択肢である「古い建物は少ないが落ち着いた感じがする」(25.9%）という回答を併せた積極的な評価が大幅に増加したことを明らかにしている.

2度目のアンケートは，ある目的をもってなされた一連のまちづくりが，多くの人々にどう評価されたのかを問うている．個別の事業結果についてのアンケートはしばしば見受けられるが，この結果について住民らがどのように受け止めたかをアンケートによって把握することは可能だといえよう.

〔**窪田亜矢**〕

文　献

岡崎篤行ほか（2001）:「佐原における歴史的町並み保全のプロセスと住民意識」,『日本建築学会技術報告集』, **14**, 315-318.

川内美彦（2007）:『ユニバーサル・デザインの仕組みをつくる—スパイラル・アップを実現するために—』, 学芸出版社.

観光資源保護財団（1983）:『佐原の町並み—よみがえれ，水郷の商都—』

後藤春彦（2000）:『まちづくり批評クリティーク—愛知県足助町の地域遺伝子を読む—』, BIO City.

東京大学都市デザイン研究室（2006）:『鞆雑誌 2006 —空き家から考える—』

都市デザインワークス（2006）:『都市デザインガイドブック—せんだいセントラルパーク 2006—』

西村幸夫・埒　正浩（2007）:『証言・町並み保存』, 学芸出版社.

福田珠己（2008）:「過去と未来の間で—目に見えない領域に挑む文化遺産の現在—」,『環境と公害』, 岩波書店, **38**（1), 9-15.

◉より深く勉強したい人へ：まちづくりと「合意形成」

まちづくりにおいて「聞く」ことの次の段階として「合意形成」がある.

「聞く」ことがうまくいけばいくほど，多様な意見が提出される．市街地の問題点や期待する改善箇所の列挙が目的であれば，好ましいことである．しかし，ある特定の事業を推進するか否かを決めるときには，頭の痛いことになる．なぜなら合意形成が困難になるからだ．合意形成は，とくに公共事業の決定や推進において，最も問題になっていることのひとつであろう.

公共事業の決定や推進を行うとき，行政側が主催者になって，委員会や協議会などの公的な場を設けて，推進派と反対派がいる場合には，両方ともに出席を求めることがスタンダードになってきた．1997（平成9）年の河川法の改正では，関係住民の意見の反映を義務づけた.

しかしこうした委員会では，最初から「落としどころ」としての決定イメージが行政側にあって，途中で反対派の委員からいかなる問題提起があろうとも，議論が落としどころに向かってなんとなく収束していくということが起こってきた．この「なんとなく」という状況が非常にやっかいで，事業推進を希望している側は，開かれた協議の場を設けているのだから，デュー・プロセス，すなわち適正な手続きを踏んでおり，推進すべきであるという考えを強固にする．一方，事業に反対している方々は，委員会はアリバイづくりであると断じ，場合によっては，出席することを辞めてしまう.

公共事業に限らず，多くのステークホルダーが関心をもち，それぞれの立場で多様な意見をもつような事業の可否を検討する場合には，すでに事業者による投資が進んでおり，後戻りできない状況が生じている．このような構図が変わらない限り，「落としどころありき」の議論は避けられない.

これに対して，たとえば府中市，小平市などの東京西郊の都市では，大規模な土地の取引行為をおこなおうとする土地所有者などの権利者に届け出をしてもらい，地域別マスタープランなどに示された地域のあり方に適合するように指導助言をするという制度を運用している.

また，落としどころを設定せずに，徹底的な話し合いによって，新たな合意地点が見出されるのではないかという期待もある．裁判官のように（しかし裁判に訴えることなく）完全に中立的な立場の人間が，仲介者として双方の意見を聞きつつ，合意形成を図るメディエーションという手法である．メディエーションが成立するためには，両者ともが，ある地域に共存しながら，これからも地域のより良い方向を純粋に希望しているという状況が前提条件となる．（窪田亜矢）

第8章　ワークショップをひらく

キーワード：ファシリテーター，市民参加，公共性

8.1　ワークショップの意味と役割

まちづくりの計画を提案しようとする者が，外部者としてまちづくりにかかわるとき，町内会や自治会などの既存の組織に頼りがちになる．実際，そうしたところには，まちのことをよくご存知でまちづくりに尽力されてきた方がいらっしゃることが多い．しかし，それだけではなく，あえて参加者を募り，時間と手間をかけてワークショップをおこなうのはなぜだろうか？

もちろんワークショップの理念や意義は多様であって，たとえば社会参加をすることが人生に意味を与えるのだから，その手段としてワークショップが重要だという考え方もあるだろう．あるいは民主主義の学校としての機能が重要だという考え方もあるかもしれない．

まちづくりにおけるワークショップは，参加者間の水平的な関係を必要とするなかで普及した手法の一つである．そこで，まちづくりの経緯をみると，戦後の高度経済成長期を通じて，中央集権型の行政主導や経済合理性を最優先した市場主義に対抗する動きとして住民運動がはじまったことが，まちづくりという言葉の創出の契機であることがわかる．単なる対抗運動が，継続的なまちとのかかわり方へと変質し，これまで敵対していた行政との協働関係を結び，まちのマネジメントの主役に至る都市や地域がいくつも出てきた．それゆえに，今日のまちづくりにおいては「個別の課題をするだけではなく，地域社会運営そのものを多主体が協働して担うことが意味され」るようになったと指摘されている（佐藤，2005）．

当初は，「子供の遊びではないか」という批判的な参加者も多く見られたが，今では，多様な参加者から効率よく意見を収集し，それらのぶつかり合いによって新たな意見や発想をうみだすという，創造的な行為であることが広く認められるようになってきた．

同時に，「ワークショップによって合意形成を図る」という方法もしばしば見られるようになってきている．こうした最近の風潮については，警鐘が鳴らされている．木下勇は「今日，競争原理が人間を活気づけるという，ネオリベラリズム的考え方がはびこっている．（中略，まちづくりに関与する人々は）競争原理とは対極にある協働の原理に立つものである．他者とつながり，他者との討議や協働の営みによって新しい価値を生み出していく．ワークショップがそういう集団による創造的社会を再び形成するための道具として広まっていくことを期待」（木下，2005）すると述べる．

ワークショップとは，現実の世界で，現実の問題を対象として，自分の意見を述べ，相手の意見を聞き，参加者全員の協働により，今まで明らかになっていなかったニーズを掘り下げるなど新たな意見を生み出すという創造的な行為だといえよう．その創造性や協働の原理は，現代社会を覆っている閉塞感を打ち破る可能性さえもっているのである．

しかしながら，広く世界や日本における公共性や利益と，地域の公共性や利益が相反する場合も

生じている．近年，「新しい公共性」や「ガバナンス」という議論が盛んになっているが，その根底に共通するものは，現代社会に適切な「多主体の連携のあり方」の模索である．現代社会では，それぞれの地域が，グローバル化からの受け身で一方的な影響を回避しつつ，財政事情の厳しい中で，効率的で持続的な運営を能動的におこなうことが課題となっている．広域における政策決定の場で都市間競争が当然のように語られる事態は，より狭い地域や財政力の弱い自治体の立場からすれば，いつでも負ける側にまわされる危険性をはらんでいる．

こうした状況において，それぞれの地域や自治体は，独自の公共性を練り上げ，それを発信し，広く社会に認知させ，実現していくことが求められる．しかも独自の公共性とは限られた場所の中では通用しても，ときとして，より広域や隣接自治体においては通用しない場合がある．さらに相反する場合もある．独自の公共性を磨き強度をもたせる必要が生じている．

本章での「ワークショップ」とは，そうした意味において，地域や自治体という限られた場所における確固とした公共性を獲得する有効な方策として位置づけられるものである．公共性の高い主張とは，個人の意見が尊重されつつ，同時に共同体の意見としても共有されることである．そのためには，水平的な関係の中で，各参加者が協働せねばならない．ワークショップにおいては，参加者らが全員同等の立場にある．日常生活において慣れてしまった垂直的な関係をワークショップに持ち込みたがる参加者には，ワークショップへの参加を遠慮していただこう．ワークショップの結果をお伝えし，それに対する意見を述べていただけばよい．すでに確立された地域の組織を与条件とするのではなく，ワークショップの場を設定することによって新たな組織の育成やコミュニケーションの回路の創成を図ることが重要だ．それが，新たな公共性を構築し，より広域の漠然とした決断に対抗する一つの強力な方法であり，だからこそワークショップが意義をもつと考えることができるだろう．

8.2　ワークショップの企画

ワークショップを企画するにあたって注意すべきことをあげたい．

まず，ワークショップが協働の場であるということは，ワークショップを企画するにあたって改めて認識する必要がある．くり返しになるが，合意形成を目的にするのではなく，創造的な意見を練り上げていくことを目的とする．そのことは参加者を募るときにも明確に伝える必要がある．

ワークショップのファシリテーターを誰がやるのか，という点も重要であろう．日本ではファシリテーターのプロフェッショナルはきわめて限定された数しかいない．とくにまちづくりの現場でのワークショップにおいては，都市計画プランナーや都市デザイナーが，仕事の一部としてやっていることが圧倒的に多いといえよう．必ずしもファシリテーターとしての教育を系統的に受けたわけではなくても，場数を踏んだ経験値に基づいてファシリテーターをやっていることもしばしば生じている．

その場合，ファシリテーターには，話し合っている内容である都市計画や都市デザインについての知見があるため，議論の中身に参加できるという利点が確かにある．しかし一方で，たとえ都市計画などに関する専門知識がなくても，むしろ中身は参加者の議論に任せ，創造的な展開を進行させるというファシリテーターの役割をまっとうできる専門家を起用すべきであるという考え方もある．

ワークショップでは，最大でも十名程度が一つのグループとして机を囲んで議論をすることになるだろう（図 8.1）．その一つ一つの机に企画側からファシリテーターがいる．各グループのファシリテーターはグループ内での議論はもちろんのことであるが，自分のグループの議論がしっかりと他のグループにも伝わるように報告し合うなどの配慮が必要である．

さて，どのような方にワークショップに参加していただけばよいのだろうか．

■図 8.1　ワークショップの風景
床に座るようにしても（右），協働の場は作られよう．

もちろん目的にもよるが，たとえば「自治会長だから」とか，「農協担当者だから」，といったような組織の役職による声かけは，本来はするべきではないだろう．そういった役職や肩書きによって参加される方は，自分の意見を述べにくい状況に陥るし，また他の参加者も，それが個人の意見なのか組織を代表した意見なのか，判別できない．情報提供や正式な意見表明としての参加が必要なのであれば，それに適した参加をしていただけばよい．ワークショップへの参加者は，あくまでも個人として参加したい方を基本にしなければ，冒頭に述べたワークショップの意義はなくなってしまう．

大切なことは，ワークショップを開催することを十分に広報することだ．ワークショップの意義に共感し，共にワークショップを創り上げていく，といった発想ができる方に自発的に参加していただくためには，魅力的な情報発信が欠かせない．ポスターやチラシ，ホームページなどを駆使して，正確で簡潔に情報を発信しよう．連絡先を明記し，些細なことでも質問していただけるように工夫する．

またワークショップが協働の場として機能するには，一回ではなく数回を連続させて企画することが望ましい．その場合に，「すべてに出席しなくてはならないのか」といった質問も想定される．想定問答を事前に発信しておくことも有効であろう．

数回のワークショップを連続させる場合には，一連の流れと各回のスケジュールを綿密に検討しておく必要がある．同時に，十分な議論が進まなかったときには，全体のスケジュールを柔軟に見直せるようにしておく必要がある．十分な議論が進まない最大の理由は，必要な情報提供がなされないからということが多い．配付資料の内容と伝え方に配慮する．配布資料は，受け取る側の立場に立って作成する．また毎回のワークショップでは，冒頭で前回のおさらいをおこない，最後の数分を当該回の獲得した内容を振り返る時間とすると，達成感を感じられる．

ワークショップを開催する場所も重要である．ワークショップで話し合う対象となっている場所の近くでおこなうことが，基本的には望ましいだろう．ワークショップ中でも気になった点があれば，現地調査ができる．そのようなうまい建物がないことが多いが，公民館や小学校の教室など，普段から参加者が認知している場所も望ましい．机と椅子が固定されているような部屋は論外である．グループ内での議論に合わせて，机や椅子が臨機応変にレイアウトできるだけの十分な広さが欲しい．

会場の設営にあたってははり紙などによって建物内を誘導する．ワークショップをする部屋の出入り口には受付を置いて，いらした参加者を歓迎しよう．このとき，事前にグループ分けをしておいて，座席にまで誘導してしまう方法と，まずは適当に座って頂いて，グループ分けそのものもワークショップのプログラムの一つとして行う方法と，両方ある．

いずれにせよ，いらした方がどうすればよいのかわからずに，立ち尽くしてしまうという事態は避けよう．名札などを用意し，名前で呼び合えるようにする．暑かったり寒かったりする日のワークショップではとくに，ウェルカム・ドリンクぐらいは用意したいものだ．意見は異なるかも知れないが，今日の数時間を共にすごす仲間どうしであることを参加者全員で意識したい．

さらには，企画したワークショップをこえたつながりが生まれれば，そのワークショップには大きな意義があったといえるだろう．

8.3　ファシリテーターの役割

ワークショップを円滑に進めるためには，ファシリテーターが必要となる．ファシリテーターの役割とは，自らの意見を述べるのではなく，すべての参加者が議論に十分な貢献ができるよう配慮し，得られた結果に対して参加者が有意義だったと納得できるように，すなわち，ワークショップを成功させることである．

ファシリテーターは，当日のタイムキーパーなどの進行役も務めることになるが，企画の中心となって事前の準備を万全におこなうことも重要である．当日の話し合いがうまく行くかどうかは，事前の準備にかかっている．

ワークショップを進めるルールについても，本来は参加者自身が決めるべきといえるが，実際にはファシリテーターが参加者全員の納得がいくルールをあらかじめ検討し，ワークショップの最初の段階で丁寧に説明をおこなうことになる．獲得目標に応じたルールが必要だが，少なくともいくつかのルールはいずれの場合にも当てはまるだろう．

たとえば，多様な意見を出し合う場面であれば，他人の意見を否定する発言はしないことにする．他人の意見に対して，同じ部分と違う部分を明確にしながら自分の意見を述べる．

垂直的な人間関係の中で人生の大半をすごしてきた方にとっては，水平関係を重視する話し合いのルールに不満を感じる方も少なくない．加えて，ファシリテーターが（決してリーダーではないのだが）リーダー的なふるまいをすることに反感をもつこともある．そのような事態を避けるためにも，最初にファシリテーターの役割とルールの内容について，十分な理解を得ておくことが重要である．

前節でもふれたが，いつでも，「何を話し合っている時間なのか」，「何がその場の獲得目標であるのか」などをファシリテーターが明示して参加者の共通認識とすることも非常に重要である．発言したい気持ちはあっても，「場面に適した発言なのか」といった余計な悩みを参加者にいだかせてはいけない．

初めてワークショップに参加された方は，本当は述べたい意見や想いをもっていても，自分から挙手することをためらいがちである．発言をしやすい質問を投げかけるなどの配慮が必要である．

逆に１回の発言が長くならないようにも配慮したい．しかし長くなった発言者に，ファシリテーターが止めるように促すと，やりようによっては，相手の気分を害することもある．たとえばペットボトルをマイクに見立て，制限時間が経ったら鈴を鳴らして次の人にペットボトルを渡さなければならないといったゲーム感覚を採り入れると，和やかな雰囲気の中にも緊張感が生まれ，それぞれの発言の要旨が明確になる．抽象的な持論の展開も防げる．

１回のワークショップにおいては，少なくとも一度は，参加者に発言する機会をつくる．とくに，ワークショップがはじまったばかりであると，参加者が，遠慮をして発言していないのか，単に述べるべき意見をもっていないから発言していないのか，見極めることが難しい．一番最初であれば，誰でも発言がしやすい自己紹介といったテーマで，短い時間に区切って一巡させておくのも有効である．

ワークショップの時間は限られている．秒単位，分単位でワークショップを設計しておく必要がある．その時間の使い方については次節で述べるが，参加者一人一人の貴重な時間が差し出されたことによって成立した場であることを，参加者全員で強く認識できるように促したい．

ワークショップは，2～3時間が標準的であるが，時間はあっという間に経ってしまう．十分な意見が述べきれなかったと不満をもつ方もいるだろう．その対応としては，ワークショップが終わるときに感想や補足意見を書いていただく．それも含めて，次のワークショップの冒頭で，前回のワークショップでの到達点をおさらいするとともに，寄せられた感想や補足意見も端的に紹介する，もしくは壁に貼りだして休憩時間などに参加者が読めるようにしておく．ただし，こうした一方的な情報発信は，話し合いを経ていないものであることを確認しておくことは重要だ．

8.4 意見の出し方と練り上げ方

以上，述べてきたように，ワークショップでは，意見の出し方や練り上げ方が重要である．

まず，「出し方」であるが，付箋紙を活用する方法が効率的であろう．KJ法についての解説は各種の書籍などで指摘されているので，ここでは簡単に要約したい．

付箋紙は7～8cm程度の正方形ぐらいであれば，十分な大きさである．なぜなら付箋紙一枚につき，一つの意見のみを書き込むことが原則だからである．いろんな意見が出てきたときに，同じような意見をまとめて貼り直して整理することで，議論の大きな方向性が明確になるという利点を活かすためだ（図8.2）．

ファシリテーターが，まず何について意見を出し合うのか，を明確に示す．その指示のもと，一斉に付箋紙に意見を書き出していく．その時間は5分程度もあれば，かなり多くの付箋紙を書くことになるだろうし，それ以上の時間を設定しても有効な意見やアイディアが出てくることはまれである．時計を置いて，普段の日常生活からすると非常に短いと思われる時間で集中して，意見を書

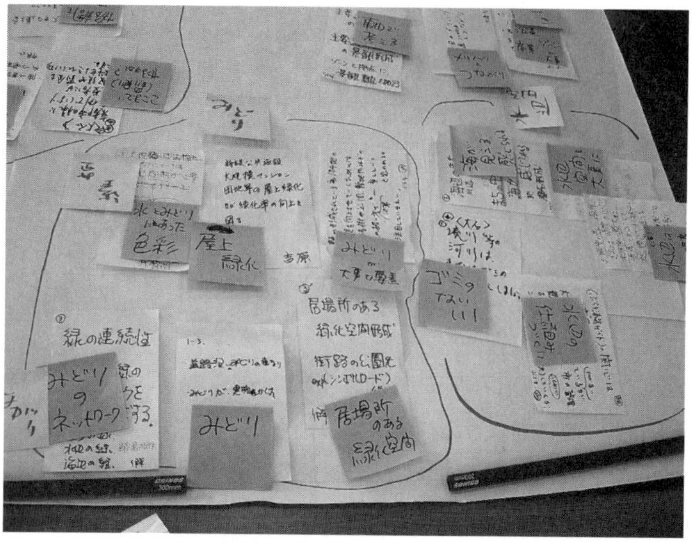

■図8.2 意見をまとめる
ポストイットのようなのり付き付箋紙を用いると，意見の整理に便利である．

き出すことが充実した結果につながる．

付箋紙を書くときのポイントは，大きめの字でキーワードを書くことである．そのためのマジックを十分な数だけ用意しておくのもファシリテーター側の重要な仕事である．後から，議論をするときに，それが何の意見だったのか，振り返る必要があるからだ．名前の記入は場合による．

さて次は，書いた意見を発表する時間である．これも一人の発言時間は長くても3分，できるだけ短くして，「一言キーワード」などでよい．次から次へと発表をしていく．具体的には，中央においてある模造紙に，一言に集約した説明とともに自分の意見を書いた付箋紙を貼り付ける．貼り付ける場所は，気にする必要はあまりない．なぜならどのように意見がグルーピングされるか，まったく不明だからだ．ただ，「同じような意見だ」と思ったら，発言してもらい，元の付箋紙に少し重ねるようにして貼ってもらう．基本は座った順番でまわしてもよいが，同じ意見の場合は，そのときにどんどん出してもらったほうが説明が短くて済む．書いた付箋紙をすべて出し切ったところで，ファシリテーターの出番である．

説明も含んだうえで，どのような意見が出たのか，付箋紙を貼り直しながら，整理していく．もし対立している意見があれば，対立している論点を明確にして，その点に絞ったうえで，もうワンラウンド意見を出すといった判断もありえる．

意見を練り上げるときに注意すべきは何であろうか．しつこいようであるが，少数意見を排除するためにやっているのではなく，少数意見に見られる視点や考え方を取り入れるという姿勢を参加者全員が共有することが重要である．まちづくりのワークショップにおいては，実際の物事を決める責任があるのだから，グループの大勢に何となく同調するのではなく，ファシリテーターは，あえて問題とされるような点をあげて，拙速な議論を抑制したほうがよい（こうした場合にはファシリテーターには都市計画などの見解があったほうが望ましい）．具体的な指摘をするためには，事前に想定されるトピックについては，他事例を収集したり，現地調査で詳細なデータを備えておくことが要請される．具体的な問題を話し合うときには，模型や地図などを用意し，抽象論で議論が展開しないようにする（図8.3）．

■図 8.3　ワークショップの小道具：模型
参加者が自由に動かすことのできる模型を活用すると，発言がしやすく問題点も具体的に抽出しやすい．

無理に一つの意見にまとめずに，十分な議論ができるように情報を追加して次回にくり越すべきだ．そのようにワークショップ全体を設計しておく．納得いくまで議論を続ければよい．スケジュールがはっきりと確定しない議論は行政の予定と合わないこともある．こうした事情は行政が隠しがちであるが，参加者を信頼してすべての情報は議論の場に提供する．そうなると参加者も，理想の選択ではないが，現状の中での最上の選択であるといった判断を示すかもしれない．

最終的に，グループの意見をまとめるときには，すべての意見を入れ込むことはできないし，また入れ込むべきでもない．ただ，とくに意見が発散した論点については，詳細な記録を残して，参加者のみならず関係者がその情報に容易にアクセスできるようにしておく必要がある．

〔窪田亜矢〕

文　献

アレグザンダー，クリストファー 著，平田翰那 訳（1984）：『パタン・ランゲージ—環境設計の手引』，鹿島出版会．
伊藤雅春・大久手計画工房（2003）：『参加するまちづくり—ワークショップがわかる本—』，農文協．
木下　勇（2005）：『ワークショップ—住民主体のまちづくりへの方法論—』，学芸出版社．

佐藤　滋・早田　宰（2005）：『地域協働の科学―まちの連携をマネジメントする―』，成文堂.
世田谷まちづくりセンター 編（1993-2002）：『参加のデザイン道具箱 Part1-4』，世田谷都市整備公社.
福川裕一・青山邦彦（1999）：『ぼくたちのまちづくり（4）―楽しいまちなみをつくる―』，岩波書店.
ヘスター，ランドルフ・T.，土肥真人（1997）：『まちづくりの方法と技術―コミュニティ・デザイン・プライマー―』，現代企画室.

◉より深く勉強したい人へ：エコロジカル・デモクラシー

ワークショップとは地域コミュニティの意見を実際の都市の姿に反映させるために行われるものである．充実したワークショップに参加すれば，だれもが「地域に貢献した」と強く感じるであろう．

しかし，そうであればあるほど，なんらかの理由でワークショップに参加できなかった面々の主張はどこに行ってしまうのか？　という疑問が残る．

ここで興味深いのは，日本のまちづくり現場でのワークショップにも多大な影響を与えてきた，ランドルフ・ヘスター（カリフォルニア大学バークレー校）の著書『エコロジカル・デモクラシーのためのデザイン』（Hester, 2006）である．

ヘスターの主張を以下に要約する．地球環境問題が悪化するなかで，学問としての生態学だけでも，ワークショップのような直接的な参加手法だけでも足りない．両者を統合したエコロジカル・デモクラシーが必要だ．エコロジカル・デモクラシーによって到達される都市とは，私たちに私たちの地域のことを知らしめるし，隣人と共に助け合うような機会を与えてくれるものである．もちろん永続できるように，なんらかの失敗が起こっても快復できる弾力性を備えていなければならない．さらに，そこに住む私たちの心が充たされるような美しいものでなければならない．都市デザイナーはそうした都市を創り出さなければならないが，市民参加はそれまで無視されてきたものを発見するために必要なものだ．具体的には，さまざまな意見を総合的に取り入れて共有された理論として，都市をつくり維持する原則を打ち立てるというやり方である．こうしたやり方は，都市デザイナーが，大きなスケール（広域圏や水と緑のネットワークなど）から小さなスケール（まちなかのベンチや郵便箱）に至るまでを，広く同時に考えるためには非常に有益である．

将来の世代への責任としてのエコロジーと，今そこにいる人の自由と権利を尊重するデモクラシーが，そう簡単に統合されるとは思えない．しかしヘスターは，エコロジカル・デモクラシーの達成には，楽観的であることが本質的に重要だと述べる．

コミュニティという言葉が日本ではまだしっくりと定着しているようには思えない．地域にあった方法でワークショップを行うことは，ありうべきコミュニティを育成することだ．ワークショップをエコロジカル・デモクラシーにおいて決定的に重要な責任の取り方の訓練であり実践の場とすることが重要だ．

（窪田亜矢）

参考図書

Hester, R. T. (2006)：*Design for Ecological Democracy,* MIT Press.

第9章　地域資源・課題の抽出

キーワード：フォーマット，資源リスト，成果の公表

9.1　得られた情報を整理する

ここまでの章で述べてきたことは，「いかに情報を入手するか」という点が中心であった．本章では，そうした情報を活かすために，「得られた情報を整理すること」，そしてそれを地域に還元する方法を考えよう．

まず，個別のヒアリングや現地調査がおわるごとに，得られたデータを整理する．記憶はどんどん薄れていくので，なるべく早く済ませることが望ましい．たとえばヒアリングであれば，メモをベタ打ちして，必要に応じて録音テープを参照して，そこから小見出しをつけて概要や要点がわかるように整理する．現地調査も同様で，地図に書き込んだ文字や記号が意味していることを忘れないうちに整理しておく．

a. フォーマット化

ひとりではなくチームでの調査の場合には，全員がデータを共有しておくことが大事だ．そのためにベースをフォーマット化して情報を蓄積できるようにしておくと便利である．

地図に書き込むべき情報であるならば，三種類程度の縮尺のベースマップを用意しておいて，タイトルや凡例，縮尺など，必ずどの地図にも入れるべき指標などはいれておく．多くのアプリケーション・ソフトではレイヤー機能があるが，これを活用して各トピックでまとまったレイヤーをつくりあげることをイメージしながら作業するのがよいだろう．図面に利用する色の種類も調整しやすい．しかし，コンピュータによる作図は，一般的に硬い線になりがちで，魅力的でないことも多いので，積極的に手描きの図面も加えたほうがよい．

たとえば，オープンスペースの位置図，歩行者の動線図，歴史的な建造物の分布図，緑とオープンスペースの位置図，眺望点図，商店街の店舗種類図などを重ね合わせてみると，歩行者がたくさんいるのにもかかわらず，空き店舗が集中している箇所があったり，周辺の山並みへの眺望が楽しめる地点の近くまで観光客が来ているのに手前で戻っていたり，といった現状が，さまざまなレイヤーを重ね合わせることで，自ずと把握できる（図 9.1）．

フォーマット化は，本来は最終的なプレゼンテーションにも深く関係するものである．すべての調査がおわって，伝えたい内容が決まってから，プレゼンテーションのあり方も決まってくる．よって調査の初期段階から最終的な内容を把握するのは難しい．そこで変更は常にあるものと考えて柔軟にとらえておく必要があるが，フォーマットをイメージしておくということ，すなわち「整理する」という強い意志を最初からもって，調査に当たり，その都度整理しておくと，効率的である．

b. 表，ダイアグラム，図

情報を整理するにあたっては，表やダイアグラム，図を活用するとよい．小さい文字で長々と文章が書いてあっても読む人は少ない．わかりやす

■図 9.1 佐原での回遊空間の広がり調査（部分）（千葉県香取市）（東京大学都市デザイン研究室, 2010b）
人の動きが色の濃淡で表記されている.

いダイアグラムや図版を多用する.

最初の段階としては，調査チームの価値観にしばられることなく，とにかく悉皆的にすべてを記録しておく必要がある．たとえば町並み調査の場合には，立面連続写真を作成するのが第一歩となろう．その次の段階として，間口の大きさを示す縦線を入れてみる，建物の高さや軒高を示す横線を入れてみる，格子の部分を塗ってみる，といった作業をくり返してみよう．それと建物の建築年代ごとの色塗り図などとを重ねて分析などをすると，そのまちの建物の更新において,「何が起こっているのか」がわかるだろう．人々の身近にある商店街も，それぞれの店舗がいつ，何のお店から何のお店へ変わったのかを明示すると，改めて変化をはっきりと把握できるものだ（図 9.2).

ダイアグラムにもさまざまな種類があるが，本節では，調査結果の分析から得られた知見を端的に伝えるための絵としてとらえる.

とくに地図や空間に書き込める情報でないときに，文章での表現に頼りがちであるが，そのようなときにも視覚的に理解しやすい加工をする（図 9.3).

こうした視覚的な工夫だけに留まらず，本質的に重要なことは，類型化による整理である．たとえば街道に沿っている町家，少し路地裏に入ったところに建つ屋敷，農村集落における農家，川沿いの蔵，などのように，立地場所と建物用途の間には強い関係性がある，また，年代なども併せて，典型的な建築物を列挙して，それぞれの類型ごとに建築史や都市史，あるいは景観上の価値を整理しておく．こうした建物の類型化が地図上に整理されると，改めて，着目すべき点が見えてくる.

得られた情報を地図に落とし込む作業を通じて，地域が成立しているダイナミックスを明らかにすることができれば，地域住民の方々にとっては，これまで何となく知っているつもりの情報が新鮮に見えてくることもある．まったく新しい見方を共有できることもある．とくに，自分の居住地域のみならず，周辺の地域がどのように変遷をしていて，さらに自分の地域との関係がどのよう

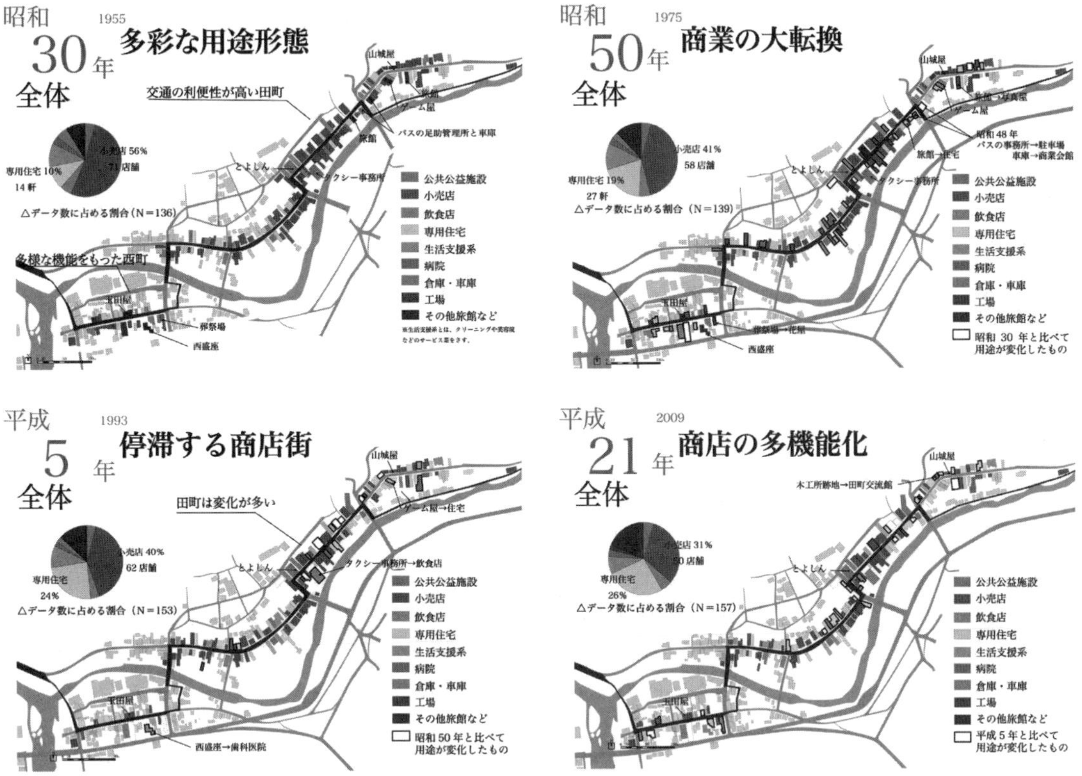

■図 9.2　足助町の商店街（愛知県豊田市）の変遷図（東京大学都市デザイン研究室，2010a）
20 年ごとくらいのスパンで商店街の変遷を追うと傾向をつかめる．

に変わってきたのか，といった視点は，調査によって把握すべきことであろう．

c. 情報の整理からまちづくりへ

ここで整理した情報は，今後のまちづくりの中で活用していくことも考えよう．

多くの場合，最初の調査をおこなって，それをふまえたまちづくりの方針が立案され，動き出すようになったとしても，継続的に最初と同じ規模の調査がなされるとは限らない．とくに，地域住民がかかわらない組織が最初の調査をやると，調査と，その後に続くまちづくりとが断絶してしまうこともしばしば起こっている．最初の調査に基づいて得られた情報がアップデートされなくなると，まちづくりの方向性に必要な微修正ができなくなってしまう．そこで情報を整理する場合には，とくに継続してまちづくりにかかわることが難しいときには，たとえかかわらなくなっても，次の団体や組織が情報の更新がしやすいように，整理しておくことが肝要であろう．

たとえば，地域の資源と考えられる要素を，名称と写真と立地箇所を示した地図によって示しておく（図 9.4，図 9.5）．こうした資源リストのマネジメントをすることを目的とした組織が起ち上がるかもしれない．起ち上がるように働きかける必要がある．そうなるとリストアップを目的としたまちあるきがおこなわれて，もっと多くの要素が載ったリストができるだろうし，リストアップされていた建物にとりこわし計画が生じた際には，協議をする対象とすることも考えられる（この点については，「協議がついてくるならリストアップはお断り」といった所有者のご意見もあるので，注意が必要である）．こうしたリストアップは，行政などが主導するよりは，地域住民らの団体がお互いの合意の中で対象を探したほうがうまくいくようである．

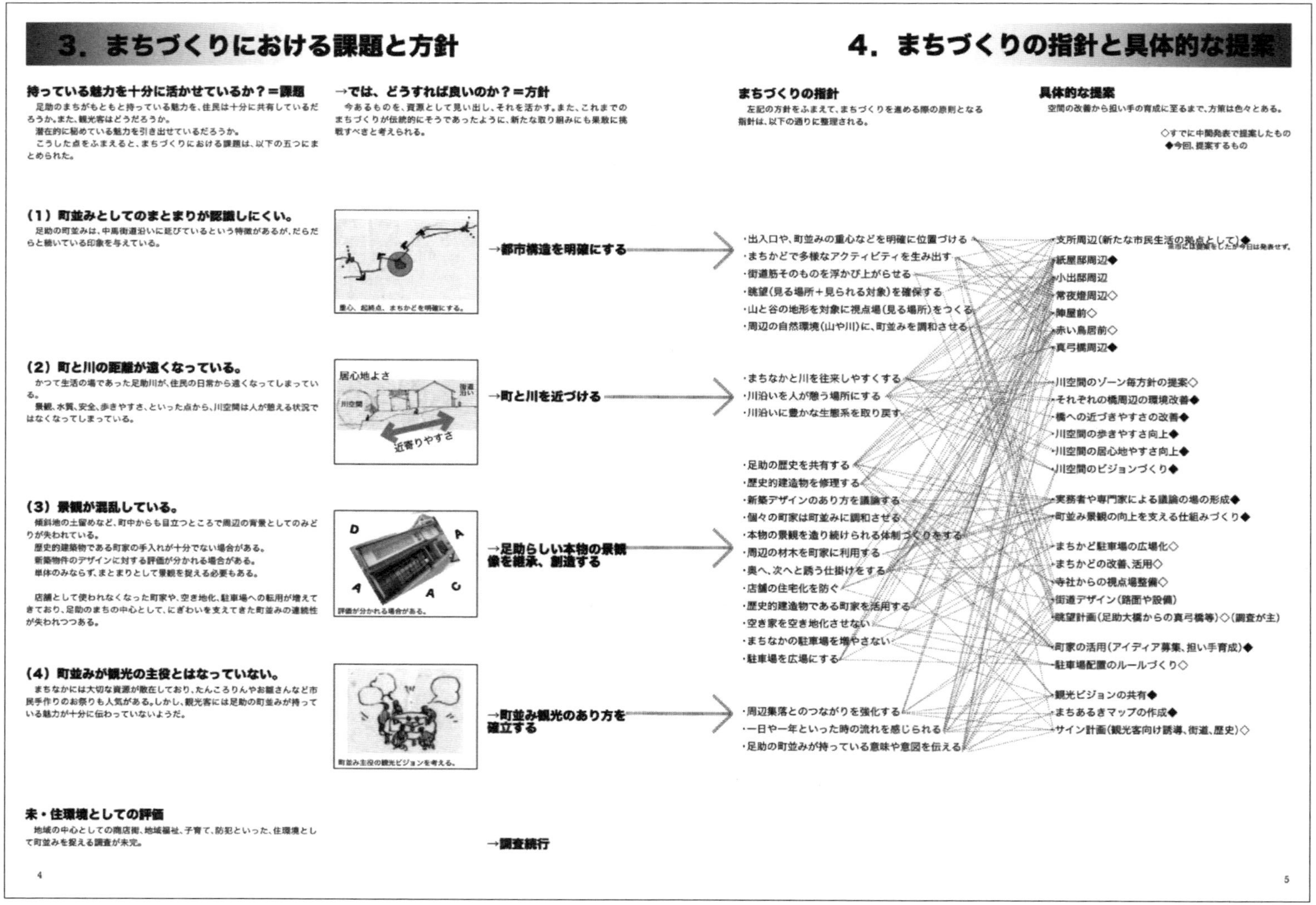

■図 9.3　文章を視覚的に工夫する：足助の問題から解決へ（東京大学都市デザイン研究室，2010a）
多様な意見を思いきって整理してみる（足助（愛知県豊田市）調査にて）．

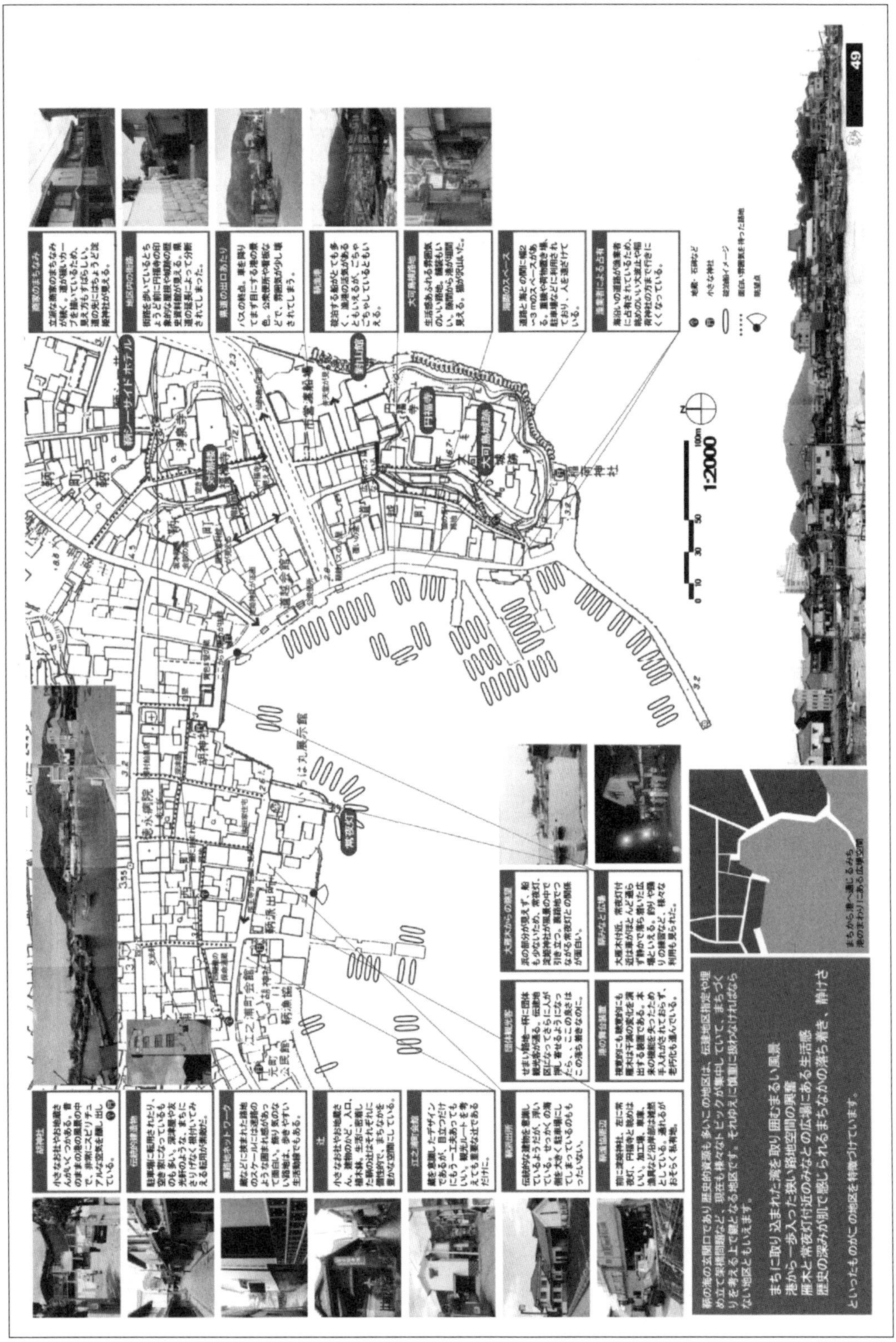

■図 9.4　地域の資源を地図上に整理する：鞆の浦の港周り調査（広島県福山市鞆町）

手法 02 要覧づくり　リスト作成による資源の整理・再認識
大野村にある特徴的な資源のいくつかは、村内・集落内に点在している。村の中に多く存在していることはそれとなくわかっていても、その詳細については実はよくわからない、あるいは、情報が散乱しているものも多かった。
そこで、もう一度村内・集落をくまなく歩き、資源探しをして、数を数えてみる、写真を撮ってみる、要覧として整理してみる。すると、漠然としか見ていなかった資源を改めて認識したり、これまで気付かなかった新たな要素を見出したり、また新たな発見が沢山現れる。
そして、この要覧は、「再生資源物件一覧」として、これからの活性化を考えることにつながってゆくのである。
帯島地域のサイロ要覧
水沢地域の茅葺き要覧
Data データ
MAP_G
Data データ

■図 9.5　地域の資源をリストにする試み（大野村〔現・岩手県洋野町〕）
（おおの・むらづくり 21 推進会議・東京大学都市デザイン研究室，2005）
原図はカラー（口絵 11 参照）

たとえば，世田谷区風景づくり条例においては，地域風景資産を住民の活動を通じて選定し，風景づくり活動につなげるプログラムを導入している．

d.　まとまった整理

以上のように，各調査を整理することのほかに，適切な時期，たとえば調査期間の中間地点や複数の重要な調査がおわった段階で，改めて全体像を整理する必要がある．

冊子などとして整理するときは，地域住民が読んだときに「自分のまちへの理解」が深まるような工夫が必要である．他事例との比較も有効であろう．数字を扱うときは，「10 年後の高齢化率 30 %」といった状況は，具体的に「何が問題とされるのか」事例をふまえてわかりやすく説明を加える必要がある．

こうして書くと，「客観的なデータをそろえるべき」という意味に聞こえるかもしれない．しかし入手した情報は，すでに調査した者の主観的な判断が必ず入っている．調査をした対象を選んだ時点で，「何を明らかにしたいのか」という調査者の価値判断が入っており，さらに調査結果を整理するときの流れや文脈にも調査者の主観がおおいに影響している．重要なことは，主観を隠して客観的なデータだと主張して整理するのではなく，むしろ，調査者の主観と，それによる偏向があるかもしれないことを明示したうえで，数値データも含めて整理していくことではないだろうか．

そもそも調査を通じて情報を収集するにあたっては，なんらかの作業仮説があったはずである．その作業仮説が正しかったのか，もう少し適切な考え方が見出せるのではないか，あるいはまったく新しい方針が立てられるのではないか，といった点について，集まった情報を整理しながら，調査メンバーで議論することが非常に重要だ．調査メンバーがたまたま立ち話の中でつかんだ情報など，調査結果として整理されていない中に，重要な論点が含まれていることもあるので，まちづくりの方向性をうちだす際には，全員で徹底的に時間をかけて議論するべきである．

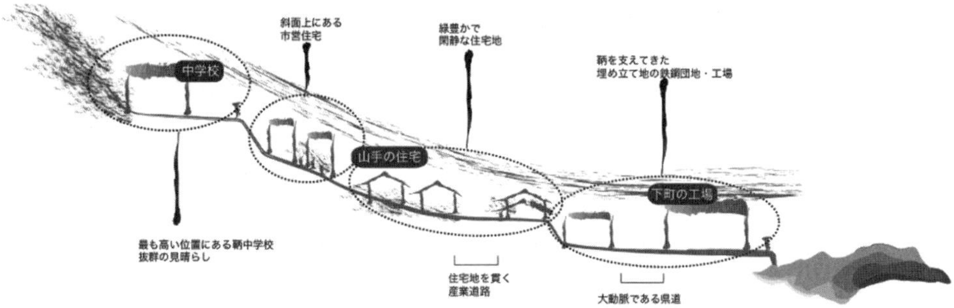

■図 9.6　鞆の浦の断面図

9.2　資源と課題

情報の整理とは，すなわち，「資源として何を見出せるのか」「課題となっていることは何か」を明らかにすることでもある．資源と課題を考えることが，情報を整理する作業であるともいえる．

資源と課題を抽出するためには，調査者ならではの視点が必要だ．

たとえば，地域のアイデンティティを構成している風景要素は，地域住民の方にとっては当たり前すぎて，そこに資源としての価値を見出していないことが多い．しかし，土地の地勢や微気候を巧みに織り込んで形成されてきた生活環境には，歳月が淘汰してきた無駄のない持続するシステムの結果としての風景がある（図 9.6）．それを見出すのが，調査者の責務である．

つまり，「地域の財産になりうる要素を資源としてとらえることができるか」が問われているといえるだろう．資源であることがあまりに伝えにくい場合には，いったん列挙した資源を限定する必要もあるかもしれないが，まずは調査の結果として把握した対象を資源化するための論理や視点を模索する．

潜在的な資源の典型的な例として，商店街や町並みにおける空き家の問題があげられよう．空き店舗が多くなると商店街全体としての魅力がなくなる．そうなるとさらに空き店舗が増えてしまうという，負の循環がはじまってしまう．また，空き家となると傷みが早くなるし，隣が空き家だと防犯上も落ち着かない．空き家はさまざまな点から問題をかかえているといえよう．

しかし視点を変えれば，空き家は次の新しい店主や住民を迎え入れることが可能な場所だともとらえられる．趣味で作った小物を販売したいと考えている主婦のチャレンジ・ショップにもなるだろうし，周辺の農村部に住んでいる独居高齢者が集まって住めるケア付き集合住宅にもなるだろう．空き家は，こうした人々の立場にたてば資源ともなりうるし，資源化することが重要なのだ．そのためには，「商店街の賑わいをとり戻そう」という方向性を共有しておく必要がある．また，こうしたニーズがどれだけあるのか，といった視点での調査も必要となる．

調査の大まかな流れの一例として整理すると以下のようになろう．

調査の流れの例：商店街の賑わいをとり戻す

①予備調査において，商店街に多くの空き家があることに気づく．

②商店街の変遷と現状，店舗の種類，買い物客の状況，商圏（交通手段やロードサイド型店舗との競合）などを把握する．

③空き家がどれぐらいあるのか，いつから空き家になったのか，現地調査をおこなう．

④各調査をまとめて，空き家が地域において，いくつかの視点から問題になっていることを明らかにしておく．すなわち，商店街の賑わいをとり戻すことが，まちづくりの方針になりうることを検討する．

⑤周辺の商店主や空き家の持ち主ヒアリングをおこない，空き家になるメカニズムの仮説をたてる．

■図 9.7 「越中街道街並み調査」の各種調査報告書
調査結果報告書（右）と，配布を強く意識した冊子（左）

⑥周辺集落においてヒアリングを行い，中心であった商店街への意向を把握する（ニーズの把握）.
⑦空き家を類型化して，それぞれについて建物調査をおこなう．修理によって活用の可能性がある場合には，修理のあり方の方向性を検討する．
⑧まちづくりの方針として，商店街の賑わいをとり戻すことが掲げられ，そのために必要なプログラムが整理される．

情報の整理によって，資源としてとらえる視点を広げ，新たな問題を発見し，それを課題化していく，その課題を解くための資源を情報の整理から探し出し…，といったプロセスそのものが，調査において最も重要な時間の一つである．

9.3　得られた情報を伝える

こうして整理された情報を，地域住民のみなさんにお伝えするには，以下のような方法が考えられる．

a.　報告書作成

ひとつは報告書を作成する方法である（図 9.7）．報告書といっても「本棚に置いてもうおしまい」というものではなく，十分に活用されるものにしなくてはならない．活用の方向性としては，

■図 9.8　足助のまちづくりサロン
まちなかの公民館を借用して足助でおこなったまちづくりサロン．内部には A2 サイズのパネルを 15 枚ほど展示し，それまでの活動の中では出会わなかった人々と意見交換することができた．

多くの方が読みたくなるような，読んで楽しい報告書とする，もしくは使える情報が満載で何かにつけて辞書や百科事典のように頼りにする報告書とする，などが考えられる．

いずれにしても報告書を作成することは，現地調査をはじめるときから念頭にしておくと作業がやりやすい．たとえば会議の議事録やイベントの記録なども，掲載するつもりで作成しておく．

報告書そのもののブック・デザインも重要となる．よく作られる A4 版では研究者らにとっては他の書類と一緒に本棚に納まりやすく利便性が高いが，本としての存在感を高めるためにあえて変形とすることも考えられよう．

しばしば忘れがちであるが，作成した報告書には「誰が作成したのか」がわかる自己紹介を掲載しよう．

全戸配布としたいところではあるが，予算の都合もあるので，とくに情報入手にあたって労力を割いてくださった方などにお渡しするほか，図書館や公民館といった公的な場所に置いて，だれもが閲覧できるようにしておくことが望ましい．さらに PDF 化してホームページなどで公開する方法も考えられる．

b.　発表する

また，報告書とするだけではなく，地域住民の

みなさんに直に発表する場も設けることが望ましい．たとえば，報告会やまちづくりサロンなどと称して，まちなかの公民館や空き家を借用し，入手した情報をA1サイズのパネルなどとして展示する（図9.8）．一週間ほど展示の期間を設定して，報告会の情報をチラシなどでお伝えすることができれば，日頃「何やっているのかな」という関心をもつ方が足を運んでくださる可能性は高い．サロンなのでお茶でも飲みながら，自由に意見を書き込めるノートや大きな地図を広げておけば，追加でヒアリングもできてしまう．こうした場に常駐していれば，思いがけぬ出会いもある．重要なことは，まちの中で開催し来訪を待っていることを示すことである．

こうしたサロンは，公民館などのふだんから地域住民のみなさんがよく使われていらっしゃる場所でやると，気軽に立ち寄っていただけるという利点がある．空き家となっている場所でやると，いつもは暗い場所に灯りがともっている状態を実感できる実験のような効果もある．まちなかにポスターを貼らせていただいたり，チラシを配布するなどして，事前に十分に告知することも忘れずに，より多くの方に，得られた情報を還元しよう．

c.　注意点

入手した情報は，広く伝えることによって，可能性が無限に広がる．「伝えるために情報を入手する」という気持ちを，調査のデザインをするときから強くもつことが大事だ．自分たちの調査のための調査ではなく，地域づくりをするための調査であることを強調しておきたい．

ただし，伝えるにあたっては，細心の配慮も必要となる．公表されるとは思わずに，話をしてくださった方もいらっしゃるかもしれない．ヒアリングの段階から公表の是非，たとえば，名前や顔写真まで公表してよいのか，匿名ならよいのか，公表してはいけないのか，といった点については伺っておく必要がある．「公表」という言葉がもつとげとげしさは気になるが，柔らかい言葉で意志を確認しておくべきだろう．

地域住民のみなさんに伝えることを念頭に整理した情報は，わかりやすさも非常に重要であるので，文字数も制限されるし，あまりにも詳細な情報は省略したほうが論点は伝わりやすいということも起こる．控えても意味が通じる箇所は，思い切って削除したほうがよい．

一方で，得られた貴重な調査結果を，少しも無駄にしないためには，すべての情報を残しておくことも重要である．一見，枝葉末節に思えることも，とにかく記録しておこう．情報の入手先の一覧を掲載することは当然であるが，たとえば，「どこの図書館に行くと，この古書が入手できる」といった情報も，将来の調査には役立つこともある．もし，上記の報告書や地域住民の方々に配布する冊子以外に，データブックや資料集をつくれるならば，すべての情報をまとめておくほかに，そうした入手資料のコピー集を，著作権などの問題が起きない範囲で，巻末にまとめておくとなお便利である．

調査は，調査した内容を情報として整理し，それをまちのみなさんにお伝えするところで一段階をおえるといえよう．そのあと，本格的な分析や提案への段階に進む主役は，調査者本人かもしれないし，そうした報告を受けた地域住民の方々かもしれない．

次の調査者は，先行する既往調査を決して軽んじてはいけない．同じ調査をくり返すことは，無駄な作業が発生することであり，また地域住民のみなさんにとっては，似たようなアンケートに答えなくてはならないといった余計な負担をかけることにもなる．過去の調査をふまえれば，時間的な変遷を把握することもできる．

逆に，いったん調査をおえる者としては，調査結果を必ず次に展開させる意志をもとう．よって調査中から，どういう団体や組織がまちづくりに対してどのような関心をもち，活動されているのか，キーパーソンは誰なのか，よく観察し，その点についても調査しておくことである．場合によっては調査そのものを協働でおこなうことも有効である．

〔窪田亜矢〕

文献

おおの・むらづくり21推進会議・東京大学都市デザイン研究室 編（2005）：『おおの・キャンパス・ビレッジ—大野村・地域づくりの軌跡と展望—』
東京大学都市デザイン研究室 編（2010a）：『足助まちづくり報告書—塩の道を生活の中心線にする—』
東京大学都市デザイン研究室 編（2010b）：『佐原プロジェクトチーム2009活動報告書—確かな一歩のためのアーバンデザイン：香取市の「中心づくり」提案—』
都市デザインワークス（2003）：『都市デザインガイドブックせんだいセントラルパーク2006』

◉より深く勉強したい人へ：世田谷トラストまちづくりの活動

まちづくりの現場では，地域の課題や資源をどのように永続的にマネジメントしていくのかが問われている．エリア・マネジメントとは，ある特定の地域を対象として，その地域の価値を維持向上させる実践である．そのためには，それぞれの関心に応じた活動主体が，地域の方向性を共有しつつ，協働するネットワークの場をつくることが肝要である．どのようなネットワークの場とするのか，協働のあり方のルールはどうするのか，何が地域の価値なのか，そうした具体的な項目は，同じまちの中でもそれぞれのエリアにおいて異なるものであることが当然であり，そうした点から議論をはじめていかなければならない．

同時に，地域の課題や資源を俯瞰的にとらえて共有することは，どこのエリア・マネジメントにおいてもなすべきことである．課題／資源リストを共有したうえで，どの部分をどの団体が実践しているのか，という状況認識の正確な把握も共有する必要がある．さらに，地域に関心をもつ方々のネットワークとしてのプラットフォームがあることを，地域の方々に広く伝えていくことも，エリア・マネジメントの質を高めることになるだろう．

その点で，世田谷区や財団法人世田谷トラストまちづくり（http://www.setagayatm.or.jp/index.html）の仕事は示唆に富む．市民の活動拠点を形成し，まちに貢献する意志をもつ地主への支援を行い，積極的にみどりや地域共生のための（私有地である）公共空間を生み出している．こうした状況を端的に理解するには，財団法人世田谷トラストまちづくりによる発行物をみればよい．

「参加のデザイン道具箱」シリーズは，地域住民の方々の参加があることが，まちづくりの望ましい状況であり，同時に到達点でもある，という考えを示しているといえるだろう．「まちづくりQ&A」シリーズからは，なぜ目の前の都市環境がこうなっているのか，理解して欲しいという思いが伝わってくる．特定の環境共生集合住宅を丁寧に紹介している「森をつくる住まいづくり」からは，そのような集合住宅を増やしていくという意志が感じられる．自分なりの方法でかかわれる庭やベランダづくりとしては「生きものを楽しむガーデニング」を発行している．緑あふれる魅力的な市街地形成のためには，特別なだれかではなく，だれもが貢献できる具体的な手法があることを教えてくれる．

その他も併せて数多くの出版物は，いずれも魅力的な挿絵，地図，写真が溢れており，読みやすいレイアウトが心がけられている．

（窪田亜矢）

参考図書

世田谷区都市整備公社まちづくりセンター 編（1993-2002）：『参加のデザイン道具箱Part1-4』，世田谷都市整備公社．（PART-2プロセスデザイン：事例とワークブック／PART-3ファシリテーショングラフィックとデザインゲーム／PART-4子どもの参加）
世田谷区都市整備公社まちづくりセンター（2000）：『森をつくる住まいづくり—環境共生住宅実践ガイドブック—』
世田谷トラストまちづくり（2010）：『生きものを楽しむガーデニング』

第Ⅲ部　現象を解釈する

第 10 章　統計分析のための手法と道具
第 11 章　住環境・景観を分析する
第 12 章　地域の価値を分析する
第 13 章　GIS を用いた分析

第Ⅲ部では，地域を解釈するための分析手法と，分析結果の読み取り方について述べる．データの分析，図化などの作業には，いずれもコンピュータを使うことになる．近年のパソコンやソフトウェアは十分に性能が高く，作業環境を整えて分析を進めることは比較的容易となった．とくに近年では，フリーウェアでありながらも高機能なソフトウェアも多く存在する．あるいはインターネットのWWW ブラウザ経由でデータを入力し，計算結果を得ることができるサービス（web アプリケーション）も増えてきている．高価なソフトウェアを購入する必要は，以前と比べて随分減ってきた．第Ⅲ部でも，分析を進めるにあたって，十分な機能をもつフリーのソフトウェアや web アプリケーションをいくつか紹介している．

一方で，簡単な操作で定量的な数値データが得られることは，必ずしも良い面ばかりではない．「はじめに」でもふれているが，定量的な分析には，その背後にいくつもの作業仮説が存在している．それらの作業仮説にのっとった分析作業を進めるためには，利用するソフトウェアの中で用いられているさまざまなパラメータやオプションの意味を理解し，適切に設定する必要がある．どのような計算や分析がおこなわれているのか理解せずにソフトウェアを利用すれば，得られた結果が妥当かチェックもできず，ただ盲目的に算出された数値を信頼して用いることとなる．たいへんに危険な調査・研究態度であるといわねばならない．

いま一度，定量的評価を行うことの重要性を認識しつつも，その限界を意識し，定性的な評価にも，同様に重きを置く姿勢が必要であることを強調しておきたい．

都市には，定量的に分析できない側面がたくさんあるが，それらが重要でないということでは決してない．地域の分析を進めるうえでは，定量的評価手法によって算出された結果を正しく解釈するためにも，定性的な評価も交えた価値判断が必要となる．定量的に得られた分析結果を過信せずに，分析結果を解釈することを心がけてほしい．

〔**桑田　仁**〕

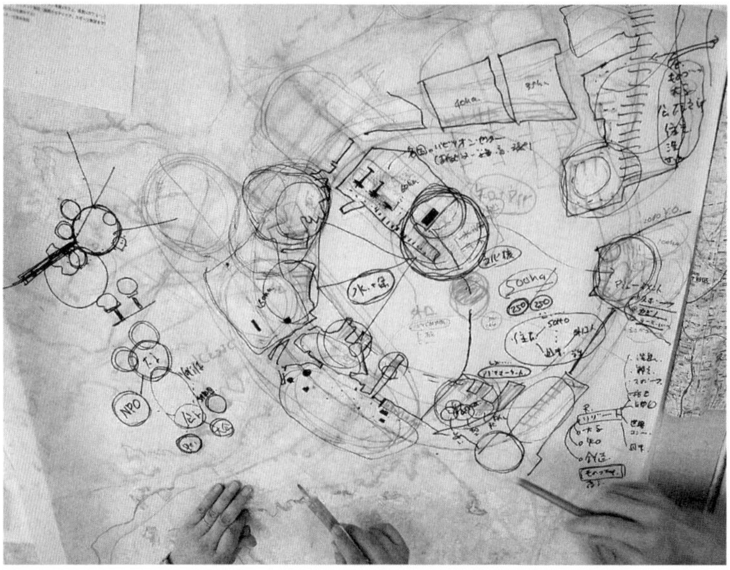

■作業まとめの様子

現象を解釈するためには，さまざまな情報やデータの中から，そのつながりをさぐろう．

第10章　統計分析のための手法と道具

キーワード：統計分析，クラスター分析，主成分分析

10.1　各種統計手法

a.　平均・分散・標準偏差

まず，Microsoft Excel® のような表計算分析ツールで容易に算出できる基本統計量を用いて，景観規制策定時の定量的根拠を明示する方法を考えてみよう．

図10.1に示すX市のA地区とB地区では，高度制限を要点とする景観規制の導入を検討中である．そこで，それぞれの代表的街並みを形成する5件の建物群の高度を調べてみた．

市民アンケートによれば，「A地区の景観は許容範囲だが，B地区のそれが乱れつつある」と判断された．両地区とも平均高度は24 mなのだが，B地区の街並みは統一感に欠ける．理由は，B地区で散発している過小・過大の開発である．

次に，市場圧力[*1]を分析してみると，両地区とも集合住宅（階高3 m）であれば8階，業務・商業ビル（階高4 m）であれば6階を許容する24 m程度の規制が望ましいと推量された．とはいえ，「もっと低く建てたい」土地所有者もいるし逆もいるので，幅をもたせたい．

つまり，規制の要点は，平均は現状維持でよいのだが，景観的な乱れを感じさせない幅のある高度が設定できるかにある．そこで，分散と標準偏差を調べてみた結果が表10.1である．

分散は，標本群の散らばり具合であり，標準偏差は平均値からの平均変動幅と考えてよい．

つまり，A地区の街並み維持を基準とすると，平均変動幅が2.12 mなのだから，24.0 ± 2.12 m程度の高度規制が望ましい．現実的には，± 3.0 mの幅を許可し，住宅であれば1階分の増減を認めればよい．あるいは，それ以下や以上の高度で建てたい所有者には，景観紊乱に関する法定外目的税[*2]を創設して課金し，景観街づくりの資金とすればよい．

こうして統計学的な根拠を市民に示せば，心理的にも景観保護が担保され安心感を醸成できる．また，課金による規制緩和措置の整備により，社会学的にも合意形成が容易となろう．

＊1　**市場圧力**：　バブル崩壊は，希望的観測ではなく理論的予測の下に不動産投資を検討することの必要性を認識させた．そこで頻用されるのが，将来の不動産収益を現在の価値に割り引いて投資額と比較衡量する収益還元法である．その考え方に従えば，たとえば建物建設の1 m^{2}当たりのコストがxであり，建物の将来収益を現在価値に還元した価格がyである場合，費用と便益を均衡させる延べ床面積S_Tは$y \geqq S_T \times x$を満たす必要がある．建設予定地の敷地面積をS，法定建蔽率をαとすると，最低限必要な階数nは$S \times \alpha \times n \geqq S_T$を満たす最初の自然数であり，ここでは簡便にこれを市場圧力と考える．

＊2　**法定外目的税**：　地方自治体が課税自主権を行使し，条例で制定した法律にはない目的税のことである．たとえば，東京都には観光振興を目的とした宿泊税があり，宿泊料金（いわゆる素泊まり料金）が10000円以上15000円未満の場合は100円，15000円以上の場合は200円が課税される．最近は，国による環境税制定の遅れもあり，独自の環境税を法定外目的税として創設すること検討する地方自治体が増加している．ただし，管見の限り景観を事由とした法定外目的税は日本には存在しない．対して，たとえばパリでは看板や屋外広告物の掲出に課税がなされており，結果として良好な景観の維持に貢献している．

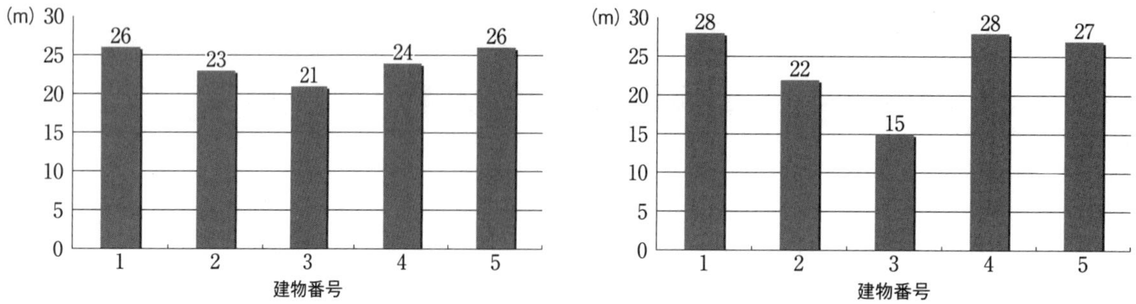

(a) A 地区の街並み　(b) B 地区の街並み

■図 10.1　各建物の高度
それぞれ架空のデータ.

■表 10.1　A 地区と B 地区の建物群の高度の平均・分散・標準偏差

	平均	分散	標準偏差
A 地区	24.0	4.5	2.12
B 地区	24.0	31.5	5.61

b.　多変量解析の種類と選択方法

景観創造を考えるうえで，下記のような問題にしばしばぶつかる.

> ① 景観規制は地価を下落させず, むしろ増加させることを合意形成の材料にできないか.
> ② 補助金で景観を改善したいが, どの景観要素に優先的に予算を配分すべきか.
> ③ 景観印象調査から, 景観のタイプをいくつかに分類してゾーニングの根拠にできないか.

解題解説すると，①は経済学的問題，②は経済学と心理学の融合問題，そして③は心理学的問題といえよう．これらは，これまでは論理的考察なしに直感的に決められることが多かったが，今後は政策評価法の流れなどもあり定量的根拠を示す必要がある. そこで有用なのが多変量解析である.

多変量解析とは，ひと言でいうと，複数の所与データやアンケート・データを組み合わせて要因の相互関係を明らかにすることである[*3]．逆説的には，それすらもせずに景観規制を立案すると，訴訟などの場面で不作為を問われることになるかも知れない.

多変量解析には多くの手法があるが，目的とデータの種類とよってどれを採用すればよいのかが決定される．まず，多変量解析では結果を被説明変数（または目的変数），原因を説明変数というが，自分で収集したデータに前者が存在するかを確認する.

次に，データには数量データとカテゴリー・データの 2 種類がある．たとえば，地価は数量データである．対して「この景観の基調色は何色だと思いますか」という問いへの回答は「赤／青／黄」などだが，これらに各々「0，1，2」を割り振ればカテゴリー・データとなる．また，たとえば調査地点から，「海が見えない = 0 ／見える = 1」と設定される変数をダミー変数という.

なお，いずれのデータにせよ，アンケート調査や専門的調査から得られる評価は客観的手法をもって偏向をなくし，記述統計などのデータに関しても採否の根拠をよく考察すべきである.

以上を踏まえたうえで，表 10.2 に従い手法を選択すればよい.

たとえば上記の問題①は，地価を被説明変数，駅からの距離などを説明変数と設定し，

$$y(\text{地価}) = f(\text{駅からの距離，面積，周囲の景観のよさ，}\cdots)$$

とモデル化できるので，重回帰分析にかけて解くことができる．これはヘドニック法とよばれ，不

＊3　基本的手法であれば Microsoft Excel にも組み込まれているし，青木繁伸群馬大学教授（社会統計学）がインターネット上で提供する無料統計解析サイト Black-Box（http://aoki2.si.gumma-u.ac.jp/BlackBox/BrackBox.himl）などがあり，比較的簡単に結果が得られる.

■表 10.2　データ形態に応じた解析手法一覧（管，1993；p.20）

目的変数の有無	データ形態		解析手法
	目的変数	説明変数	
あり	数量データ	数量データ	重回帰分析
			正準相関分析
	数量データ	カテゴリー・データ	数量化 I 類
	カテゴリー・データ	数量データ	判別分析
	カテゴリー・データ	カテゴリー・データ	数量化 II 類
なし		数量データ	主成分分析
			因子分析
			数量化 IV 類
		カテゴリー・データ	数量化 III 類
			クラスター分析*

*クラスター分析は，主成分分析，因子分析，数量化 III 類より求められるサンプルの得点を用い，サンプルのグルーピングを行う．

動産分析でしばしば利用される手法なので，本書でも第 12 章で解説する．問題②は，重回帰分析か数量化 I 類が適当だろう．

問題③は，調査シートの項目ごとの得点分析から新しい関係式をつくり，それを基にグループ分けをするので目的変数のない手法となる．まずは主成分分析を実施し，それでまだ分析軸が見えてこなければさらにクラスター分析にかければよい．これら二つの手法を次に解説する．

〔鳥海基樹〕

10.2　類型化するための手法：クラスター分析

クラスター分析とは，ある方針のもとで，類似するいくつかのかたまり（クラスター）に対象をまとめる分析手法である．すべての対象間の距離を定義し，最小の距離をもつ対象どうしを，一つのクラスターにまとめるという作業をくり返していく．ここでいう「距離」とは，いいかえれば，対象どうしの「似ていない程度」ということもできる．

a.　階層的手法と非階層的手法

クラスター分析には大きく分けて，クラスターの数をあらかじめ決めないで分析を進める階層的手法と，あらかじめクラスターの数を決めておく非階層的手法がある．

- 階層的手法は，距離の小さなものから同じクラスターにまとめあげ，デンドログラム（樹形図）を得る手法である．最終的に一つのクラスターになるまでくり返す．
- 非階層的手法は あらかじめいくつのクラスターに分けるか決定したうえで，どの組み合わせが適切か調べる手法である．

一般的には，階層的手法が広く用いられている．そこで本節では，階層的手法を解説していく．

b.　デンドログラム

階層的クラスター分析の結果は，デンドログラムとよばれる樹形図で表現される．結びつきの強い小さな組み合わせから，結びつきの弱い大きな組み合わせに向かう階層構造がわかるようになっている．

c.　類似度と距離

「クラスターの結びつきが強い」ということは，類似度が大きい，あるいは，クラスターどうしの距離が近いということを意味する．ここで重要となるのが距離および距離の測り方の定義である．両者ともさまざまな選択が可能であるが，距離についてはユークリッド距離をまずは用いるとよいだろう．距離の測り方については，群平均法とウォード法がバランスや安定性が良いとされ，用いられる頻度が高い．

1）群平均法

二つのクラスターからそれぞれ一つの データを選んで距離を求めることを，すべてのデータの組み合わせでおこなう．その平均を「二つのクラスターの距離」と定義し，それを用いてクラスターを統合していく方法である．

2）ウォード法

クラスター内のデータの平方和を最小にすることを目指し，クラスターの統合による平方和の増分が最も小さいクラスターどうしを統合していく方法である．　〔**桑田　仁**〕

10.3 クラスター分析の応用例

地域づくりへの応用例として，いわゆる平成の大合併が実施された際，市町村合併の組み合わせを検討するために，いくつかの道府県でクラスター分析が用いられた例があげられる．

本節では，北海道における事例[*4]を参考に，クラスター分析をおこなう．具体的には，地域の類似度や結びつきを表すと思われる指標（通勤圏，商圏，市町村事務の共同処理区域，各種組合の支部範囲等）を選定し，「互いに関連がある／なし」の２区分を，0/1におきかえた行列を分析に使用するデータとする．このようなデータの類似度を計測するには，Jaccard係数が用いられる．市町村 i,j 間のJaccard係数をＪ（i,j）とすれば

$$J(i,j) = a / (a+b+c)$$

で表され，数値が大きいほど類似度が高い．

a,b,c はそれぞれ

a：市町村 i, j でともに1を示す指標の数

b：市町村 i, で1，市町村 j で0を示す指標の数

c：市町村 i, で0，市町村 j で1を示す指標の数

を示すものとする．

ここで分析例を示す．表10.3は，ＡからＨの8市における，相互の結びつきを「0」もしくは「1」で表現した行列である．

表10.3より，各市間のJaccard係数を算出すると，表10.4が得られる．たとえばＡ市とＢ市のJaccard係数Ｊ（A, B）＝ a ／（$a+b+c$）は，

a：市町村A,Bでともに1を示す指標：2

b：市町村Ａで1，市町村Ｂで0を示す指標の数：2

c：市町村Ａで0，市町村Ｂで1を示す指標の数：2

より，

$$2/(2+2+2)=0.33$$

と求められる．

次に，最も類似度の高い市を一つのクラスターとみなす．ここではＤとＦの結びつきが0.57ともっとも高いため，この両市を一つのクラスター

＊4　http://www.pref.hokkaido.lg.jp/NR/rdonlyres/DB218CCD-F2E3-4522-8DEF-A5CFE0ECF37C/883596/030404.pdf

■表10.3　市町村の結びつきを示した行列

	10%以上商圏								共同処理区域					
	A市	B市	C市	D市	E市	F市	G市	H市	ABCごみ処理共同	DEFごみ処理共同	EG消防共同	BCD消防共同	ABEし尿処理共同	CDFし尿処理共同
A市	1	0	0	0	0	0	0	1	1	0	0	0	1	0
B市	0	1	0	0	0	0	0	0	1	0	0	1	1	0
C市	1	0	1	0	0	0	0	1	1	0	0	1	0	1
D市	0	0	1	1	0	0	1	0	0	1	0	1	0	1
E市	0	0	0	0	1	0	1	0	0	1	1	0	1	0
F市	0	0	1	0	0	1	1	0	0	1	0	0	0	1
G市	0	0	1	1	0	0	1	0	0	0	1	0	0	0
H市	1	0	0	1	0	1	0	1	0	0	0	0	0	0

■表 10.4　Jaccard 係数の計算例

	A 市	B 市	C 市	D 市	E 市	F 市	G 市	H 市
A 市	1	0.33	0.43	0	0.13	0	0	0.33
B 市	0.33	1	0.25	0.11	0.13	0	0	0
C 市	0.43	0.25	1	0.33	0	0.22	0.11	0.25
D 市	0	0.11	0.33	1	0.22	0.57	0.43	0.11
E 市	0.13	0.13	0	0.22	1	0.25	0.29	0.00
F 市	0	0	0.22	0.57	0.25	1	0.29	0.13
G 市	0	0	0.11	0.43	0.29	0.29	1	0.14
H 市	0.33	0	0.25	0.11	0	0.13	0.14	1

■表 10.5　Jaccard 係数の計算例

	A 市	B 市	C 市	E 市	G 市	H 市	DF 市
A 市	1	0.33	0.43	0.13	0	0.33	0
B 市	0.33	1	0.25	0.13	0	0	0.06
C 市	0.43	0.25	1	0	0.11	0.25	0.28
E 市	0.13	0.13	0	1	0.29	0	0.24
G 市	0	0	0.11	0.29	1	0.14	0.36
H 市	0.33	0	0.25	0	0.14	1	0.12
DF 市	0	0.06	0.28	0.24	0.36	0.12	0.79

とみなし，再び Jaccard 係数を計算する．このようにして表 10.5 を得る．

今度は A と C の結びつきが 0.43 と最も高いため，この両市を一つのクラスターとみなす．

この一連の作業を，すべての市が併合されて一つのクラスターとなるまで続けることにより，各市間の結びつきの強さを知ることができる．デンドログラムを用いて表すと，図 10.2 のようになる．

このように Jaccard 係数を用いたクラスター分析は，サンプル相互の結びつきを検討するために用いることができる．分析するうえで注意しなくてはならないことは，たとえば「母都市 A－衛星都市 B」，「母都市 A－衛星都市 C」といった関係がある場合，B－C には実際の結びつきがない場合にも，B－C に結びつきがあると分析される点や，通勤圏や商業圏が活発であるが特定の自治体に偏らない場合，周囲との交流があまりない独立した自治体と同様に，他の市町村と結びつきにくいことがある点である．

本例では Jaccard 指標を用いたクラスター分析をおこなったが，一般的なクラスター分析では，

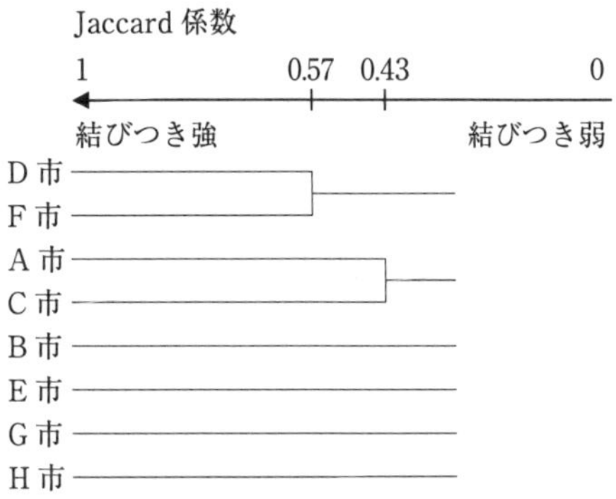

■図 10.2　デンドログラムによるクラスターの結びつきの強さの表現

前述のように対象間の距離の定義と距離の測り方を変えることにより，さまざまな結果が得ることができる．出力された結果を吟味して読み取り，最も意味をもちうる結果が算出される手法を採用するとよいだろう．　〔桑田　仁〕

■表 10.6 Y市10地区景観調査結果（5段階評定）

	印象批評	緑の豊かさ（x_1）	電線・電柱が制御された印象（x_2）	屋外広告物が制御された印象（x_3）	高さの統一感（x_4）	建築デザインの統一感（x_5）
A	高度成長期に分譲されたため緑は豊かだが最近看板が増えはじめた戸建て住宅地	4	3	2	3	3
B	大正時代の計画的分譲地で建築協定が効果的で大変良い印象の成熟住宅地	5	5	5	5	4
C	旧街道沿いにあり最近ではしもた屋が目立つ凋落傾向の強い商店街	2	1	2	5	3
D	歴史的街並みが良好に保存されているが電柱地中化が一部市民の反対でできない住宅地	2	1	5	5	5
E	農地にスプロールしながら規則性なく建設が進み最近は空き家も目立つ住宅地	4	3	2	4	2
F	雑居ビルが建ち並びバブル期の地上げの跡地に青空駐車場が散在する業商混在地	1	2	2	3	1
G	国道沿いにロードサイド型の大規模店舗が派手な看板を立てて建ち並んだ商業地	1	1	1	4	1
H	高度成長期のいわゆる団地だが，緑が大きくなり落ち着いた印象の住宅地	5	3	4	5	5
I	土地が分譲されて購入者が自分の好みで住宅を建設した新興住宅地	2	3	4	4	3
J	農家が不連続にミニ開発や庭先アパートの経営に乗り出した農住混在地	3	3	4	3	2

■表 10.7 Y市10地区景観調査主成分分析結果

	緑の豊かさ（a_{n1}）	電線・電柱が制御された印象（a_{n2}）	屋外広告物が制御された印象（a_{n3}）	高さの統一感（a_{n4}）	建築デザインの統一感（a_{n5}）	寄与率（%）	累積寄与率（%）
主成分1	0.01245	0.28622	−0.40355	−0.71626	−0.61923	44.41517	44.41517
主成分2	0.61690	0.79025	0.18156	−0.32100	−0.01813	39.53903	83.95420

10.4 主成分分析

Y市は景観計画の策定を考えているが，策定チームは景観計画立案にあまり慣れていないので，どのような視点で景観を眺めてみればよいのか，皆目見当がつかない．そこで，まずは教科書を見てみると，その文献には「緑の豊かさ」など，5アイテム一般的と考えられていると書いてあった．そこで，A～Jの10地区に対し5項目の調査を5段階評価で実施した．評価は，調査員による偏向が出ないように議論と現地調査を通じて判断基準を共有した10名でおこない，最上位と最下位の評価を棄却し，8評価の平均を四捨五入してある．なお，たとえば，緑の豊かさであれば緑視率や緑被率を採用することも考えたが，経験的に費用の割に印象評価と有意な差が出ないので割愛できると考えた．その結果，得られたのが表10.6である．

しかし，これだけではY市にとって重要な景観要素が未だ見えてこない．

主成分分析は，所与のデータ（ここでは目視調査結果）を解析することでそこに潜むいくつかの軸＝主成分に集約し，サンプル（ここでは各地区）の解釈に役立てようとするものである[*5]．数式で書けば，n 番目の主成分 Z_n（主成分は単一とは限らないので n 個あると仮定する）は，

$$Z_n=a_{n1}x_1+a_{n2}x_2+\cdots a_{np}x_p$$

と記述される．ここにおいて x_i は p 種類のデータのうちの i 番目のものの得点，a_{ni} はその重み付け係数である．

表10.6の場合，以下の表10.7の主成分が抽出された．

各主成分の説明力を寄与率といい，当然ながら全主成分の累積寄与率の合計は100％となる．上記の問題の場合，主成分1が44.4％，主成分2が39.5％である．通常，累積寄与率が60％をこえるまでを主成分とするので，この場合の主成分は2つとなる．

主成分分析では，分析者が各主成分を解釈し命名する必要があるが，重み付け係数は正負ではなく絶対値で考察する．上例では，主成分1は「高さの統一感」と「建築デザインの統一感」の重み付け係数が大きいから「建築コントロール指標」，主成分2は「電線・電柱の制御された印象」と「緑の豊かさ」の重み付け係数が大きいから潤いと空への解放感を表すと考え，「爽快指標」とでも命名できよう．

つまり，Y市では「緑の豊かさ」などの一般的な5項目で調査をかけると，「建築コントロール指標」と「爽快指標」とでも命名できるY市独自の主成分があぶり出されてきた．当面はこの2指標を軸にした景観計画を考察してゆけばよい．前者は規制にかかわるので，ヘドニック法などによる分析を取り込み，後者は事業にかかわるので，財政論的考察に加え，昨今不可欠になっている費用便益分析を実施すべきであろう．そして，それらの運用シミュレーションをして余裕が残るようであれば，さらに計画項目を肉づけしてゆけば科学的に無理がない．

以上に景観分析のツールとしての主成分分析を紹介したが，本例は調査項目のかなり少ないもので，通常，数十に及ぶ統計値などが分析される．ただ，抽出される主成分は数個である．

〔鳥海基樹〕

*5 主成分分析をMicrosoft Excel® などの一般的ソフトウェアで解くのは困難だが，たとえば前述の無料統計解析サイトBlack-Boxなどを利用すると簡単に結果が得られる．

文　献

菅　民郎（1993）：『初心者がらくらく読める多変量解析の実践（上）』，現代数学社．

菅　民郎（2007）：『Excelで学ぶ多変量解析（第2版）』，オーム社．

数理社会学会 監修（2006）：『社会の見方 測り方―計量社会学への招待―』，勁草書房．

福澤英弘（2007）：『定量分析実践講座―ケースで学ぶ意思決定の手法―』，ファーストプレス．

◉より深く勉強したい人へ：統計分析をするうえでの心構え

入力するデータを正しく作成する

当たり前のことであるかもしれないが，最も人為的なミスが出やすく，かつそれを後から見つけることが難しいミスとなりうる．コンピュータやソフトウェアが進化したとはいえ，入力するデータ自体に誤りがあると，正しい結果を得ることができない．単純な入力作業は，とくにミスを犯しやすい．「人間が行うデータ作成には必ずミスが生じる」という前提に立ち，複数の人間によるダブルチェックなどを行ってほしい．

算出された結果を慎重に読み取る

そして，算出された結果の的確かつ慎重な読み取りが求められる．たとえば，現象Aと現象Bに強い相関が認められたとしても，それは「AだからBである」，とも，「BだからAである」とも，あるいは「AとBには本当は相関がないが，たまたま相関があるように見える（擬似相関という）」とも考えられうる．しかし，「AだからBである」という結論が望ましいと考えている場合，えてしてそのような結論を導いてしまうことがある．分析結果の読み取りについて，今一度慎重に吟味する姿勢をもってもらいたい．

このような点からは，すでに古典であるが，『統計でウソをつく法』（ダレル・ハフ著，講談社ブルーバックス，1968）が読みやすく，参考になる．サンプルの不十分さ，グラフの恣意的な省略，因果関係の理解の仕方についてなど，無意識におこなってしまいがちな過ちを指摘している．

ソフトウェアを正しく利用する

ソフトウェアの利用については，とくに統計解析において，どのような計算や処理が行われているかをよく理解しないで利用してしまう弊害も発生しやすくなっている．その際，ソフトウェアの初期設定を盲目的に信頼して，すべての設定項目をチェックせずに，とりあえず結果を算出することを優先すると，誤った分析結果を導いてしまう恐れがある．おこなおうとしている分析に最適な手法を正しく選択するために，ソフトウェアだけでなく，統計手法そのものについても，特徴，長所，短所をきちんと理解してほしい．

（桑田　仁）

第11章　住環境・景観を分析する

キーワード：日影規制，天空率，フォトモンタージュ

11.1　建築物の影響を分析する手法

前章では，数値データを用いた定量的な統計的手法による地域分析を概観してきた．本節では，建築スケールの視点から，建築物が与える定性的・定量的な影響を把握する手法を紹介する．

日影規制や天空率規制といった建築基準法にかかわる項目に関しては，実務に携わる設計者がいやおうなく検討する必要に迫られるため，影響評価の手法やソフトウェアの開発が以前から進められてきた．本節では，日影や日影規制，また天空率規制とそのシミュレーションについて簡単に紹介する．

一方，景観評価に関しては，公共事業における景観アセスメント（景観評価）システムの確立が，平成15（2003）年にまとめられた「美しい国づくり政策大綱」の中で具体的施策として位置づけられるなど，国レベルでも取り組みが進められている．そのようななかで，これまでにも研究レベルにおいては景観シミュレーションシステムの開発がおこなわれてきた．

しかしながら，データの取得の難しさ，コンピュータの能力の低さ，開発されたソフトウェアの使いにくさ，ユーザーサポート環境の弱さといった問題点から，なかなか利用が進んでいないのが実情である．ただ近年では，これらの問題は改善されつつあり，かなり取り組みやすい状況になってきた．

景観評価の中でも重要な景観予測手法は，熊谷（1989）によれば表11.1のように分類される．

これらの手法の中で本節では，景観や圧迫感の変化を確認するためフォトモンタージュに関して，連続立面写真の生成による検討と，3次元モデル作成による検討について紹介する．

a.　居室における日射環境のチェック

居室における日射環境の現状を正しく把握することは，簡単な作業ではない．冬至日において当該居室が日射を享受する時間帯を直接測定することが最も明快であるが，現実的ではない．一方で，コンピュータによるシミュレーションを考えた場合，その居室に対する日射を遮蔽するすべての建築物の規模・配置・形状，加えて敷地の高低差を知る必要があるが，これらのデータを入手，もしくは作成することが難しい．

そこで，画角180°の魚眼レンズを用いて，光軸を天頂に向けて撮影された天空写真を撮影し，太陽軌道を天空図上に描画できるCAD（たとえばJw_cadなど）などのソフトウェアで読み込み，重ねて描画することで，日射環境を検討することが考えられる．

魚眼レンズは

- 全周魚眼（撮影画像が円）もしくは対角魚眼（撮影画像が矩形）
- 画角180°とは限らない
- 射影方式（等距離射影，等立体角射影，正射影など）

といった違いによって，さまざまな種類が存在する．日射環境の検討には，全周魚眼で画角180°の

■表 11.1　景観予測手法の分類（熊谷，1989）

数値・数式による予測（定量的）Prediction	
指標値	予測の基準となる数値が，予め心理実験等で明らかにされており，計量的に示されているもの． （例）みえの大きさ（立体角・視角） 距離，仰角，テクスチュア etc.
モデル	景観評価アンケートなどを通じて，評価と規定要因との関係が明らかにされ数式モデルとして示されているもの． 重回帰式によるモデル，数量化理論を活用した予測モデル etc.
視覚的表示手法による予測（定性的）Simulation	
単独表示手法	投影図(正投影，余投影，軸測投影 etc.) 透視図（手描き，コンピュータ・グラフィックス） 模型
合成表示手法	フォトモンタージュ， カラー・シミュレーション（カラーシミュレーター） ビデオ・シミュレーション（特殊効果装置） デジタル画像処理 etc.

レンズを選ぶとよい．射影方式については，太陽軌道を天空図上に描画するCADソフトウェアと同じ射影方式を選択することが最もよいが，射影方式を変換するソフトウェアも開発されている．

b.　日影のシミュレーションと日影規制のチェック

日影規制は，当時多発していた日照紛争の解決を目的として，昭和51（1976）年に導入された，規制強化型のルールである．その特徴として，以下の三つを指摘することができる

① 中高層建築物を対象としている．低層建築物は対象外である．
② 住居系用途地域をおもな対象としている．商業地域は対象外である．
③ 計画建築物周辺の日照を確保することが目的であるが，影響を受ける建築物の居室における日照時間の最低限度を，直接的に確保できる規制ではない．計画建築物が生成する影が敷地外（敷地外5mと10m）へ排出される量を等時間日影の広がりとしてとらえ，それを制限する規制である．

これらの特徴は，それぞれ日影規制における日照確保の限界を示している．とくに③は，日影規制が遵守されても，影響を受ける建築物の居室において，日照時間の最低限度が確保されるとは限らないことを意味する．日射環境のチェックを行ううえでは，日影規制のチェックだけではなく，居室の日射環境もチェックすることが望ましい．

1）真太陽時と標準時の違い

日影規制では，冬至日における8～16時の，8時間における日照確保を目的としている．ここで注意すべきは，日影規制では，太陽の南中時刻を12時とする真太陽時で時刻を表している点である．たとえば東京においては，冬至の南中時刻は標準時でおよそ11時40分である．ということは，標準時では7時40分から15時40分の間で日照確保を目指していることとなる．冬至の南中時刻は地域によって異なるので，確認する必要がある．

2）時刻日影図と等時間日影図

時刻日影図は，ある時刻における，建築物などによって作られる影を描画したものである．ここで，8時の時刻日影図と10時の時刻日影図を重ね合わせてみよう．両者の重なりは，8～10時の間ずっと影に入る範囲である．同様に，8時1分から10時1分まで影となる範囲，8時2分から…，というように，すこしずつ時刻をずらしながら，ある時間の間ずっと影に入る範囲を求める．それらを重ね合わせると，8～16時の間である時間の間，影に入る範囲を描画することができる．これ

を等時間日影図とよぶ．後述の図11.5（右）では，2時間等時間日影図を求めていることとなる．

3）ソフトウェアの選択

日影規制を満たす建築物の形態は複雑であるため，適合チェックを手計算によっておこなうことは難しい．建築基準法による形態規制の中で，最も早くからコンピュータ利用が進められたのが日影のシミュレーションと日影規制のチェックであろう．日影規制への適合を検討するためには，等時間日影図が描画できるソフトウェアを選択する必要がある*1．

c. 天空率規制

天空率規制は，規制強化型の日影規制と異なり，規制緩和型のルールとして平成15（2003）年1月から施行された．道路斜線，隣地斜線，北側斜線について，斜線制限に適合する仮想の建築物（適合建築物）と計画建築物のそれぞれの周囲に測定点を配置して天空率を計算し，すべての測定点における天空率について後者が前者を上回る，つまり計画建築物の天空阻害がより少なければ，該当する斜線制限に従わなくてよいとする規制である．

天空率は，ある地点における太陽の直達光を除いた天空光による明るさ，つまり採光を表す量であるが，天空率規制ではこれをもって，斜線制限が確保する採光・通風などの市街地環境を表す指標とみなしている．

天空率規制についても，日影規制と同様に，CADなどをはじめとするさまざまなソフトウェアで計算が可能となっているが，無料のJw_cadでも対応している．また逆日影と同じく，天空率規制を満たす最大ボリュームを求める，逆天空率を算出できるソフトウェアもある．

d. 景観シミュレーション1：連続立面写真の作成とフォトモンタージュ

ここまでは日影，および天空率についての分析を行う手法を紹介してきた．続いて，市街地景観をシミュレーション，分析する手法について述べていく．

市街地景観を検討する最も簡便な手法としては，連続立面写真の作成によるフォトモンタージュがあげられる．計画敷地の周辺の建築物を正面から連続して写真撮影した後，Adobe Photoshop®などの画像加工ソフトウェアを用いて画像のゆがみやプロポーション，サイズを補正し，互いにつなぎ合わせていく．このようにして作成される連続立面写真は，その時点での街並みの記録としても貴重なものとなりうる．

さらに，計画建築物の位置・高さ・形状をCAD上でモデリングし，連続立面写真とモンタージュすることにより，計画建築物と周辺市街地との高さやボリュームの差，ファサードの連続性のチェックを行うことができる．

e. 景観シミュレーション2：ファサード写真を模型にはりつけた都市模型の作成

前項のd．で述べた連続立面写真とCADモデルの合成は，最も取り組みやすく簡便であるが，奥行き方向が表現できない点が課題となる．そこで，d．と同様の手法でファサード写真のゆがみを取り除き，スタイロフォームなどで作成した建築物のボリューム模型に貼り付け，3次元の都市模型を作成することもおこなわれる．

自動車，樹木などの市販の模型パーツとスケールを合わせて作成することにより，実際のスケールをイメージしやすい模型を作成することができる．さらにCCD, CMOSなどの映像素子を用いた小型の撮影装置を用いることにより，現実の人間の目線に近い高さから模型を眺めることで，市街地の実態や変容のイメージをよりわかりやすく感じることができるようになる．

f. 景観シミュレーション3：写真から起こす3次元モデルの作成

写真から，高さ・間口・奥行きの三つの情報を読み取り，3次元モデルをコンピュータ内で生成

---

*1 CAD用のプラグインから専用のソフトウェアまで発売されているが，無料のJw_cadでも対応している．また逆に，日影規制を満たす最大ボリュームを求める，いわゆる逆日影を算出できるソフトウェアもある．

■図 11.1　連続立面図
左；ゆがみ補正前，右；補正後.

■図 11.2　連続立面図の例

することができるソフトウェアはそれほど多くはない．そのなかでGoogle SketchUp®（Version 6で確認）は，無料のソフトウェアでありながら，写真上でパースの消失点を指定することにより，コンピュータが自動で建物をモデリングし，そのボリュームを生成する機能を備えている．

さらにモデリングした建物へ写真から読み込んだファサードの貼り付けをおこなうことや，生成されたモデルを3次元のさまざまな視点から眺めることが容易にできるなど，フォトモンタージュによる景観シミュレーションをおこなううえで魅力的な機能が充実している．

11.2　フォトモンタージュによる建築ボリュームチェック

それでは，11.1節で述べたフォトモンタージュを実際におこなってみよう．

a.　連続立面写真の作成

画角になるべく入りきるように広角レンズを使い，それぞれの建物をできるだけ正面から撮影する．レンズの光軸も水平に近いほうが望ましい．（図11.1左）の写真が撮影された立面写真である．上部に向かって，細くすぼまっていることがわかる．これをPhotoshopなどの画像加工ソフトウェアでゆがみを補正する[*2]．なお，写真によっては，直線であるべき線が外側に向かって膨らむ，あるいは内側にへこむなど，曲線となって歪む場合がある．これをレンズの歪曲収差とよぶ[*3]．このような修正を撮影画像に加え，連結していくことによって，連続立面写真を作成する（図11.2）．

次に，中央の建物が高さ15mのマンションに建て替わる計画があるとして，SketchUpを用いて，計画建築物のボリュームをフォトモンタージュしてみる（図11.3）．まずは準備として，たとえば間口寸法など，画像上の任意の二点間の距離を実測，もしくは地図や図面で計測しておく．

以下にSketchUpでの作業フローを示す．

*2　たとえばPhotoshop®では，「編集→変形→遠近法」を利用して，ゆがみを補正していくことができる．
*3　このようなゆがみについては，「フィルタ→変形→レンズ補正」を用いることで，補正をおこなうことができる．

■図 11.3　立面図への計画建物の重ね合わせ例

a）写真を読み込む図面の単位や視点を設定する.
・「ウィンドウ→環境設定→テンプレート」で単位を mm に設定.
・「カメラ→標準ビュー→正面」で，視点を正面に設定.
b）画像を読み込む.
・「ファイル→インポート」
c）画像のスケールを実際の寸法にマッチさせる.
・メジャーツールを選択し，あらかじめ実際の寸法を計測しておいた2点でクリックし，次に実際の寸法を数値入力する．すると図面上での数値が実際の数値と一致するように画像が拡大・縮小される.
d）建替えられる建物の上に，計画建築物を描画する.
・長方形ツールを用いて，計画建築物の寸法を数値入力し，計画建築物を描画する.

11.3　日影規制のチェック

次に日影規制のチェックについて，具体的に取り組んでみよう.

a.　ソフトウェアの選択

例として，下図のような規模・配置・形状をもつ敷地で日影規制を考えよう. CAD ソフトウェアを用いて，日影規制の検討をおこなう.

CAD ソフトウェアには, 日影規制の検討機能を標準で有しているものと，追加機能として用意しているものとがある. 日ごろより使い慣れた CAD ソフトウェアが望ましいが，日影規制の検討機能を有料で追加する必要がある場合には，無料の CAD ソフトウェアで, かつ日影規制の検討機能も標準で有している Jw_cad を利用するのがよい．なお後述するように，Jw_cad は天空率規制の検討機能も有している.

b.　対象となる敷地・建物・前面道路のモデリング

1）周辺敷地および道路の入力

対象および周辺の敷地および道路形状を入力する．配置図をスキャナーで取り込みトレースする際には，方位およびバースケールを同じ図面上で同時に読み込んでおくとよい．バースケールを読み込んでおくと，実際の縮尺と図面の縮尺を合わせやすくなる．方位は，日影規制の検討をおこなううえで非常に重要となるので，正確に読み込む必要がある.

建物については，3 次元のデータが必要となるが, CAD によっては 3 次元でのモデリング機能がそれほど充実していないものがある．Jw_cad もそれほど充実しているとはいえない．そのため
・建築物を直方体などの単純な図形の組み合わせで表現する.

・複雑な形状の場合には，安全側，つまり計画建物を内包するように大きめに作図する．

といった工夫が必要となる．

5m 規制ライン，10m 規制ラインについては，敷地境界線をそれぞれ5m，10m オフセットさせる．角については，トリムなどの機能を使い，半径が5m，10m の円弧でつなぐ．ただし，敷地が道路や川に接する場合などには緩和規定があるので注意する．

図11.4を例にとれば，道路境界線部分においては，道路幅員の1/2だけ外側に5m および10m のラインが設定される．

2）日影規制検討の条件設定

日影規制を検討するうえでは

(1) 検討対象日の確認：「冬至」を指定する．

(2) 対象敷地の緯度経度の入力

緯度経度の入力について留意することは2点ある．

①小数点以下の確認：　緯度経度について，小数点以下を10進法で入力する場合と，分・秒といった60進法で入力する場合がある．どちらで入力すべきか確認する．

②経度の入力について：　ソフトウェアによっては，経度の入力を必要としない．これは，日影時間の検討では，南中時刻を12時とする真太陽を用いるため，経度による標準時における南中時刻の違いを考慮する必要なしに計算が可能であるためである．

(3) 真北の確認：建築物の基準線と真北の方向は一般的に一致しない．真北の方向を確認しておくこと．

・規制内容：　測定面高さ，5m および10m ラインの規制時間およびそれ以外の高さ制限（高度地区による絶対高さ制限）などを把握しておく．この例では10m ライン規制3時間，5m ライン規制5時間とする．

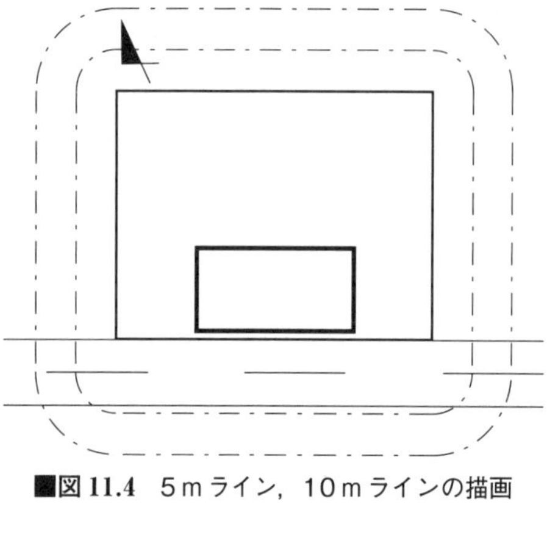

■図11.4　5m ライン，10m ラインの描画

3）時刻日影図・等時間日影図の描画

日影を描画するために必要な設定ができたら，時刻日影図や等時間日影図は簡単に描画することができる．Jw_cad では時刻日影図，等時間日影図を描画するための専用のコマンドが標準で用意されている．

5時間日影と3時間日影を描画したところ（図11.5），それぞれ5m，10m ラインより内側に収まっており，日影規制に適合していることがわかる．

11.4　天空率規制のチェック

11.3節では日影規制のチェックをおこなった，本節では敷地と建物を用いて，天空率規制についても検討してみよう．

a.　ソフトウェアの選択

日影規制と同じく，CAD ソフトウェアには，天空率規制の検討機能を標準で有しているものと，追加機能として用意しているものとがある．ここでは，天空率規制の検討機能も標準で有している Jw_cad を利用して検討してみよう．

b.　対象となる敷地・建物・前面道路のモデリング

1）対象および周辺敷地の入力

日影規制のチェックと同じく，対象および周辺の敷地および道路形状を入力する．配置図をスキャナーで取り込みトレースする際には，方位およびバースケールを同じ図面上で同時に読み込んでおくとよい．バースケールを読み込んでおくと，実際の縮尺と図面の縮尺を合わせやすくなる．方

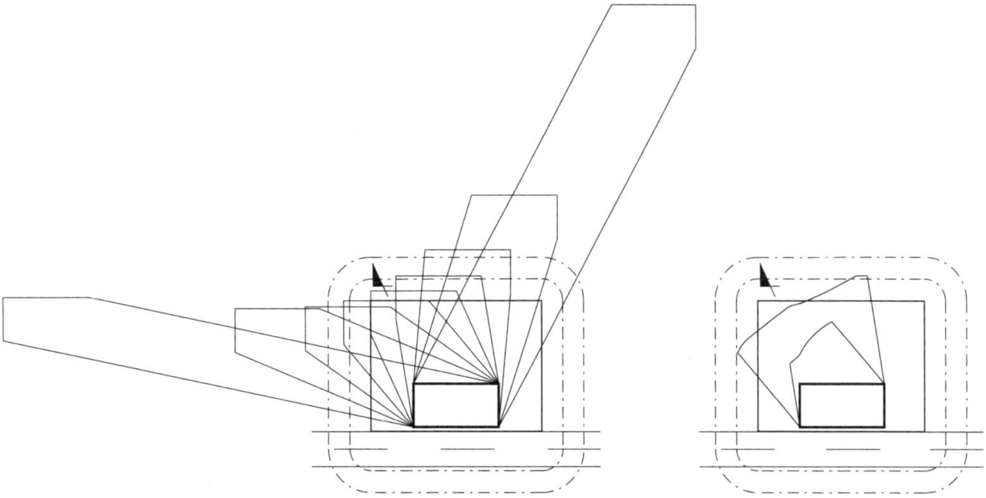

■図 11.5 時刻日影図（左），および等時間日影図（右）

■表 11.2 天空率規制の測定位置

	測定点が配置されるラインの位置		測定点の間隔（等間隔）	算定基準高さ
道路斜線	敷地反対側の道路境界上		前面道路幅員の1/2 以内	前面道路の路面の中心の高さ
隣地斜線	隣地境界線から外側へ、水平距離が右のライン上	商業地域外：16 m 商業地域：12.4 m	8 m 以内 6.2 m 以内	建築物の敷地の地盤面高さ
北側斜線	隣地境界線から外側へ，真北方向の水平距離が右のライン上	低層住居専用地域：4 m 中高層住居専用地域：8 m	1 m 以内 2 m 以内	建築物の敷地の地盤面高さ

位については，天空光の検討自体では，太陽の方位が影響しないと仮定しているが，北側斜線制限の緩和を検討する際には，敷地から真北方向に4 m 外側のライン上に測定点を配置するため，必要となる．

2）計画建築物，適合建築物，および測定点のモデリング

天空率規制においては，計画建築物と，緩和を検討する斜線制限に適合する適合建築物の天空率をそれぞれ算出し，すべての測定点における天空率について比較をおこなう（表 11.2）．そのために計画建築物に加え，適合建築物のモデリングが必要となる．

天空率規制を利用する設計者にとっては，適合建築物の天空率がなるべく小さい，つまり天空阻害の割合が大きいほど，計画建築物の設計自由度が増大するため好ましい．そのために斜線制限に適合する建築形態のなかで，なるべく天空率を低下させる建築物が検討される．

3）斜線を検討する際の注意点

(1) 道路斜線を検討する場合の注意点

計画建築物が敷地境界線からセットバックしていても，測定点が配置されるラインは敷地反対側の道路境界上で変化させない．また敷地境界線から計画建築物の壁面位置までの間の，任意の場所に適合建築物の壁面を仮定してよい．つまり，必ずしも適合建築物をセットバックさせる必要はない．また，道路斜線の開始位置から，一定距離以上離れた建物部分については道路斜線がなくなる，いわゆる適用距離の規定は，適合建築物についても適用される．

(2) 隣地斜線を検討する場合の注意点

道路斜線と同じく，計画建築物がセットバックしていても，測定ラインの敷地境界線からの距離は変化させない．その他，適合建築物の配置や適用距離についても，道路斜線の注意と同様である．

(3) 北側斜線を検討する場合の注意点

上記の斜線と同じく，適合建築物の配置位置は，計画建築物の壁面位置から隣地境界緯線の間の，任意の場所に仮定してよい． 〔**桑田 仁**〕

文 献

浅見泰司 編著（2001）：『住環境—評価方法と理論—』，東京大学出版会．
阿部秀之（2008）：『Google SketchUp 日本語版パーフェクト入門編』，エクスナレッジ．
熊谷洋一（1989）：「景観アセスメントにおける予測評価手法に関する研究」，『造園雑誌』，**53**（1），10-15.
日本建築情報センター（2006）：『Jw_cad 日影・天空率完全マスター』，エクスナレッジ．

◉より深く勉強したい人へ：形態規制について

形態規制とは，建築物の容積率・建ぺい率の制限，斜線制限，日影規制，高度地区など，建築物の規模・配置・形状を制限する規制の総称である．日本の形態規制はそもそもゆるく，建築の自由度が高いのであるが，加えて形態規制に対するさまざまな緩和措置も用意されている．結果として，複雑な形態規制を遵守した建築物が立ち並んでも，高さや壁面位置は不ぞろいとなり，まちなみは整わない．

形態規制の適用を受けた建築物がどのような形状となりうるか，各種都市計画手法を含めて理解を深めるためには，『都市・建築・不動産企画開発マニュアル 2007-2008』（エクスナレッジムック，2007）がよくまとまっている．これまでも何回か改訂されているので，最新版を購入するとよいだろう．あるいは，『確認申請 memo 2010』（建築申請実務研究会編，新日本法規出版，2010）も，図版が多く見やすい．毎年改訂され，最新の法令に対応している． （桑田 仁）

第12章　地域の価値を分析する

キーワード：費用便益分析

12.1　環境価値を分析する手法

「環境価値」とひと言でいっても，その内実はきわめて多元的である．そこで，ここではさまざまな価値が貨幣価値に反射していると考えてみよう．ただ，その前に環境の経済学の前提知識を復習しておく．

まず，環境は市場が機能しない分野の一つである．たとえば，規制がなければ工場は汚染物質を垂れ流しても課金も懲罰もない．これを負の外部性とか外部不経済という．あるいは，自然公園を独占的に，または非排他的に楽しむことは通常できない．また，その維持費用も市場を通じて受益者が負担することは通常はない．このような財を「公共財」という．また，市場の不機能を「市場の失敗」という．つまり，環境は通常の経済学では解析できない．

このようなフリー・ライド（ただ乗り）行為は，規制や課金といった政策的介入の根拠を形成する．しかし，その内容が単に多数決で決めただけであったり，感情に流され理論的検討もなく策定されたものだと，かえって経済的失速を産んだり，思わぬ副作用を発生させたりもする．これを政府の失敗（あるいは政策の失敗）という．昨今の官僚無謬説の崩壊は周知のとおりであり，環境の経済的分析は，それを回避するための有効な手段の一つである．

次に，環境経済学では市場ですべてのデータが収集できると限らないと想定する．たとえば以下では景観を例に経済的価値分析のフレームと手法を紹介するが，それは，たとえば表12.1のように整理できる．以上の価値群のうち，市場で一部顕在化可能なのは直接的利用価値だけで，その他はなんらかの方法で推量しなければならない．それには，市場で顕示されているデータを利用して価値を推測する顕示選好法と，アンケートなどで価値を表明してもらう表明選好法がある．

A.　顕示選好法

①代替法（別の商品に置換した場合の費用に基づき評価額を推定）

②トラベル・コスト法（旅行費用法）（レクリエーションを享受する価値を旅費を利用して推定）

③ヘドニック法（環境アメニティの価値を地価や

■表12.1　利用形態による景観の価値分類（青山，2003，p.38）

景観の価値	利用価値	直接的利用価値	景観を即地的に眺めることも感じる価値
		間接的利用価値	メディアを通じて景観を見ることに感じる価値
		オプション価値	いつかは見てみたい景観の保持に感じる価値
	非利用価値	遺産価値	景観を将来世代に遺してあげたいと感じる価値
		代位価値	自分以外の誰かが景観を享受することに感じる価値
		存在価値	景観が存在しているだけで満足だと感じる価値

■表12.2 景観の経済分析手法の概要・長所・短所（国土交通省景観室，2007，p.3）

手法	概 要	長 所	短 所
①代替法	景観形成と同じ効果をもたらす他の市場財を想定し，その財（代替財）の費用をもとに便益を計測.	・直感的に理解しやすい. ・データ収集が比較的容易.	・経済理論的裏づけが希薄. ・適切な代替財が設定できない場合は計測できない. ・景観形成全体を表現することは困難.
②トラベル・コスト法	対象地区を訪れる人が支出する交通費や費やす時間をもとに需要曲線を推定し，便益を計測.	・基本的に客観データを用いる方法で恣意性が少ない. ・観光地のように，訪問する価値の計測に適する.	・存在価値などの非利用価値は計測困難.
③ヘドニック法	景観形成による効果・影響を，定量的・定性的な指標で表現し，その指標と地価との関係を分析.	・要素別の計測が可能. ・便益の地域的な分布を計測可能.	・豊富な地価データが必要. ・存在価値などの非利用価値は計測困難.
④CVM（仮想市場評価法）	景観形成の有無のシナリオを提示し，景観形成に対する支払意思額を把握.	・効果・影響を一括計測. ・計測対象に関して制約が少ない.	・景観要素別の分離は困難. ・質問方法やサンプル特性によってバイアスが生じる可能性がある. ・調査期間・費用がかかる.
⑤コンジョイント分析	景観形成による効果・影響を，定量的・定性的な指標（要素）で表現し，その指標によって表現した景観形成のシナリオを提示し，景観形成に対する支払意思額を指標（要素）別に把握.	・景観要素別に計測可能. ・計測対象に関して制約が少ない. ・1回の調査で複数の代替案の評価が可能.	・計算はCVMより煩雑なため，慎重な調査設計が必要. ・CVMと同様，バイアスが生じる可能性がある. ・調査期間・費用がかかる.
⑥産業連関分析	来訪者の増加などによる地区内生産の変化をもとに，産業連関表を用いて波及効果を計測.	・地区内生産の変化（観光収入増など）が明らかな場合に適用可能.	・産業連関表はおもに県レベルで作成されているため，市町村レベルの景観形成の影響の計測は困難.

地代を利用して推定）

B. 表明選好法

④仮想市場評価法（CVM）（アンケートを利用して直接評価を聞き出す）

⑤コンジョイント分析（アンケートを利用して多属性分析を実施）

他方，たとえば，適切な景観規制により観光収入が増加するなどの効果が出ることがある．これを正の外部性とか外部経済という．観光客増は，一次的に旅館や土産物店，タクシー業界などを潤すが，二次的にはそれらに原材料を供給する農業・漁業，手工業，燃料業などにも波及便益を及ぼす．その場合，⑥産業連関分析により規制の実体経済への貢献度を推量できる．

以上の方法の概要，長所，そして短所をまとめたのが表12.2である．

本章では，このうちヘドニック法，仮想市場評価法，そして産業連関分析の実例を解説する．

12.2 ヘドニック法

a. 住宅の価値と景観

たとえば，住宅を購入するとしよう．不動産広告を見ると，価格とともに多くのデータが記載されている．それらは以下のように整理できよう．

・**定量的立地条件**
駅までの距離・時間，都心ターミナル駅までの時間，スーパーマーケットまでの距離・時間，保育園や小学校などの教育施設までの距離・時間，公園までの距離・時間，など

・**定性的立地条件**
「静かな周辺環境」「緑にあふれた」「安心・安全」「眺望抜群」「買い物便利」などの表現，など

・**定量的敷地・建物情報**
土地面積，建物面積，築年月，間取り，エレベ

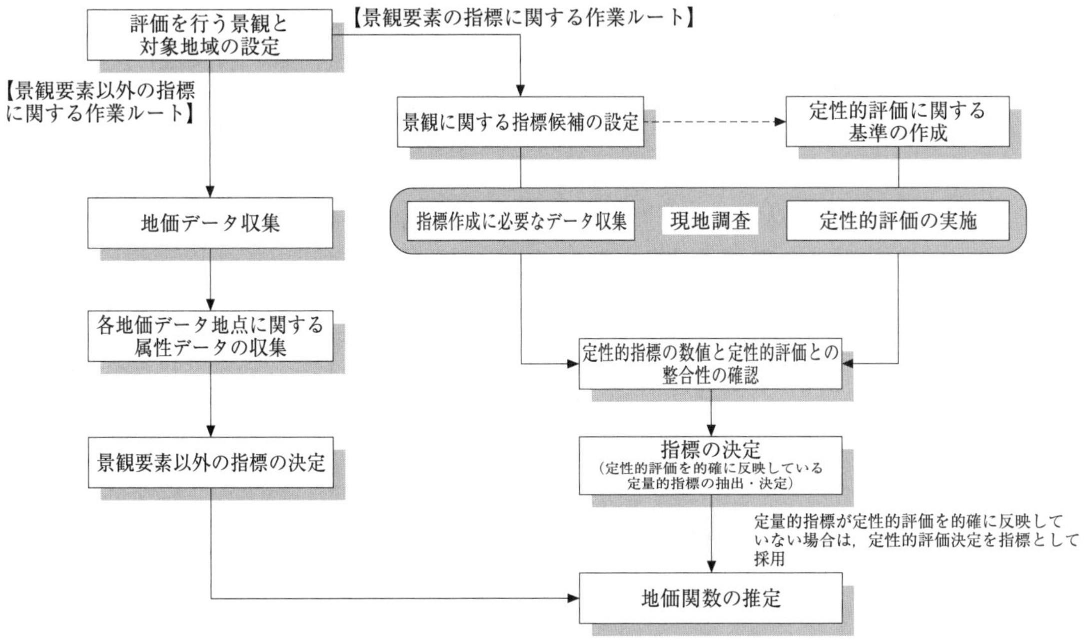

■図 12.1 ヘドニック法による景観価値を含めた地価関数推定フロー

ータの有無，駐車場の有無，など

・**定性的敷地・建物情報**

「日当たり良好」「角地・角部屋」「即引き渡し可」，設備（たとえば「オール電化キッチン」「床暖房標準装備」「オートロック」），など

わたしたちはほとんどの場合,「駅からやや遠いが，緑の多さに惹かれて買ってしまった」，「他の条件は全部クリアだけど駐車場がないので断念」，「あまり乗り気ではないのだが，うちの収入ではこの物件で目一杯」などの理由づけで購入物件を決定する．これらのデータを見て直感的に当該物件のコスト・パフォーマンスを推量したり，他の物件との比較をしながら購入対象物件を選択しているである．

ヘドニック法は，この直感的決定法を統計的に処理したものといえる．つまり，さまざまな条件や価値が不動産価格に帰着しているという仮説（これを「キャピタリゼーション仮説」という）に基づき，定性的条件も価値に反射しているという立場を取る．そして，次に紹介するが，地価や住宅価格を被説明変数とし，駅からの距離，面積，築年月，あるいは景観の優劣等を説明変数として重回帰分析[*1]にかけ，推定関数とパラメータから地域の価値を分析する．

b. 適用例

ここでは，国土交通省が2007年6月に公表し，筆者もメンバーとして参画した『景観形成の経済的価値分析に関する検討報告書』[*2]を用いて適用方法を紹介してゆく．

この研究では,「地価＝景観以外の地価形成要因＋景観形成による価値」と考え，図12.1の検討フローに従って地価関数を推定している．また，二つの都市に関してそれぞれ住宅地・商業地を分析しているが，ここではA市の住宅地の事例を紹介する．

被説明変数から考えてゆこう．まず，注意点としては，できれば賃貸データは使わないほうがよい．本研究でも試行段階で賃貸価格での分析を実

＊1 重回帰分析はMicrosoft Excelでも標準装備されており，あまり重くないデータであれば比較的手軽に取り組める（詳細は，肥田野（1997)).

＊2 この報告書は次のサイトからダウンロード可能である. http://www.mlit.go.jp/crd/city/plan/townscape/index.htm

施したが，景観に関して貢献度の高い説明変数が析出してこなかった．これは，わたしたちの選好を考慮すればある程度自明だが，ほとんどの賃貸住宅居住は数年での転居が予定されており，たとえば「どうせ数年で引っ越すのだから地域環境よりも駅への近さで選ぼう」とか，とりわけ学生や単身者のアパート選択では賃料の安さ自体が目的化して「とにかく安い物件に住みたい」などの理由づけでの物件選択が見られるためである．ただ，これを逆手にとられて「賃貸物件の多い地区では景観形成は意味がない」といわれないようにしたい．重回帰分析が明らかにできるのは相対的価値づけであり二項対立的な価値観ではない．

さて，ヘドニック法の被説明変数で最も望ましいのは，金利や税制の変動による売り急ぎや買い急ぎ案件を補正できない欠点はあるが，やはり実際の取引データによる実勢価格だろう．ただ，一般的に重回帰分析は説明変数の10倍以上のデータが必要とされるので，活発な不動産取引のない地域では適用が難しい．また，そもそも正確な把握自体が困難でもある．

地価は「一物多価」ともいわれ，公示価格，相続税評価額，固定資産税評価額，路線価，基準地価などがあり，地域の特性に応じた価格を選択するのが次善の策となる．

次に，説明変数の設定が必要である．この研究では，景観起因以外の説明変数は，地価関数推定に一般的な項目を選択した．また，景観関連の説明変数は，すでにA市が景観計画を策定済みであることからそれを参考に要素を抽出し，定量化することを試みた．その結果，表12.3のとおりとした．

以上の前提の下に重回帰分析にかけた結果，表12.4の地価関数が推定された．

説明変数が減少しているのは，貢献度の低いものを捨ててゆくプロセスを経ているためと，重回帰分析で一般的に問題化する多重共線性（multi-collinearity：マルチコリアニティ，略してマルチコとよばれる）の排除をしたためである．

マルチコとは，たとえば駅までの距離とスーパーマーケットまで距離を説明変数にした際，当該地域の特性としてスーパーマーケットが駅周辺にある場合，両変数の相関が高くなり干渉しあってしまう現象であり，どちらかの変数を捨てなければならない．これは，変数間相関を行列に書き出して対処する．

さて，上記の結果を解釈してみよう．標準化係数とは，異なる説明変数の単位に煩わされず，被説明変数との相関の大きさを判定できる数値である．有意確率とは「説明変数の係数が0ではない確率」で，この研究では10%を有意水準としている．0.000となっているのは1%未満であり統計的にきわめて有意であることを示す．また，自由度修正済み決定係数は推定地価関数の現実への当てはまり具合を示す．

本研究の標準化係数を見ると，A市は東京近郊の都市なので，駅までの距離や東京駅までの時間が長い物件は値段が大きく下がることが解る．それらほどの貢献力はないが，勾配屋根や緑化といった景観要素に地価形成力があることが判明した．

この研究がユニークなのは，現状分析に留まらず，景観規制がなくなった場合に起きうる開発を想定して，それが地価に及ぼす影響を予想し，それと景観規制がある場合の地価を比較衡量している点である．その結果が表12.5である．

結果を解釈すると，たとえば生垣や街路樹を倍増し，屋外広告物規制も併用すれば，そうではない場合と比較して1m^{2}当たり約2万円の地価の下支え効果があることがわかる．これは当該地域の地価の約1割に相当するので，たとえば自治体が緑化補助金などを支出しても固定資産税などの1割相当分以内であれば回収可能であることを示す．

12.3　仮想市場評価法（CVM）

a.　風景の文化的価値を測る

たとえば，公道の歩道から美しい棚田の風景を眺めているとしよう．通常それは無料である．交通違反をしていない限り，誰かに「出て行ってく

■表 12.3　A 市住宅地における地価関数の推定に使用する説明変数（指標）

景観要素				指標	概要
景観以外に関する説明要因	区画要因			地積［m²］ 区画整形ダミー（整形：0, 不整形：1）	地積が大きいほど土地を効率的に利用できる. 整形の区画は土地を効率的に利用できる.
	接道要因			前面道路幅員［m］ 南側接道ダミー（南側に道路：1, それ以外：0）	前面道路の幅員が広いと利便性が高い. 南側に道路のある住宅地は日当たりがよく住環境が優れている.
	地域的な要因			実効容積率［%］ 用途地域ダミー	容積率の上限が高いほど土地を効率的に利用できる（用途地域別に設定）. 用途地域ごとに，用途規制が異なる. 低層地域ダミー，中高層地域ダミー，住居地域ダミーを設定.
	最寄り駅の要因			最寄り駅までの距離［km］ 最寄り駅乗降客数［人］ 都心までの所要時間［分］	最寄り駅まで近いほど利便性が高い. 最寄り駅の乗降客数が多いほど, 住宅地としての利便性が期待できる. 都心に近いほど利便性が高い.
	地域の賑わい			当該町丁目の人口密度［人/m²］	人口密度が高いほど，住宅地としての賑わいが期待できる.
景観に関する説明要因	建築物・工作物	屋根形状・屋上部分	スカイラインの連続性	建築物高さ（ばらつき（変動係数）） 突出する高層建築物なしダミー	計測区間の道路に面する建築物階数のばらつき（変動係数）. 建築物の高さのばらつきが小さく，スカイラインの連続性が確保されていることを評価する. 計測区間外を含めた視界に入る高層建築物, 工作物などの有無. スカイラインの連続性を阻害するような突出した高層建築物がないことを評価する.
			屋根形状の統一性	勾配屋根の割合［%］	計測区間に占める勾配屋根の棟数割合. 屋根が勾配屋根に統一されていることを評価する.
		ボリューム	建築物などによる圧迫感の軽減	D/H（平均）［m/ 階］ 建築物高さ（平均）［階］ 圧迫感のある擁壁なしダミー	対象物件の「前面道路幅員＋平均壁面後退量」を平均建築物高さで割った値. 道路幅員に対する建築物高さが抑えられ，圧迫感がないことを評価する. 計測区間の道路に面する建築物階数の平均. 建築物の高さが抑えられ，圧迫感がないことを評価する. 勾配などにより圧迫感を軽減させていない高さ 2 m 以上の擁壁の有無. 圧迫感のある擁壁が存在しないことを評価する.
		ファサード	街並みとしての連続性（軸線の強調，ファサードの統一など）	連続性の分断なしダミー	住宅地内での空き地や駐車場などによる分断の有無. 連続性を分断する施設などがないことを評価する.
		賑わい感の演出等	生活感の演出	外部空間への配慮ありダミー	計測区間内で前面道路に向けてプランターや花壇が設置されている敷地の有無. プランターや花壇などがあることを評価する.
		駐車場・建築設備	駐車場・建築設備等の露出	駐車場露出なしダミー 建築設備露出なしダミー	機械式駐車場やコインパーキングの露出（修景を考慮）の有無. 駐車場の露出が抑えられていることを評価する. 露出した建築設備の有無. 建築設備の露出が抑えられていることを評価する.
		色彩	彩度，明度	彩度等超過面積割合［%］	景観計画に定められたマンセル値をこえる面積が視界に占める割合. 彩度の超過が少ないことを評価する.

（表 12.3，続き）

景観に関する説明要因	緑	緑の豊かさ	生垣・街路樹の割合［%］	連続的・規則的に並ぶ緑の量としての生垣や街路樹が視界に占める割合．生け垣や街路樹が多く見られることを評価する．
		緑のシンボル性	シンボル性のある緑ありダミー	固有性のある街路樹，大木，桜並木の有無．シンボル性のある緑があることを評価する．
	屋外広告物	量（数・面積），色彩	広告物の面積割合［%］	視界に入る広告物の色彩や量が目立つか否か．視界に占める広告物の量が少ないことを評価する．
		広告物の設置	目立つ広告物なしダミー	色彩，面積，位置が目立つ広告物の有無．けばけばしい広告物がないことを評価する．
	公共施設	電線の地中化	電線なしダミー	縦断・横断方向の電線の有無．電線がないことを評価する．
	その他	ランドマークなどへの眺望の確保	城の眺望ありダミー	計測計測区間内での城の眺望点の有無．城の眺望が確保されていることを評価する．
			自然景観の眺望ありダミー	計測計測区間内での海や山への眺望点の有無．自然景観への眺望が確保されていることを評価する．

注)「ダミー」とは，ある条件の有無や，カテゴリ・段階など，数量以外を示す変数（「あり」を1，「なし」を0とするのが典型的）をさす．

■表 12.4　A市住宅地における地価関数の推定結果

	パターン1		パターン2		パターン3	
	標準化係数	有意確率	標準化係数	有意確率	標準化係数	有意確率
前面道路幅員	0.159	0.000	0.159	0.000	0.155	0.000
住居地域ダミー	−0.092	0.029	−0.093	0.029	−0.076	0.076
最寄駅までの距離	−0.400	0.000	−0.389	0.000	−0.427	0.000
最寄駅乗降客数	0.434	0.000	0.428	0.000	0.452	0.000
東京駅までの所要時間	−0.521	0.000	−0.526	0.000	−0.516	0.000
町丁目の人口密度	0.152	0.000	0.159	0.000	0.170	0.000
勾配屋根の割合	0.128	0.000	0.132	0.000	0.135	0.000
生垣・街路樹の割合	0.085	0.001	0.085	0.001	0.078	0.006
目立つ広告物なしダミー	0.078	0.055				
駐車場露出なしダミー			0.071	0.093		
建築物高さ（ばらつき（変動係数））					−0.076	0.008
突出する高層建築物なしダミー					0.076	0.079
サンプル数	219		219		219	
自由度調整済み決定係数	0.658		0.652		0.654	

れと」も言われないし，逆に「この風景はわたくし個人のものだから見ないでくれ」ともいえない．ましてや，オークションでその眺望点への入場料をめぐって競争がおこなわれることはない．

しかし，棚田の維持活動をしているNPOから寄付を求められたとしよう．もちろん，「寄付をするくらいなら，この文化的景観がなくなってもかまわない」という人もいるだろうが，「年間3000円位であれば」のような回答を寄せる人もいるだろう．あるいは，棚田オーナー制度があると聞けば，「交通費や弁当代は自腹で出して年間7日間働くので，寄付ではなく維持活動で貢献させてもらえないか」のような提案もありうる．

仮想市場評価法（CVM: contingent valuation method）は，市場が失敗する環境分野で，アンケートにより仮想的に市場を構築して価値を計測す

■表 12.5 説明変数ごとの地価単価への影響（A 市住宅地）

景観の説明変数						地価単価の差分 [円 /m^2]	
		措置あり		措置なし		ケース 1（広告物の抑制）	ケース 2（駐車場露出の抑制）
a	勾配屋根の割合 [%]	すべての建築物（11 戸）が勾配屋根で統一される．	100.0	300 m^2 超の敷地建築物が陸屋根となる（3 戸）．	72.7	9,277	9,663
b	生垣・街路樹の割合 [%]	b1）現状の 2 倍の量となる．	28.4	現状の 1/2 の量となる．	7.1	3,699	4,778
		b2）現状の 1.5 倍の量となる．	21.3			910	1,634
c	目立つ広告物なしダミー (0,1)	目立つ広告物がない．	1	目立つ広告物が発生する．	0	5,876	
d	駐車場露出なしダミー (0,1)	駐車場の露出がない．	1	駐車場が露出する．	0		5,348
各説明変数の地価単価の差分の合計				a+b1+c+d		19,302	19,789
				a+b2+c+d		16,513	16,241

■表 12.6 CVM の主たる質問方法（垣内，2005，p.90）

名　称	内　容	特　徴
自由回答方式	回答者に 1 回だけ自由に金額を記入してもらう	無回答が多くなる
付値ゲーム方式	セリのように金額を上げていって WTP を確定する	回答に時間がかかる 最初の提示額の影響を受ける
支払いカード方式	選択肢の中から選択してもらう	提示された金額の範囲の影響を受ける
2 項選択方式	金額を回答者に提示して YES または NO で回答してもらう	答えやすくバイアスが比較的に少ない
2 段階 2 項選択方式	2 項選択方式を 2 度くり返す	2 項選択方式の情報量を増やし，統計効率を上げる

る手法である．通常，支払い意志額（WTP: willingness to pay）を尋ねるが，奉仕労働量（WTW: willingness to work）を尋ねる方法もある．これは，単位労働当たりの賃金から金銭的価値に変換可能である．

景観の金銭的価値の分析方法といえば，先にヘドニック法を学んだばかりだが，それを適用するには地価が判明し，かつ十分なデータ数が必要なのであった．棚田があるような地域では土地取引が不活発で信頼度の高いデータがない場合が多いし，都心でも同様の問題が起きうる．たとえば，国会議事堂への眺望景観の価値を推定したくても，眺望点である永田町の道路空間に地価はない．仮想市場評価法は，アンケートの手間と引換にその欠点を克服できる手法である．

ただ，回答方式に注意を払う必要がある．たとえば，表 12.6 の「自由回答方式」に相当する質問方法では，年収 500 万円のサラリーマンでも何の根拠もなく「自分は年間 1 億円拠出してもよい」という回答もできてしまう．また，実際にアンケートをしてみると，金銭的余裕を他者に知られることを躊躇する人が多いのか，無回答が多くなる．

そのようなバイアスやバリアを除去するため，表 12.6 の「付値ゲーム方式」以下のような回答方法上の工夫を施すのが一般的である．さらに，設問に年収，性別，職業，学歴などを記入させると無責任な回答に対する抑止になるし，後述のように，より精密に付値関数の推定が可能となる．最近の研究では 2 項選択方式または 2 段階 2 項選択方式の採用が多い．

■表 12.7　質問の種類と変数一覧

質問の種類	変数	変数の意味
仮想市場評価に関する質問	ln（T）	提示額（対数値）
回答者属性に関する質問	ln（Inc） ln（Age） D_{gen}	所得（対数値） 年齢（対数値） 性別（男性＝1，女性＝0）
伝建群景観に対する価値認識に関する質問	D_{prs} D_{bqs} D_{ext} D_{hce} D_{fes}	高山の景観を誇りに思う＝1，他＝0 遺贈価値の認識＝1，他＝0 存在価値の認識＝1，他＝0 歴史・文化教育の場＝1，他＝0 祭り・行事・習慣の保存＝1，他＝0
望ましい伝建群景観保存方法に関する質問	D_{cgv} D_{lgv} D_{rsd} D_{int}	国による支援＝1，他＝0 地方自治体による支援＝1，他＝0 住民による保存＝1，他＝0 関心のある人が支援＝1，他＝0

その他，仮想市場評価法には，アメリカ商務省国家海洋大気局（NOAA: National Oceanic and Atmospheric Administration）により提案されたNOAAガイドラインという運用注意項目一覧があり，それに従い制度設計をおこなうとよい（たとえば，垣内（2005，p.226））．

以上の方法で支払い意志額の回答を得るわけだが，アンケートによる実測値は不連続な点群となるため，平均値や中央値を算出ができない．そのため，付値関数を推定する必要があり，生存分析法やランダム効用モデル*3といった専門的知識が必要になる．

簡単にいえば，「T円支払ってもよい」と回答する確率に関する分布関数$P(T)$を措定し，実測値からパラメータを特定する．そのうえで検定を施し有意水準に満たないものを棄却して付値関数を推定する．そして，$P(T)$=0.5となる中央値Tを算出すればよい．

平均値ではなく中央値を採用するのは，たとえば自由回答方式で突出して高い額を提示する回答者がいた場合，平均値もそれに引っ張られて高値にシフトしてしまうが，中央値であればその心配がないし，50%の回答者が合意する中央値は多数決原理からも重要な意味をもつためである．

b.　適用例

ここでは，文化庁が政策研究大学院大学に委嘱し，筆者もメンバーとして参画した『文化芸術振興による経済への影響に関する調査研究』(2006年3月）から，岐阜県高山市の重要伝統的建造物群保存地区，いわゆる飛騨高山の街並みの仮想市場評価を見てみよう．

この調査では，郵送調査と観光客配布調査が併用されたが，以下ではより信頼性が高いと考えられる郵送調査を取り上げる．これは，現地でアンケート用紙を観光客に配布してみての経験だが，調査を拒否する理由が，支払い意志がないためなのか，それはあるものの忙しくて回答できないだけなのか，正確に補足するのが困難であるためである．反面，郵送調査では回収率が明確で，アンケート未回答者の支払い意志額を0円とみなしてもよいであろう（この調査では回収率向上のため督促状も送付している）．

設定した質問事項は表12.7のとおりである．

アンケートは高山市，岐阜県，東京都の選挙人名簿から無作為抽出された，それぞれ976，975，971サンプルに対してアンケートが送付され，有効回答率はそれぞれ30.0%，18.4%，14.6%であった．

このアンケートでは，｢飛騨高山歴史文化保全基金」が創設され，｢各世帯が1回に限り寄付できる額」を聞いている．税方式にしたり，毎年度など

---

*3　仮想市場評価法の第一人者である栗山浩一早稲田大学大学院教授がMicrosoft Excelを利用したフリーウェアを公開している（http://www.f.waseda.jp/kkuri/）．

■表 12.8　飛騨高山の街並みの仮想市場評価

変数	高山	岐阜	東京
ln（T）	−1.25362 ***	−1.09154 ***	−1.19474 ***
	(−14.070)	(−10.182)	(−9.403)
ln（Inc）	0.755783 ***	−	0.63736 **
	(4.939)	−	(2.258)
ln（Age）	−	1.12472 **	1.12243 **
	−	(2.598)	(2.218)
D_{gen}	0.848299 ***	−	−
	(3.308)	−	−
D_{prs}	−	0.697604 **	−
	−	(2.112)	−
$D_{bqs} \times D_{ext}$	−0.564558	−	−
	(−2.025)	−	−
D_{hce}	0.908634 ***	−	−
	(2.952)	−	−
D_{fes}	−0.714981	0.753586 *	−
	(−2.276)	(1.910)	−
$D_{cgv} \times D_{lgv}$	0.704342 **	−	−
	(2.580)	−	−
$D_{cgv} \times D_{rsd}$	−	1.40796 **	−
	−	(2.306)	−
$D_{cgv} \times D_{int}$	−	−	1.57145
	−	−	(1.866)
$D_{lgv} \times D_{int}$	1.10714 **	−	0.998553 **
	(2.186)	−	(2.027)
D_{rsd}	0.493067 *	−	−
	(1.689)	−	−
定数項	−2.08956	3.14775 *	−5.36198
	(−0.817)	(1.845)	(−1.045)
サンプル数	293	180	142
中央値	3,267.95	2,427.55	2,088.48

注）（　）内は t 値，「***」は 1%水準で有意，「**」は 5%水準で有意，「*」は 10%水準で有意．

の複数回支払いは回答者の嫌悪感を招来してしまう蓋然性が高いためである．また，「将来世代に遺しておきたい」「遺っていること自体がすばらしい」「また訪れてみたい」などの設問が埋め込まれていて，表 12.7 に示した遺贈価値，存在価値，あるいはオプション価値を測定し，かつそれと支払い意志額との相関を算出できるように工夫が凝らされている．その分析結果を表 12.8 に示す．

提示額の符号はすべてマイナスとなり，高い提示額ほど支払いが拒否されている．つまり，回答者は単に歴史的環境保存だけではなく，支払額も考慮しながらアンケートに回答したことを示す．また，所得や年齢で有意ということは，それらが上がるほど支払い受諾確率が高まるという意味になる．興味深いのは，東京では価値認識に関する設問が有意に効いてこないのに対し，国や地方自治体の支援を受け住民も自発的に保存を展開するのであれば，支払いを受諾する確率が高まっている点である．

ところで，上述のように，本調査では「飛騨高山の景観の歴史的・文化的価値は重要（歴史的・文化的価値）」，「建造物や町並みが美しい（審美的価値）」，「子や孫などの招来世代に遺しておきたい（遺贈価値）」，「飛騨高山の景観を誇りに思う（威

■表 12.9　飛騨高山の価値に関する主体別の按分

	高山市	岐阜県	東京都	観光客
審美的価値	23.7	27.7	25.5	33.2
遺贈価値	25.1	24.0	21.7	13.1
威信価値	24.0	16.4	9.8	10.6
存在価値	21.6	21.5	22.9	20.1
オプション価値	5.7	10.5	20.0	23.0

注）四捨五入のため正確に100%にならない列がある．また，観光客の調査結果は郵送調査とは別のそれによるものである．

信価値)」,「飛騨高山の景観が遺っていること自体がすばらしい（存在価値)」,「飛騨高山の町並みを訪れてみたい（オプション価値)」に関する設問をアンケートに組み込んだため，その按分も統計的に算出できる．価値内容別の按分には加法分離性を仮定するので「歴史的・文化的価値」を除外すると，表12.9のとおりの結果が得られた．

この按分結果に上記の便益（中央値）を乗じてゆけば,「誰がどの価値にいくら払ってもよい」と考えているかが判明する．また，この按分結果は，政策立案時に誰に対して何に重点を置いて説明すべきかを明確にする．たとえば，高山市では威信価値を強調した政策説明文書を作成することに意味があるが，東京ではあまり効果がないのである．

最後に，飛騨高山の街並みの総便益を推定しておこう．東京には全国の世帯数の約12%が集中しているし，各地からの流入人口も多い．そこで彼らの意見が日本国民の平均的なそれとすると，

日本の全世帯の支払い意志額総計
＝2088円×47,062,743世帯（2000年度国勢調査確定世帯数）×14.6%（有効回答率）
＝143.5億円

と推定される．

さらに，遺贈価値・存在価値・オプション価値が，文化庁や地方自治体による歴史的環境保存政策への支払い意志を代弁していると考えると，それらは全体の約6割に相当するので，約86億円が政策予算の原資とみなせる．仮に年利0.1%とすれば年間8600万円ほどの運用益が出る．建物1棟の修理費は柱・梁などまで含めた根本修理だと1千万円を超過するので，年間8棟程度の修理は可能になる．

12.4　産業連関分析による経済波及効果

a.　経済波及効果とは

たとえば，美術館を訪れるとしよう．お目当ての絵を見るのに「払ってもよい」と考える値段よりも移動費用とチケット代の総額が安ければ，電車賃や入場料を払って入館となる．前述のように，移動費用から美術館の便益を推定するのが旅行費用法（travel cost method）である．

ところが，わたしたちは美術館を訪れる際に，移動費用とチケット代に加えてさまざまな消費をする．たとえば,「館内のレストランで食事をした」「絵が気に入りカタログを買った」「帰途は疲れてしまったので駅までタクシーに乗った」などである．

これを詳細に見てゆくと，さまざまな生産が誘発されていることに気がつく．レストランでの支出は人件費や材料費にまわってゆくし，カタログ購入は印刷業や出版業を潤す．タクシー料金は運転手の懐だけではなくガソリン・スタンドにも落ちる．つまり，館内や館外で使われる，絵画鑑賞に不可欠な出費以外の消費により，さまざまな産業に連鎖的便益を及ぼしている．

経済波及効果分析は，このような「風が吹けば桶屋が儲かる」式の生産誘発を科学的に解析したものである．その手順は，美術館を例にとると以下のとおりである．

① 美術館でのさまざまな消費をしたくなり，来場者の需要が ΔF 増える．
② 美術館は ΔF の需要に応答するために ΔF だけの物販やサービスをおこなう．

③ 美術館での物販やサービスは，製造業やサービス業の生産を誘発する．生産額に対する原材料の投入の割合（これを投入係数という）と A とすると，新規発生する製造業やサービス業の生産額は $A\Delta F$ となる．
④ さらに一段後方の生産額は $A^2\Delta F$ となる．
⑤ これが無限大に続きさまざまな生産が誘発される．

つまり，

$$\Delta X=\Delta F+A\Delta F+A^2\Delta F+A^3\Delta F+A^4\Delta F+\cdots$$

ここで単位行列を $\boldsymbol{I}$ とすると，

$$\Delta \mathrm{X}=(\boldsymbol{I}+A+A^2+A^3+A^4+\cdots)\Delta F$$

両辺に $(\boldsymbol{I}-A)$ をかけると，

$$(\boldsymbol{I}-A)\Delta \mathrm{X}=\{(\boldsymbol{I}-A)+(A-A^2)+(A^2-A^3)+(A^3-A^4)+\cdots\}\ \Delta F$$

すなわち，

$$(\boldsymbol{I}-A)\Delta X=\mathrm{I}\Delta F$$

したがって，

$$\Delta \mathrm{X}=(\boldsymbol{I}-A)^{-1}\Delta F$$

これをレオンチェフの逆行列という．つまり，「ある最終需要がどの部門にどれだけの誘発効果を及ぼすか」を，統計的な蓄積である A から予想するという意味になる．ある消費は特殊な形態をとるが，それが一般的にどのような産業により形成されたものかを経験的に把握しておいて，最終需要額に応じて各部門に誘発額を割り振ってゆくと考えればよい．

その経験的把握を一覧にしたものが産業連関表であり，総務省，各都道府県，そして政令指定都市などが，国勢調査の実施年と同じ年を基準年として作成している．また，内閣府，農林水産省，経済産業省，国土交通省などは，それぞれの所管事項に応じた産業連関表を作成しているので，目的次第ではそれらを使用する[*4]．

問題は，たとえば最も一般的な総務省作成の産業連関表でも，供給部門約500行，需要部門約400列と，Microsoft Excelで処理可能なワークシート容量である65536行×256列をこえている点や，Excelの関数MINVERSで逆行列計算ができるのは52部門が最大である点である．しかし，たとえばフリーウェア「波及さん」[*5]を利用すれば，一般的なパソコンで経済波及効果の分析ができる．

b.　分析の実際

産業連関分析の詳細は安田（2008）に譲り，本節では同書に掲載された東京都三鷹市の三鷹の森ジブリ美術館（正式名称：三鷹市立アニメーション美術館）の経済波及効果分析を引用・紹介する．

スタジオ・ジブリに関しては説明不要であろう．『ハウルの動く城』『千と千尋の神隠し』『もののけ姫』など，子供から高齢者まで楽しめるアニメーション作品で世界的にも有名な制作会社である．ジブリ美術館は，同スタジオの作品を中心に，アニメーションをさまざまな角度から紹介する教育施設である．

ただ，総務省作成の産業連関表の基本分類（約500部門）に当てはめると「社会教育（国公立）」か「社会教育（非営利）」になるし，さらに分類が粗である都道府県作成の産業連関表では単に「教育」一般として分析されてしまう．そこで，この分析では，ジブリ美術館の経理状況を基に，産業連関表内の部門に収入と支出を振り分けて詳細な分析を試みている．

そのうえで，ジブリ美術館の入館料・受託収入5億9640万円から誘発される経済波及効果分析の結果は表12.10のとおりとなる．つまり，美術館を訪れる人々の入場料や，美術館が受託する事業からの収入は，2.65倍の効果となって全国に波及する．これは，全産業の中でも抜群の効果である．

ところが，前述のように，わたしたちは美術館

＊4　これらは，インターネット上で公開されており，無料でダウンロード可能である．
＊5　安田秀穂・元東京都総務局統計調整担当部長が，Excelのマクロソフトとしてインターネット上で公開している（http://www012.upp.so-net.ne.jp/hakyu/）．

■表 12.10　ジブリ美術館の入場料・受託収入（最終需要5億9640万円）による経済波及効果（単位：千円）

	第1次波及		第2次波及		総計	
	生産誘発額	生産誘発係数	生産誘発額	生産誘発係数	生産誘発額	生産誘発係数
全国	1,236,120	2.07	345,551	0.58	1,581,672	2.65
東京都地域	1,034,281	1.73	162,506	0.27	1,196,787	2.01
その他地域	201,839	0.34	183,045	0.31	384,884	0.65

■表 12.11　ジブリ美術館の館内消費（最終需要12億8664万円）による経済波及効果（単位：千円）

	第1次波及		第2次波及		総計	
	生産誘発額	生産誘発係数	生産誘発額	生産誘発係数	生産誘発額	生産誘発係数
全国	2,263,362	1.76	566,423	0.44	2,829,785	2.20
東京都地域	1,310,926	1.02	222,490	0.17	1,533,416	1.19
その他地域	952,436	0.74	343,933	0.27	1,296,369	1.01

を訪れると，入館料を支出する以外にさまざまな消費をおこなう．それらは，大きく館内消費，館外消費，交通費，宿泊費に分類できる．その経済波及効果を分析してみよう．これらは，美術館の経理状況からは類推できないので，来場者にアンケートをかけて消費行動を把握する必要がある．

館内消費から見てゆこう．たとえば，子供連れで来訪する家族は当然子供向け商品を消費するが，女性だけのグループではぬいぐるみなどを購入することは少ないことがアンケートから判明している．また，カップルは携帯ストラップを購入する場合が多い．このようにして，ファミリー＝8230円，女性グループ＝8480円，カップル＝6240円の単位支出額を確定する．これに来館者数データから得られたファミリー，女性グループ，カップルの数を乗じると，年間12億8664万円が館内で消費されていることを明らかにしている．

そして，これらの消費が後方連鎖効果を引き起こす．「ペロペロあめ」が売れれば「食品製造業」が，「書籍」が売れれば「出版・印刷業」が潤うといった具合である．産業連関表から算出したその効果は表12.11のとおりである．

ここでも，1000円の消費が2200円という大きな誘発効果を及ぼしていることがわかる．

館外消費に関しても，アンケートから館内消費モデルを参考とし，食料品とちょっとした土産物を買うと想定する．その年間消費額は4億6083万円であり，その後方連鎖効果は第1次波及と第2次波及を合計すると約10億円である．また，同様に推定された交通費40億2840万円，宿泊費4億7921万円がもたらす経済波及効果は，それぞれ約74億円と約64億円となる．

以上のように，人気のコンテンツを有する美術館が，優秀な学芸員を雇用して集客力の高い企画展を展開してゆけば，公的投入費用に対し持続的に大きな波及効果を期待できる．

指定管理者制度[*6]の導入に象徴されるように，昨今では文化施設の公的運営には風当たりは強い．そこでは，運営費に対する入場料収入を比較衡量した費用便益分析が幅を効かせている．しかし，それらには上記のような誘発効果があり，それを勘案したうえでの議論が必要となる．玄人好みの展覧会では入場者数は少ないかもしれないが，高価なカタログや専門書購入などの後方消費の可能性がある．それら連鎖効果に目を向けた議

*6　**指定管理者制度**：　公共施設の管理や運営を民間企業などに包括的に代行させる制度である．小泉内閣時の2003年地方自治法改正で導入された経緯からもわかるように，行政が施設運営をすると採算性に鈍感で非効率であるとの発想の下に制定された．無論，長所も多いが，医療，教育，あるいは文化といった，民間がその不採算性から参入しない分野までもが対象とされており，応札業者が管理・運営の質を落としたり，職員の労働条件を劣化させて収支の均衡を図る懸念もある．また，指定期間が短期であることが多く，人材育成や設備投資といった長い時間の必要な計画ができないという批判もある．

論が必要なのである．

逆にいうと，バブル期のハコモノ美術館や，昨今流行の歴史的建造物を利用しただけの内容空疎な文化施設では，初期の建設投資による波及効果や，公的運営補助金による短期的かつ若干の連鎖効果はあっても，入場料収入や館内・館外消費，あるいは交通・宿泊消費による生産誘発係数は小さい．それらのケースでは，昨今の議論のとおり，運営費用が入場料収入を上回っているのであれば閉鎖が望ましい．無論，北海道夕張市の教訓を例示するまでもなく，建設時の政治的・行政的責任は厳しく指弾されなければならない．

また，経済波及効果が投入費用に見合っていればよいというわけでもない．それは絶対的な大きさではなく，相対的位置づけで考察すべきである．つまり，たとえば政策ＡにＸ円が投じられＹ円の後方連鎖効果があっても，もし，同じＸ円が別の代替施策Ｂに投資されてＹ円よりも大きなＺ円の波及消費を算出するのであれば，政策の優先順位はＢが上になる．　**〔鳥海基樹〕**

文　献

青山吉隆 編著 (2003)：『都市アメニティの経済学―環境の価値を測る―』，学芸出版社．

井上　裕 (2001)：『新版まちづくりの経済学―知っておきたい手法と考え方―』，学芸出版社．

大野栄治 編著 (2000)：『環境経済評価の実務』，勁草書房．

垣内恵美子 (2005)：『文化的景観を評価する―世界遺産富山県五箇山合掌造り集落の事例―』，水曜社．

(財) 行政管理研究センター(2001)：『政策評価ガイドブック―政策評価制度の導入と政策評価手法等研究会―』，ぎょうせい．

国土交通省景観室 (2007)：『景観形成の経済的価値分析に関する検討報告書』

自然環境アセスメント研究会 編著 (1995)：『自然環境アセスメント技術マニュアル』，(財) 自然環境研究センター．

清水千弘 (2004)：『不動産市場分析―不透明な不動産市場を読み解く技術―』，住宅新報社．

肥田野登 (1997)：『環境と社会資本の経済評価―ヘドニック・アプローチの理論と実際―』，勁草書房．

安田秀穂 (2008)：『自治体の経済波及効果の算出―パソコンでできる産業連関分析―』，学陽書房．

◉より深く勉強したい人へ：統計解析や質的価値の分析手法の学び方

統計解析の学び方

統計解析については，大変多くの書籍が出版されている．多変量解析を例にとれば，そのなかでもさらに主成分分析，因子分析，クラスター分析といった分野別に，実にさまざまな参考書が存在する．一冊で網羅的に理解を深めることができる参考書を探すよりも，自分が必要とする分野について，複数の書籍を購入したほうがよいであろう．そのなかでも，『はじめての統計学』(鳥居泰彦著，日本経済新聞社，1994) は，統計の入門書としてはわかりやすいだろう．多変量解析については，『改訂版 多変量解析のはなし』(大村　平著，日科技連出版社，2006) がわかりやすい．

建築や都市の分析に，統計解析がどのように使われるのか，実例を示した書籍は多くはない．そのなかで，『建築・都市計画のための調査分析手法』(日本建築学会編，井上書院，1987) では，行動・動線観察やアンケート調査，心理実験といった調査方法から，多変量解析による分析などが，実際の論文でどのように用いられているか，がそれぞれコンパクトにまとめられて紹介されている．ただし，現在は入手が難しいことと，統計解析の基礎的な部分についてはすでに理解していることを前提に記述されている点に注意してもらいたい．なお，関連書籍である『建築・都市計画のための空間学事典 (改訂版)』(日本建築学会編，井上書院，2005) は現在も入手可能である．

質的価値の分析手法の学び方

たとえば景観価値の価値分析に関しては，『都市アメニティの経済学―環境の価値を測る―』(青山吉隆 編著，学芸出版社，2003) は，以上の分析に登場したヘドニック法や仮想市場評価法を景観の価値分析に応用した事例をわかりやすく解説している．　(桑田　仁)

第13章　GISを用いた分析

キーワード：GIS，GPS，測地系，地図サービス，アドレスマッチング

本章では，GISを用いた地域分析の例として，国勢調査データを用いた，中野区における住宅の構造別分布図の作成と表示について，GISソフトウェアを実際に使用しながら解説する．

13.1　GISによる地域分析

近年，GIS（地理情報システム）の利用環境が急速に整ってきた．すなわちGISで利用できる統計データを収集したサイトの増加などによるデータの流通や利用環境の改善，GISソフトウェアの機能や使いやすさの改善，またそれを動かすコンピュータの性能向上などが相乗効果を生み出している．

GISでは地図情報と属性情報を統合して管理することができる点が特徴である．とくに都市計画の分野では，これまで紙ベースで提供されてきた種々の位置図，計画図や分析図を一元的に重ね合わせ，分析できる点が重要である．

GISを使ううえで知っておくべき事項としては，地図データの形式（測地系，図法）とGISにおけるデータ形式があげられる．

a.　測地系

ある点を緯度経度で表すためには，地球の形状を近似する回転楕円体である地球楕円体や，座標系の原点といった基準を決定することが必要となる．このような基準を測地系とよぶ．世界的に見ても近年まで，各国がそれぞれ異なる地球楕円体と固有の座標原点を使ってきた．日本においても，明治期より日本独自の「日本測地系」が用いられてきた．

しかしながら，人工衛星を用いた測量の発達などにより，地球全体によく適合した国際的な測地系を採用する国々が増えてきた．この測地系を「世界測地系」とよび，日本においても平成13（2001）年に測量法が改正され，日本測地系から世界測地系に移行が進んでいる．

世界測地系にもいくつか種類があるが，日本において採用されている世界測地系は表13.1の組み合わせである．なお，GPSデータは，WGS系とよばれる世界測地系を採用しているが，日本で採用している世界測地系とほぼ同一（1 cm以下の違い）とみなしてよいとされている（国土地理院HPより）．

日本測地系と世界測地系のずれについては，たとえば，日本測地系の地図上に，世界測地系に設定してあるGPSで計測された緯度経度を重ね合

■表13.1　日本測地系と世界測地系

	採用されている地球楕円体	採用されている座標系
日本測地系	ベッセル楕円体	独自
日本で採用されている世界測地系	GRS80楕円体	ITRF94座標系

■表 13.2　ネット上で無料で入手できる行政区界のデータ

	入手の仕方	URL	入手可能なデータ
a)	「政府統計の総合窓口」→「地図で見る統計(統計 GIS)」→「データダウンロード」	http://www.e-stat.go.jp/SG1/estat/eStatTopPortal.do	国勢調査（小地域）を選択し，さらに世帯数などの統計データを選択すると，合わせて市町村境界データがダウンロードできる．境界データのみを利用することが可能である．
b)	「国土数値情報ダウンロードサービス」	http://nlftp.mlit.go.jp/ksj/jpgis/jpgis_datalist.html	行政区域の面データをベクトルデータとしてダウンロードできる．
c)	「国土地理院」→「基盤地図情報の閲覧・ダウンロード」	http://www.gsi.go.jp/kiban/etsuran.html	

わせると，おおよそ 200 ～ 400 m 北西にずれが生じる．このように無視できない差が生じるので，測地系の選択と確認は重要である．

b.　投影方法

3 次元である地球の表面を 2 次元の平面である地図で表現するために，さまざまな投影法が用いられる．日本においては，平面直角座標系（公共座標系）と UTM 座標系が用いられてきた．たとえば，都市計画基本図には，平面直角座標系が用いられる．GIS ソフトウェアにおいても，投影法を選択して，図化をおこなう必要がある．

c.　GIS におけるデータ形式

GIS では，図形データとその属性データを統合して管理するためのデータフォーマットが用いられる．よく使われるのが，ESRI 社が提唱しフォーマットが公開されているシェープファイルというフォーマットである．

シェープファイルは，基本的には

・図形情報が保存される拡張子 .shp

・属性情報が保存される拡張子 .dbf

・それらの対応関係が保存される拡張子 .shx

という 3 種のファイルから構成されている．

d.　データの入手

1)　行政区界データの入手

都市や地域の空間分析をおこない，情報を「見える化」するためには，ほとんどの場合行政区界データが必要となる．必要に応じて境界線をトレースして作成することもできるが，この作業に労力を要する点が課題であった．現在ではインターネット上で公開されていて無料で利用できるデータとして，表 13.2 のようなものがある．

a）では，市町村合併が進むなか，2000 年以降の行政区界データの変遷が登録されており，過去の行政区界を調べる際にも有用である．また，このようなインターネット地理情報を検索できる Web サイト国土地理院地理情報クリアリングハウス*1 も利用できる

2)　統計情報の入手

統計情報については，表 13.2 で紹介したページで，さまざまな種類のデータを入手できる．都市計画に関連するおもなデータとしては表 13.3 のようなものがある．

また，たとえばインターネット上の電話番号検索ページである「i タウンページ」*2 を利用して，登録されている店舗・企業などを地域や業種で検索してリスト化し，データを作成することができる．

3)　住所と地理座標との対応データ

GIS 上で表示や加工をおこないたいデータの位置座標が住所で表示されている場合，緯度経度などの地理座標に変換する必要が生じる．この作業をアドレスマッチングとよぶ．最も簡単な方法は，Web 上における地図サービスを利用する際に表示される URL に含まれる，緯度経度情報を読み

＊1　http://zgate.gsi.go.jp/

＊2　http://itp.ne.jp/

■表13.3　ネット上で入手できる都市計画に関する統計情報

	入手の仕方	入手できる情報
a)	「政府統計の総合窓口」	国勢調査，事業所・企業統計調査など
b)	「国土数値情報ダウンロードサービス」	DID，地価公示，土地利用（メッシュ）標高・傾斜度（メッシュ）など
c)	「国土地理院」→「基盤地図情報の閲覧・ダウンロード」	道路縁，水涯線，建築物の外周線（東京都縮尺レベル2万5千分の1のデータ）

＊a)，b)，c) は表13.2と対応.

■表13.4　ネット上で地図上に自由に描画できるサービス

Google Maps API	http://code.google.com/intl/ja/apis/maps/
Yahoo! Maps API	http://developer.yahoo.co.jp/webapi/map/
電子国土 API	http://denshikokudo.jmc.or.jp/docs/agreement.htm

取ることである．その際，緯度経度を示す数値の小数点以下が10進法で表示されているのか，それとも60進法で表示されているのか，サービスによって仕様が異なるので，必ず確認する必要がある．

また，東京大学空間情報科学研究センターでは，Webページから利用可能な無料のCSVアドレスマッチングサービスを提供しており，とくに大量のデータを一括して変換でき，大変有用である*3.

ただし，住所を変換して得られた地理座標を再び地図上に表示させた場合，街区は一致するものの，建物もしくは敷地はほとんどの場合一致しない．つまり，同じ街区内の違った建物をさし示す結果となる．これは，上記アドレスマッチングサービスでは，住居番号レベルでのマッチングに対応していないためである．一方，住居番号レベルまでのマッチングに対応した有料サービスも存在する．使用目的や使用許諾条件，また必要とされる精度に応じて選択するとよいだろう．

13.2　地域情報の発信：地図サービスを活用した地理情報の発信

たとえば，地域の景観資源の位置とその説明を発信するためには，紙の地図を作成して配布するのが一般的であろう．しかし紙の地図では，地図情報や掲載された情報が更新された場合，その更新や再配布に大きなコストがかかってしまう．そのため，いったん作成された景観資源マップやバリアフリーマップは多くの場合更新が滞ってしまう．

その点，Web上の地図サービスを活用した地理情報の発信には，大きなメリットがある．地図サービス提供側が更新する地図の上に，掲載情報を随時重ねていくといったダイナミックな使い方が可能となる．とくに近年，Webページに地図を埋め込み，その地図上にアイコンや写真を表示する地図を個人でかなり簡単に作成することが可能となった．

ユーザが地図の上にアイコンやコメント，図形などを自由に描画することができるサービスの中では，表13.4の三つが代表的であろう．利用許諾条件を満たせば，これらはいずれも無料で利用できる．利用できる測地系，実現できる機能，図形を描画させた際の表示速度などに違いがあるため，複数のサービスを試したほうがよい．

下記に，Google Maps APIを使ったhtmlのソースコードの簡単なサンプルを示す（図13.1）．下記のソースコードをテキストエディタで入力してhtmlファイルとして保存し，インターネットに接続したコンピュータのWebブラウザで開くと，Googleマップ上で東京タワーの位置を示すマーカーが表示され，それにマウスを合わせるとコメントが表示される*4(図13.2).

*3　http://newspat.csis.u-tokyo.ac.jp/geocode/

```
<html>
<head>
    <title>Google Map サンプル</title>
  <script src="http://maps.google.com/maps?file=api&v=2.x&key=aaaaa"
      type="text/javascript"charset="utf-8"></script>
  </head>
  <body>
    <div id="map" style="width:650px; height:650px"></div>
    <script type="text/javascript">

    if (GBrowserIsCompatible()) {
      var map = new GMap2(document.getElementById("map"));
      map.addControl(new GMapTypeControl());
      map.addControl(new GLargeMapControl());
      //最初に皇居を中心に表示
      var point = new GLatLng(35.686024,139.752789);
      map.setCenter(point, 12);

     //東京タワーの緯度経度－北緯：35.65856, 東経 139.745423
     var mp1 = new GLatLng(35.65856,139.745423);
      var marker1 = new GMarker(mp1);
      map.addOverlay(marker1);
      GEvent.addListener(marker1, 'mouseover', function() {
        marker1.openInfoWindowHtml("東京タワー");
      });
    }
    </script>
  </body>
```

■図 13.1　GoogleMAPS APIのサンプルソース

13.3　GISの活用例

a.　使用するソフトウェア

GISには有料・無料を含め，さまざまな種類のソフトウェアが存在する．ESRI社のArcGISが最もよく知られたGISソフトウェアであると思われるが，ここでは無料であること，また地域分析に用いる基本的な機能を十分に有していることから，GISソフトウェアとしてMANDARA*5（Windowsに対応）を用いる．また，GIS内で図形データと連動した属性の編集にはMicrosoft Excelを用いる．

b.　使用するデータの入手

ここでは，国勢調査データ：平成17年国勢調査（小地域）を用いる．

政府統計の総合窓口「地図で見る統計（統計GIS）」Webサイト*6よりアクセスすると，市町村ごとに，統計データおよび境界データの2種類をダウンロードすることができる．

境界データは，座標系および測地系を選択することができるが，緯度経度で表示された地点のデータを後に付け加える可能性などを考えると，座標系は緯度経度を，測地系は世界測地系を選択したShape形式のファイルとするのがよいだろう．

なお，境界データには，町丁目ごとの面積・人口・世帯数などがあらかじめ含まれている．統計

---

*4　なお，このままではインターネット上で公開することはできない．Google Maps APIを用いたホームページを公開するためには，Google Mapsのホームページから API keyを申請・取得し，発行されたキーをhtml内に記述すればよい（サンプルソース4行目のkey=aaaaaの部分を，取得したキーに変更すればよい）．詳しくはGoogle Maps APIの利用規約を確認してほしい．少し改良すれば，写真の表示や複数のマーカーを表示することも可能であり，複数の地域資源を写真やコメント付きでWeb上で表示・公開するといった使い方ができる（章末文献参照）．

*5　MANDARAの操作などに関して章末の文献を参照のこと．より詳しくは，これらの文献を参照してほしい．なおMANDARAは，MANDARAのWebサイト（http://ktgis.net/mandara/download/index.html）よりダウンロードできる．

*6　http://www.e-stat.go.jp/SGI/estat/toukeiChiri.do?method=init

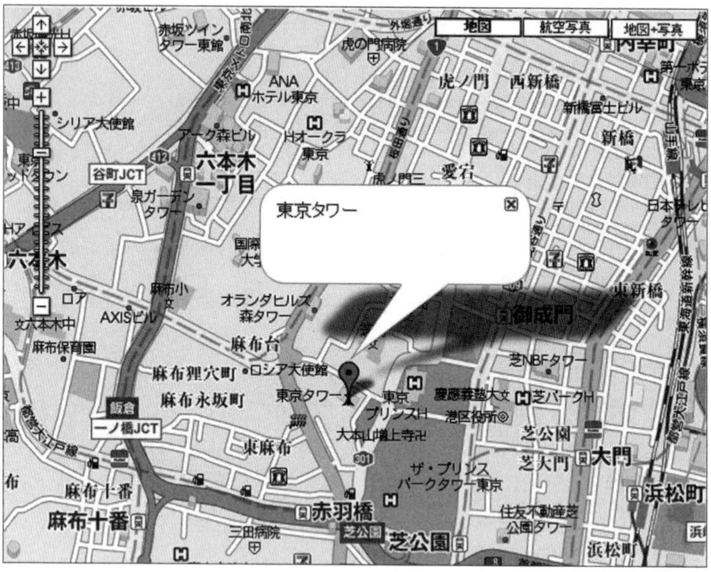

■図 13.2　Google Maps の表示例

データでは，人口や世帯数，住宅の建て方などのデータを選択することができる．

統計データはカンマで区切られたテキストファイル形式で，拡張子は .txt となっている．この形式は CSV 形式とよばれ，拡張子を .txt から .csv に変更すると，そのまま Excel で読み込み，内容を確認することができる．

shape 形式の境界データは，*.dbf,，*.shp，*.shx，*.prj の 4 ファイルからなっているが，このうち MANDARA で使用するのは *.dbf ファイルと *.shp ファイルの二つである．*.dbf ファイルは dBase ファイルとよばれるテキスト形式のデータベース用ファイルであり，町丁目ごとの周長，人口，世帯数などが含まれている．*.dbf の各行のデータは，*.shp ファイルに格納された，町丁目の図形データとそれぞれ順番に一対一対応となっている．

なお，統計データファイルと境界データの *.dbf ファイルは，両者とも町丁目ごとの統計データを含んでいるが，データの並び順が異なること，また区全体，町全体といった単位で集計された統計データの有無などの違いがあり，単純に結合することは難しい．

c.　MANDARA での境界データの読み込み

① MANDARA を起動し，最初に表示される操作選択画面で，マップエディタを選択する．
②「地図データ取得」→シェープファイルとし，「シェープファイル読み込み」画面を開く．
③ 座標系：緯度経度，測地系：世界測地系を選択し，「追加」ボタンをクリック．
④ 読み込むシェープファイルを選択する．
⑤「ファイル変換」をクリック．
⑥ 図 13.3 のように地図が表示されるのを確認し，「ファイル」→「マップエディタの終了」を選択する．

地図は閉じられるが，MANDARA は終了せずに起動したままにしておく．

d.　図形データのオブジェクト名変換

図 13.3 で生成した地図では，個々のオブジェクト（図形データ）に対して，1 から順に数字がオブジェクト名として自動的に振られている．これは，dbf ファイル内のデータと同じ順番である．しかし，統計データファイル内のデータを，dbf ファイルと同じ順番に並べ替えることは難しい．

そこでオブジェクト名を，両データに共通するキーコードに数字から変更する．具体的には，

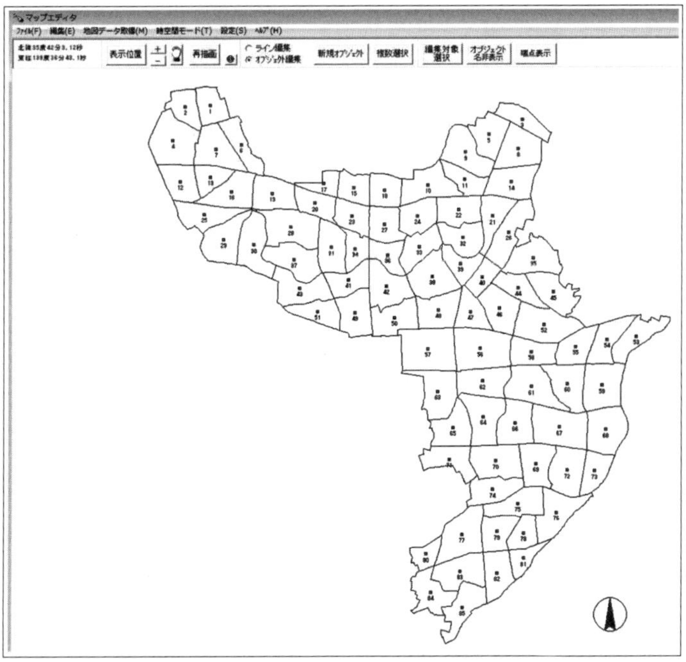

■図 13.3　シェープファイルを読み込んだ状態

① dbf ファイルを Excel で開く.
② データシートをコピーし, 作業用のシートを作成する.
③ 新規に列を二つ増やす. 一つの列には, データ行に対応して1から順番に数値を入力する. そしてもう一つの列に, たとえば町丁名とキーコード（KEY_CODE 列に記載されている数字）を結合した文字列を入力する（図 13.4).
④ 新規に増やした2列を残し, 他の列を削除する. またデータ行以外の行も削除する.
⑥ データの範囲をコピーする（範囲を指定して「編集」→「コピー」).

	A	B	C
1	1	上鷺宮3丁目13114019003	
2	2	上鷺宮4丁目13114019004	
3	3	江原町3丁目13114011003	
4	4	上鷺宮5丁目13114019005	
5	5	江原町2丁目13114011002	
6	6	上鷺宮1丁目13114019001	
7	7	上鷺宮2丁目13114019002	
8	8	江原町1丁目13114011001	
9	9	江古田3丁目13114012003	
10	10	江古田4丁目13114012004	
11	11	江古田2丁目13114012002	
12	12	鷺宮6丁目13114018006	

■図 13.4　Excel 上での作業：通し番号の ID と町丁目コードを対応させたデータ

次に, Excel を起動させたまま, MANDARA に作業を切り替える.

MANDARA では, Excel 上でコピーを行い, Windows のクリップボードに格納されたデータを, 以下の手順でそのまま読み込むことができる.

⑥ MANDARA で,「編集」→「マップエディタ」より, マップエディタを起動する.
⑦ 先ほど作成した地図が開くので,「編集」→「オブジェクト名関係」→「オブジェクト名一括変換」を選択する.

以上の一連の手順で, 地図上に表示されたオブジェクトが, 数字から町丁名＋キーコードに変わったことを確認する. そして

⑧「ファイル」→「名前を付けて地図ファイル保存」として, MANDARA の地図ファイルに名

前を付けて保存する．まだMANDARAは起動させたままにしておく．

⑧「ファイル」→「マップエディタの終了」で，マップエディタを終了する．

e. dbfファイルの編集

続いて，dbfファイルを編集し，MANDARAに属性データとして読み込ませる．

① d. 項で作業したExcelファイルに戻り，もう一度dbfファイルのデータシートをコピーし，作業用シートを作成する．

② 作業用シート最左に新規に1列追加し，地図オブジェクト名と同じ文字列を書き込む．

③ 読み込ませるデータ列を残して他を削除する，また新しい列にデータを作成するなどして，シートを編集する．

この例では人口を面積で割ることにより算出した人口密度をデータとして加えるために，新たな列を挿入している．

④ シート最上部に3行新規に挿入し，それぞれの行にMANDARAタグとよばれるデータを付け加える．具体的には

・MAP　地図名（d. 項で保存したMANDARAの地図名）

・TITLE　データ項目1のタイトル1, データ項目2のタイトル…

・UNIT　データ項目1の単位，データ項目2の単位…

というように，MANDARAタグと，それに対応する必要なデータを付け加える．

なお，データ項目によっては（たとえばキーコード），単位が存在しない場合がある．その場合には，UNIT行には，「CAT」と入れておく（図13.5）．

⑤ 作成されたデータの範囲を指定し，コピーする．

⑥ MANDARAへ移り，「ファイル」→「クリップボードからデータの読み込み」とする．すると，地図描画用の設定画面が表示される（図13.6）ので，それぞれ適切に設定したあとに，「描画開始」をクリックする．ここでは人口密度を選択する．

このような手順で地図を描画することができる（図13.7）．

	A	B	C	D	E	F
1	MAP	mandaramap				
2	TITLE	面積	町丁目名	人口	人口密度	キーコード
3	UNIT	m²	CAT	人	人/ha	CAT
4	上鷺宮3丁目13114019003	136437.578	上鷺宮3丁目	2054	151	13114019003
5	上鷺宮4丁目13114019004	132247.188	上鷺宮4丁目	2419	183	13114019004
6	江原町3丁目13114011003	126598.148	江原町3丁目	2371	187	13114011003
7	上鷺宮5丁目13114019005	283327.906	上鷺宮5丁目	3449	122	13114019005
8	江原町2丁目13114011002	176410.281	江原町2丁目	3109	176	13114011002
9	上鷺宮1丁目13114019001	145017.938	上鷺宮1丁目	2145	148	13114019001
10	上鷺宮2丁目13114019002	216333.516	上鷺宮2丁目	2666	123	13114019002
11	江原町1丁目13114011001	213074.250	江原町1丁目	3167	149	13114011001
12	江古田3丁目13114012003	222402.344	江古田3丁目	2275	102	13114012003
13	江古田4丁目13114012004	215102.406	江古田4丁目	4489	209	13114012004
14	江古田2丁目13114012002	125838.570	江古田2丁目	2444	194	13114012002
15	鷺宮6丁目13114018006	163861.797	鷺宮6丁目	3117	190	13114018006
16	鷺宮5丁目13114018005	113047.094	鷺宮5丁目	2066	183	13114018005
17	江古田1丁目13114012001	197014.547	江古田1丁目	3241	165	13114012001
18	丸山2丁目13114013002	131023.063	丸山2丁目	2732	209	13114013002
19	鷺宮4丁目13114018004	195772.141	鷺宮4丁目	2945	150	13114018004
20	鷺宮2丁目13114018002	82966.172	鷺宮2丁目	1258	152	13114018002

■図13.5　MANDARAで読み込むためのデータ作成例

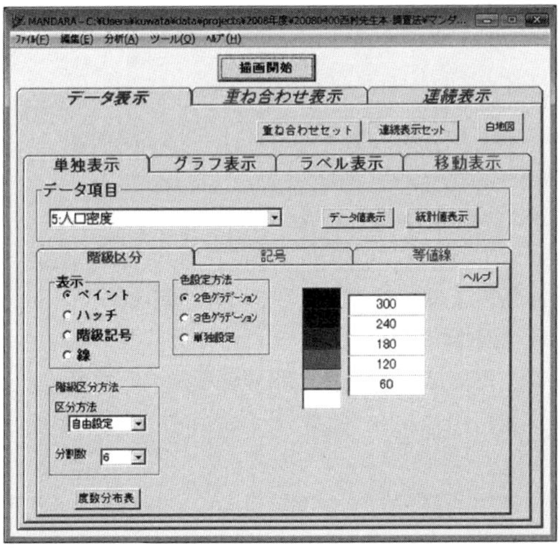

■図 13.6　地図描画用の設定画面（MANDARA）

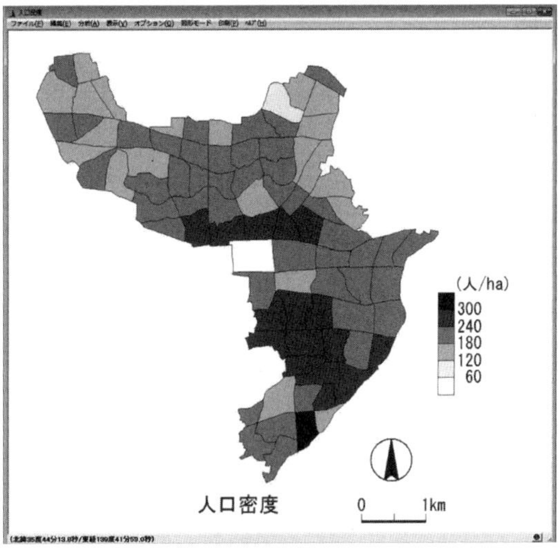

■図 13.7　人口密度分布の表示例（東京都中野区）

13.4　作成した地図の読み取りと分析

本章では国勢調査の小地域データを用いて，人口密度分布図の作成までをおこなった．分析としては初歩的であるが，地域の概要を把握するためには必要な作業である．

さらに，さまざまなデータをこの地図に重ねていくことによって，より分析を深めることができる．たとえば，鉄道の路線や駅の位置や形状を重ね合わせたり，あるいは，店舗や地域資源などのポイントデータを重ね合わせたりすることができる．

さらに，あるオブジェクトの内側に含まれる，他のオブジェクトの数を数えるという，バッファリングの機能も備わっている．たとえば「町単位に含まれる公園の数」や，「駅から500 m 以内のコンビニエンスストアの数を数える」といったことが可能である（詳しくは章末の文献を参照）．

このように，フリーソフトのMANDARAによっても，地域分析に必要な作業は，ほぼ実行可能であると思われる．

〔桑田　仁〕

文　献

Geekなページ Google MAPS API プログラミング（http://www.geekpage.jp/web/google-maps-api/）

後藤真太郎・谷　謙二・酒井聡一・加藤一郎（2007）：『新版　MANDARAとEXCELによる市民のためのGIS講座』，古今書院．

MANDARA 操作マニュアル（http://ktgis.net/mandara/download/mandara_manual.pdf）

◉より深く勉強したい人へ：GISについて

GIS全般について

GISは近年急速に発展している分野であり，なるべく新しい書籍を参考とするとよい．最新技術の解説については，インターネットに掲載された記事のほうが早いことも多い．「シリーズGIS」（村山祐司・柴崎亮介編，全5巻，朝倉書店，2008～2009）は，理論から応用まで網羅的に解説している．

そのなかでも，『ビジネス・行政のためのGIS』（第4巻）ではエリアマーケティングや位置情報サービス，あるいは都市・地域計画に対するGISの応用を解説している．また『社会基盤・環境のためのGIS』（第5巻）でも，都市とGIS，あるいはGISによる市街地情報の管理について解説がなされている．

GISソフトウェアの解説について

ArcGIS，あるいはMANDARAといった個々のソフトウェアについても解説書がいくつか発行されているが，前者については，『ArcGIS8で地域分析入門』（大場亨，成文堂，2004）などで地域分析の実例を学ぶことができるだろう．後者に関しては，章の中でも取り上げたが，『MANDARAとEXCELによる市民のためのGIS講座 新装版』（後藤真太郎 他著，古今書院，2007）がわかりやすい．

なお，フリーのGISソフトとしては，日本スーパーマップ株式会社によるSuperMap Viewerも使いやすいhttp://supermap.jp/からダウンロードすることができる．

おわりに

「さあ，地域づくりをはじめよう！」

本書を読み終えてみて，いま，読者の皆さんは何を感じ，どう考えているだろうか．ある人は「勉強になったなぁ」と思っていただいているかもしれないし，またある人は自分の住むまちで，「これから，何から手を付けていこうか」と思案しはじめているところかもしれない．

冒頭でも述べているとおり，本書は単なる読み物ではなく，具体的な地域づくり・まちづくりの活動に役立つ実学の書，実践のための一冊である．執筆陣は，常にその先にある具体的な地域づくり活動の展開イメージをもちながら，この本をまとめあげている．その意をくんでいただいて，ぜひ読者の皆さんにも次のアクションを起こしていただきたい，というのが本書を終えるにあたっての本稿のタイトル「さあ，地域づくりをはじめよう！」の意味するところである．すなわち，本書を読んで，「ふむふむ，そうなのか！」と調査・分析の方法をご理解いただいた暁には，ぜひ，皆さんが生活している地域，あるいは活動のフィールドとしている地域で，調査・分析を実践して，地域づくりの具体的な動きへと展開していただきたいというのが，編著者全員の希望なのである．

さて，本書から学んだ調査・分析方法を実践的に地域に応用することで地域の姿が明らかになったら，次のステップとしては何をしたらよいだろうか．地域の状況や読者の皆さんの立場によって，いくつかの可能性が考えられるので，以下で紹介しておく．

計画をつくる

まず一番に思いつく次のステップは，これであろう．

調査・分析の結果に加えて，それに基づく地域の将来像の議論（どんな地域にしたいか，なってほしいか，するべきか）を踏まえて，計画づくりをしていく．このステップでは，本書第8章でも紹介されているワークショップ手法などの議論の方法論が役に立つ．

さまざまな方法，多角的な視点から得られた調査・分析の結果を十分に活かして，計画づくりをおこなう．しかし，調査・分析結果だけにとらわれていると，問題解決ばかりに注力された計画になりがちである．さらに，ここに住民などの夢や希望も積極的に盛り込んでいきたいものである．

計画をつくる際には，計画をつくった後のアクションをどうするかも考えながら議論や作業を進めてほしい．そうしなければ，計画はただ単に「画に描いた餅」となってしまい，できあがったとたんに大切にどこかの倉庫に収められてしまう．調査・分析の結果もそれをもとに策定した計画も，それを使わなければ何もまちは動かないのである．この点をぜひ忘れないでいただきたい.

計画に基づいて，さまざまなルールをつくるというステップに進む場合もあるだろう.法定の地区計画をよりどころにするものや，近年，事例が増えているまちづくり条例を活用した地区まちづくり計画によるルールなどである.

事業へと展開する

事業へと展開していくには，個人ベースの市民活動だけでは障壁も多く，なかなかうまくいかない場合が多い．たとえば，民間の土地を活用して，コーポラティブ住宅を建設しようとするときなどは，市民の活動だけでも事業として展開することが可能であるが，道路や公園などの公共施設がかかわってくると行政との連携が必須である．計画づくりから行政と連携していることが望ましいが，地域で計画をつくってから行政に持ち込むといった手順もないわけではない.

行政は，まちづくりにかかわる事業の補助金などに関する情報をもっている．これらの中から，使えそうなもの，使いやすそうなものを選択して申請する．補助金の多くは全額補助ではなく，1/2とか2/3補助の場合が多い．そうすると地元の市区町村が残りを用意しなければならず，これが事業へ展開する際のネックになってしまう可能性もある.

地域の合意形成を図る

計画をつくるにせよ，それを事業へと展開するにせよ，多くの人々がかかわる地域づくりの活動では，地域の方々の多くに賛同してもらうことが不可欠である．実は，これが地域づくりのステップの中では最も難しいことかもしれない．地域にはさまざまな属性をもち，さまざまな考え方をもった人々が共に暮らしている．また，居住者のみならず，住んではいないが土地や建物を所有している人，日常的に通勤や通学あるいは通院などでそのまちを利用している人，観光地であれば訪れる観光客など，地域にかかわりをもつ人は幅広い.

合意形成をどの範囲でおこなうかの議論はここでは省略するが，より多くの合意を得るにはどうするべきか，調査や計画づくりと同じくらいエネルギーをかけて考え，議論し，時間をかけて，慎重にこの段階を進めていかなければならない．性急に事を進めると，その時の合意形成ができないばかりではなく，何年も後までそのボタンのかけ違いをひきずってしまって，地域づくりが進められないということになりかねない.

とはいえ，あまり大げさに考えていても何も進まない．調査のスタート時点から，できるだけ情報を公開して共有しあいながら，多くの人に関心をもってもらい，理解を得て，楽しく進めていくことが，うまくいく秘訣であろう．少人数で閉じた議論をしていてもなかなか前に進まず，長続きもしないのである.

お金を工面する

上述の計画づくりや事業への展開，地域の合意形成には，当然のことながらお金がかかる．それ以外にも，ニュースをつくって配布したり，場所を借りて会議をしたり，イベントを開いたりするなど，日常的な活動にもそれなりの資金が必要となる．町会・自治会活動の一環であれば，その会費から支出されるかもしれないし，なんらかの会を発足するとすれば，会員を募って会費を集めるという方法もある．また，市民のまちづくり活動支援の一部として活動資金助成をしたり，専門家派遣をしたりしてくれる市区町村も増えてきている．その他にも，民間の財団が市民活動助成をしていたりする例もあり，探して応募してみる価値はある．こうしたものに応募する準備をしてみると，自分たちの活動を客観的に見直す良い機会にもなる．お金がすべてではなく，お金がなくてもできる活動を考えてそれを進めることも大切であるが，お金があることで活動の幅が広がることは間違いない．トライしてみよう．

実は，こうしたさまざまな活動に展開していくにあたって，すでに少しふれたが，調査を行うこと自体が地域へのプロモーション活動になる．すなわち，「まちづくり活動をしているグループがありますよ」，「自分の住む地域はこんなところですよ」，「地域のことにもっと興味をもちましょう」というメッセージになる．これは，なんらかの計画・事業に向けた合意形成の大きな第一歩にもなるのである．

自分たちの地域では，まだ上述のような活動をするにはハードルが高すぎると感じるのであれば，まずは以下のようなことをやってみてはどうだろうか．

調査の結果を皆に知らせる

調査には地域の人々にも協力してもらっているはずであるから，できるだけその結果を皆に知らせるようにしたい．内容的には，明らかになった事実のみを知らせるものから，分析し，さまざまな議論や考察を加えて知らせるものまで，いくつかの段階が考えられるだろう．あまり最初から自らハードルを上げずに，積極的に公開していきたい．

また，知らせる方法もさまざまある．報告書的な冊子にまとめる，地域ニュースで特集する，地域ニュースでコラム的な連載をする，街なかの掲示板にお知らせとして貼り出す，地域の資源マップなど地図を作成して配布する，結果をパネル化して展覧会をする，など，知らせ方，見せ方もさまざま考えうる．地域にあった方法，楽しい方法，注目される方法を考えていただきたい．こうした周知活動は，気張って１回だけに集中するよりは，少しずつでも，くり返し何度も情報提供していくほうが，プロモーションとしては成功するであろう．

できることからはじめる

ある程度，教科書どおりの順序で地域づくりを進めることは重要であるが，実は「できることからはじめる」ということのほうが大切かもしれない．計画づくりにせよ，事業への展開にせよ，あるいは合意形成にせよ，何か身近でできることがあれば，まずはそれからはじめてしまおう．調査が終わっていないから，計画ができていないから，ルールができていないから何もしないのでは，無為に時間がすぎていってしまい手遅れになりかねない．

日常生活の中でできそうなこと，あるいは自分の土地や持ち家の範囲内で実現できることをやってみて，隣近所に広げていく．たとえば，庭にお花を植えましょう，実のなる木を１本育てましょう，ということは，今日すぐにでもできそうなことである．そうした小さな身の回りの事象の積み重ねが，やがては大きく実を結んで地域づくり・まちづくりの大きな波になっていくのではないだろうか．ぜひ，心がけてみていただきたい．

こうした地域づくり・まちづくりの活動を具体的に進めていくには，冒頭「はじめに」で紹介された『まちづくり学』のほかに，『まちづくりデザインのプロセス』（野澤　康他共著，日本建築学会，2004 年）も役に立つかもしれないので，紹介しておく．この本は，とても平易に書かれ，事例や図版も豊富に掲載されていて参考になるだろう．

ここで本書もようやく終わりになるのであるが，ここで書いてきたことが，うまく「はじめに」の項で与えられた課題に応えたことになったであろうか．やや自信がないが，読者の皆さんに調査・分析の先にあるものの大枠を，わかりやすく述べたつもりである．ぜひ，調査・分析で留まることなく，次のステップに歩を進めてほしいと願ってやまない．

本書の出版にあたっては，遅々として執筆作業が進まない編者・著者に愛想を尽かすことなく，最後までお付き合いいただき，ここまで立派にまとめていただいた．朝倉書店編集部に敬意と感謝の意を表する次第である．

2010年9月

野澤　康

■附表　本書に関連する調査地域一覧

著者らがなんらかのかたちでかかわり，本書にも関連する調査地域を以下にまとめてみました．平成の大合併で行政区画が変わっているところもあるのでご注意ください．

調査地（調査名）	調査期間	所在地	調査内容	備　考
東京美観地区ガイドプランの検討調査	1997-1998	東京都千代田区	都市景観．千代田区からガイドプラン作成のための検討調査を受託	ガイドプランは2002年策定．詳細は千代田区HPを参照のこと
釜石市	1998-1999	岩手県釜石市	まちづくり提案	
西荻窪	1999-継続中	東京都杉並区	杉並たてもの応援団による歴史的建造物の調査	
鞆（鞆の浦）	2000-継続中	広島県福山市鞆町	歴史的景観の保全．まちづくり提案など．「鞆雑誌」を刊行	
神楽坂	2000-継続中	東京都新宿区	街並み保全．景観ガイドブック（新宿区発行）作成のための調査など	
大野村	2000-2005	岩手県洋野町	自立ある中山間地域づくりを進めるうえでの地域資源調査．同調査を基にした実践プロジェクト（地域再生イベント，公共空間整備，地域施設整備など）	2006年1月に種市町と合併して，洋野町となる．
喜多方	2001-継続中	福島県喜多方市	蔵を活かしたまちづくりのための現況調査と実践．市民とともにおこなう地域まちづくり実践	契機は，文化庁・（財）日本ナショナルトラストからの調査依頼．喜多方市は2006年に5町村と対等合併．
白川村	2003-継続中	岐阜県白川村	街並み環境整備事業の基本計画策定，策定後の地元協議会支援	
八　尾	2004-継続中	富山県富山市	中心市街地の再生のための調査・提案	八尾町商工会からの委託．2005年に5市町村と合併し富山市に．
京浜臨海	2004-2008	神奈川県横浜市	都心部工業地帯における都市再生研究	21世紀COEプログラム「都市空間の持続再生学の創出」（東京大学，2003-2007）
高山市	2007-継続中	岐阜県高山市	歴史的市街地の街並み・地域調査及び高山市歴史文化基本構想策定に基づく基礎調査	2005年に周辺9町村を編入合併．
佐　原	2002-継続中	千葉県香取市	地域資源を生かした地域活性化を図る	佐原市と，栗源町・小見川町・山田町とが合併し，2006年に香取市となる．
浅　草	2007-継続中	東京都台東区	まちなみ資源調査．皮革産業調査	
足　助	2008-継続中	愛知県豊田市	まちづくり交付金の使い道・まちづくり構想の提案	豊田市都市整備課からの委託．足助町は，2005年に豊田市へ編入．
金　沢	2007	石川県金沢市	大学と地域の連携による都心再活性化のための調査・提案	金沢商業活性化センターからの委託
中目黒	2009-継続中	東京都目黒区	中目黒エリアのまちづくりのための基礎調査	目黒区住宅・街づくりセンターとの共同研究

索　引

欧　字

CVM（contingent valuation method）
120, 122, 124
DID（densely inhabited district） 41
GIS（geographic information system）
27, 132, 140
——のソフトウェア 139
Google Maps 134-136
GPS 132
Jaccard 係数 106
KJ 法 88
MANDARA 136-140
NOAA ガイドライン 126
UTM 座標系 133
WTP（willingness to pay） 124
WTW（willingness to work） 124

ア　行

藍染川（東京都文京区／台東区） 11
空き店舗 97
空き家 97
字 26
浅草（東京都） 13, 15
足助（愛知県豊田市） 77, 93, 94
遊び場マップ 16
アドレスマッチング 133, 134
アンケート（調査） 45, 79, 80

意見 76, 88
意識調査 44
市ヶ谷八幡（東京都新宿区） 10
1 万分の 1 地形図 21, 23, 29

ウォード法 106
浮世絵 9

エコロジカル・デモクラシー 90
絵図 6, 7
江戸切絵図 6, 8
江戸城外濠 79
『江戸名所図会』 10
絵はがき 17, 18
エリア・マネジメント 100

大字 26
大野村（岩手県） 96
オープンスペース 68

カ　行

街区レベル位置参照情報 27
回顧地図 16
街道絵図 6
外部不経済 119
回遊空間の広がり調査 92
街路網形成図 12
各務原市（岐阜県） 51, 53
各種機関・施設 23
神楽坂通り（東京都新宿区） 12
崖 19
家計調査 44
火災保険特殊地図 12, 13
課税台帳 42
仮想市場評価法（CVM） 120, 122, 124
カテゴリー・データ 104
金沢（石川県） 19, 24, 36
火保図→火災保険特殊地図
環境価値 119
環境省自然環境局生物多様性センター
36
環境整備事業 48
観光ガイド 9
観光カリスマ 77
関東大震災 47
官民境界 33

喜多方市（福島県） 64
記念誌 4
キーパーソン 99
基盤整備 49
キャピタリゼーション仮説 121
行政区界データ 133
協働 86
郷土資料 4
魚眼レンズ 111
寄与率 109

空間 29
——の使われ方 71
空間構造 72
空間分布調査 69
空中写真（航空写真） 16
郡上市八幡町（岐阜県） 62
クラスター分析 105, 106
群平均法 106

景観 75, 78
——の価値分類 119
——の経済分析手法 120
景観価値 121
景観規制 103
景観シミュレーション 113
景観調査 108
景観予測手法 111, 112
経済波及効果 128
形態規制 118
顕示選好法 119
現存植生図 36
建築確認申請 44
建築基準法 32, 55
——第 42 条 33
建築協定 55
建築物の影響 111
建築ボリュームチェック 114

小字 26
合意形成 83
公共財 119
公共事業 83
公共性 85
工業統計調査 44
航空写真（空中写真） 16
耕地整理事業 47
耕地整理法 47
行動追跡調査 69
行動マッピング調査 70
公報 4
後方連鎖効果 131
国勢調査 40, 44
——の調査項目 41
国土画像情報 27
国土数値情報 27
国土地理院 11, 16, 20, 27
国土変遷アーカイヴ 16
古図 6
古地図 6, 42
国立情報学研究所 8
沽券図 8, 9
古写真 18
古写真アーカイヴ 17
固定資産税 42
500 分の 1 測量図 29
コーホート要因法 45
5 万分の 1 現存植生図 36
5 万分の 1 地形図 21, 22
コンジョイント分析 120

コンター模型　31
コンベックス　65, 73

サ　行

再開発事業　48
埼玉県　40
佐原（千葉県香取市）　81, 92
産業連関表　129
産業連関分析　120, 128
三軒茶屋・太子堂地区（世田谷区）　16
3次元CG画像　22, 24
3次元ポリゴンデータ　31
三州足助屋敷（愛知県豊田市）　77
サンプリング　80
参与観察　69

シェープファイル　133
汐見坂（東京都大田区）　26
潮見坂（東京都港区）　26
市街化区域　51
事業誌　49
事業展開図　51, 52
事業の狙い　49
事業の履歴　47
事業履歴の整理　49
シークエンス撮影　62
資源　97
資源リスト　93
時刻日影図　112, 116, 117
市場圧力　103
市場の失敗　119
施設整備事業　48
自然環境　36
自然環境保全基礎調査一覧図　37
市町村史　3
市町村の結びつき　106
質的価値　131
質問紙　79
質問紙調査　81
指定管理者制度　130
不忍通り（東京都）　11
支払い意志額　125
地盤高　23
ジブリ美術館（東京都三鷹市）　129
社会生活基本調査　44
写真　18, 61, 62, 113
重回帰分析　121
自由が丘（東京都目黒区）　35
住環境整備事業　48
住宅地図　13, 14, 30, 31, 39, 64
住宅の価値　120
住民運動　84
住民基本台帳　41
住民参加手法　54
重要文化的景観　78
主成分の説明力　109
主成分分析　108
商業統計調査　44
商工地図　12
小地形　19
商店街の変遷図　93
情報公開請求　49
情報のアップデート　93
情報の整理　91
植生自然度区分基準　38
人口　41
人口集中地区　41
人口集中地区境界図　40
人口推計法　45
新宿（東京都）　54
真太陽時　112
新聞記事　4

数値地図　21
数量データ　104
図形データ　136
スケッチ　61-63
スケール　65
ステークホルダー　83
隅切り　50

生活　39
生活道路　14
整備事業　47
整備履歴図　51
世界測地系　132
世帯数　41
世田谷区（東京都）　76
世田谷トラストまちづくり　100
説明変数　104
「せんだい時遊マップ」　17

総合計画　56
測地系　132

タ　行

ダイアグラム　92
代替法　119
大地形　19
台東区（東京都）　24
高さ形状　30
高山市（岐阜県）　62, 63, 65, 126
多重共線性（マルチコリアニティ）　122
建物　29, 68
　——の形状　13
建物用途現況図　32
多変量解析　104
ダミー変数　104

地域環境の形成過程　6
地域空間の要素　67
地域構造　72
地域コミュニティ　67
地域のアイデンティティ　97
地域の課題　91
地域の価値　119
地域の空間スケール　68
地域の資源　91, 93, 95
　——のリスト化　96
地域メッシュ　20
地価関数　122
　——の推定　123
地区計画　55
地形　19
地形図　10, 11, 20, 64
地形分類　23
地図　64, 95
地図サービス　134
地籍図　14, 15, 40
地籍図（公図）　42
地名　26
鳥海山　23
鳥瞰図　16, 22
調査シート　64, 65
地理情報システム（GIS）　27, 132, 140

月島（東京都中央区）　66

定性的敷地・建物情報　121
定性的立地条件　120
帝都復興土地区画整理事業　47
定量的敷地・建物情報　120
定量的立地条件　120
デザイン・サーヴェイ　59, 60
データ　104
天空写真　111
天空図　112
天空率規制　113, 116
電子国土ポータル　27
デンドログラム　105, 107

投影方法　133
動画　67
登記簿　40, 43
統計解析　131
統計手法　103
統計調査　44
等高線　11
等時間日影図　112, 116, 117
当事者　75, 77
動線把握調査　69
道路　32
道路寸法　33
道路線形　33
道路台帳　33
道路台帳現況平面図　34
道路断面　68

道路ネットワーク 32
都市空間の観察学 60
都市計画 15, 51
——についての統計情報 134
都市計画基礎調査 31, 34, 35
都市計画区域 47, 51
都市計画図 54
都市計画道路 54
都市計画法 47, 51
都市計画マスタープラン 52, 53
——の関連計画一覧 55
都市再開発法 48
都市資源のリサーチ 60
都市地図 15
土地改良事業 47
土地区画整理事業 47
土地区画整理事業実施地区 48
土地区画整理設計事業 50
土地条件図 22-24
土地利用 34
土地利用現況図 35
鞆の浦（広島県福山市） 5, 63, 70, 76, 95, 96
トラベル・コスト法 119

ナ 行

中目黒（東京都目黒区） 32
名古屋市広小路（愛知県） 17

二項道路 32
ニーズ 97
2500 分の 1 白地図 29, 30
日影規制 112, 115
日射環境 111
日本測地系 132
25000 段彩・陰影画像 24
2 万 5 千分の 1 段彩・陰影画像 24
2 万 5 千分の 1 地形図 21, 22

年表 4, 5

ハ 行

白地図 29, 30
ハザードマップ 25
話を聞く 74
パノラマ写真 62, 63

被説明変数 104
飛騨高山（岐阜県） 127
微地形 19
ビデオ 67
表札調査 39
標準化係数 122
標準時 112
標準偏差 103
表明選好法 119, 120

ファサード 68
ファサード写真 113
ファシリテーター 85, 89
——の役割 87
ファニチュア 69
フィールド・サーヴェイ 59, 60
——の「七つ道具」 73
風景構造 19
フォトモンタージュ 113, 114
フォーマット化 91
復元図 8
復元地図 16
富士見坂 26
付値関数 126
ブルーマップ 40
プレゼンテーション 63, 91
プロット図 64
プローブ・パーソン調査 70, 71
文化的景観 78
文京区本駒込（東京都） 34
分散 103

平均 103
平面形状 29
平面直角座標系 133
ベースマップ 91
ヘドニック法 119-121

報告書 98
奉仕労働量 125
法定外目的税 103
報道記事 49
歩測 65
ボリューム模型 31

マ 行

巻き尺 65
まちづくり 75
——のリーダー 76
まちづくりサロン 98
街並み（町並み） 68
——の仮想市場評価 127
マルチコリアニティ（多重共線性） 122

道 32
「緑の基本計画」 38
「緑の国勢調査」 36
「緑のマスタープラン」 38
民家の使われ方調査 60

名所案内 9
名所図会 9
目黒区（東京都） 35
メジャー 65
メッシュコードの仕組み 21
メモ 61, 62

目的変数 104
模型 89

ヤ 行

野帳 66
八尾町（富山県富山市） 6, 7, 14, 19, 20, 30, 64

ユニバーサル・デザイン 76

用途地域 55
四谷（東京都新宿区） 8
世論調査 44

ラ 行

ランドマーク 70, 71

リーダー 75
リモートセンシング 36
旅行費用法 119, 128

類型化 92, 105
類似度 105

レオンチェフの逆行列 129
歴史 3
歴史資源 71
歴史的建造物 76
歴史的街並み 68
連続立面 68
連続立面写真 62, 63
連続立面図 69, 114

労働力調査 44
路地 66

ワ 行

ワークショップ 84

編集者略歴

西村幸夫（にしむら ゆきお）

1953年　福岡県に生まれる
1977年　東京大学都市工学科卒業・同大学院修了
現　在　東京大学先端科学技術研究センター・教授
東京大学副学長（2011年～）
工学博士

野澤　康（のざわ やすし）

1964年　北海道に生まれる
1993年　東京大学大学院工学系研究科博士課程修了
現　在　工学院大学建築学部まちづくり学科・教授
博士（工学）

まちの見方・調べ方
—地域づくりのための調査法入門—

定価はカバーに表示

2010年10月25日　初版第1刷
2024年1月25日　第12刷

編集者　西村幸夫
野澤　康
発行者　朝倉誠造
発行所　株式会社 朝倉書店
東京都新宿区新小川町6-29
郵便番号　162-8707
電話　03(3260)0141
FAX　03(3260)0180
https://www.asakura.co.jp

〈検印省略〉

ISBN 978-4-254-26637-5　C 3052